ULLSTEIN

Das Buch

»Und wenn ich mich heute frage, zu welcher Einsicht mich die theoretischen und praktischen Forschungen der letzten Jahrzehnte geführt haben, wird mir klar, dass die Erfahrung das bestätigt hat, was schon immer mein Glaube war: Der eigentliche Sinn allen zweckhaften Tuns ist die Harmonie.«
Diese Psychologie Max Lüschers ist philosophisch fundiert. Sie ist klar und einfach. Sie entspricht der Natur und ist darum leicht zu verstehen.
Lüschers autoregulative Psychologie wird in diesem Buch spannend und teils amüsant unterhaltend beschrieben. Auf dieser autoregulativen Psychologie ist der in allen Kontinenten verbreitete Lüscher-Color-Test aufgebaut. Die Lüscher-Color-Diagnostik wird weltweit zur medizinischen psycho-somatischen Diagnostik und zur Personalbeurteilung verwendet.

Der Autor

Der weltbekannte Schweizer Psychotherapeut Professor Dr. Max Lüscher studierte Philosophie, Psychologie und Klinische Psychiatrie in Basel. Bereits mit seinem 1949 veröffentlichten *Klinischen Lüscher-Farbtest*, der inzwischen in 27 Sprachen übersetzt ist, erregte er weltweit großes Aufsehen. Neben seiner Tätigkeit in Forschung und Lehre an Universitäten in West- und Osteuropa, in den USA, in Südamerika und Australien berät er bekannte Spitzenunternehmen. Viele seiner Bücher (z. B. *Signale der Persönlichkeit, Die Lüscher-Würfel, Die Harmonie im Team, Die Lüscher-Diagnostik*) wurden Bestseller und ebenfalls in mehrere Sprachen übersetzt.

Max Lüscher

Das Harmoniegesetz in uns

Der Klassiker der neuen Richtungen

Ullstein

Besuchen Sie uns im Internet:
www.ullstein-taschenbuch.de

Umwelthinweis:
Dieses Buch wurde auf chlor- und säurefreiem Papier gedruckt.

Ullstein Verlag
Ullstein ist ein Verlag des Verlagshauses
Ullstein Heyne List GmbH & Co. KG.
Komplett aktualisierte und erweiterte Neuauflage 2002
3. Auflage 2003

Umschlaggestaltung: Init GmbH, Bielefeld
Titelabbildung: Stock Market, Düsseldorf
Satz: KompetenzCenter, Mönchengladbach
Druck und Bindearbeiten: Ebner & Spiegel, Ulm
Printed in Germany
ISBN 3-548-36656-2

Dieses Buch
besteht aus vier verschiedenartigen Teilen

Im I. Teil erfahren Sie Erlebnisse und Schicksale von ungewöhnlichen Alltagsmenschen. An ihnen wird deutlich, wie das psychische Gleichgewicht verloren geht und worauf es ankommt, dass es erhalten werden kann.

Der II. Teil ist eine Checkliste, um die vier Selbstgefühle zu prüfen und ins Gleichgewicht zu bringen. Ihr folgt eine Anleitung zur Beurteilung schwieriger Persönlichkeiten.

Der III. Teil erläutert, wie das Autoregulationssystem der Psyche funktioniert.

Der IV. Teil fasst die Theorie der Autoregulationspsychologie zusammen. Sie ist anthropologisch begründet und weltweit durch hunderte von statistisch signifikanten Untersuchungen in der internistischen Medizin, der Psychiatrie, der Psychologie und Kriminologie experimentell überprüft und bestätigt werden.

Übrigens

Der Bewertende
findet *sich selbst*
in seiner Bewertung.

Eine gute Bindung
besteht nicht in einer gegenseitigen Abhängigkeit,
sondern in *gemeinsamen Idealen.*

Ziel und Haltung allein
prägen die Persönlichkeit.

Meint Max Lüscher.

Inhaltsverzeichnis

I. Teil

II. Teil

III. Teil

IV. Teil

I. TEIL

»Die dringlichste aller Fragen«

Wenn Sie dieses Buch lesen, weil enttäuschende Ereignisse oder deprimierende Erlebnisse Ihnen das Leben schwer machen und weil Sie in jeder Lebenslage im inneren Gleichgewicht bleiben möchten, dann sind Sie der, für den ich den I. und den II. Teil geschrieben habe.

Ich bedaure, dass ich nicht direkt mit Ihnen sprechen kann. Aber ich werde so schreiben, als könnte ich mit Ihnen reden und als säßen Sie neben mir. Dabei möchte ich Ihnen erklären, was in Ihnen vorgeht und was Sie besser machen können, wenn Sie unzufrieden oder entmutigt sind, weil der Erfolg ausbleibt, oder wenn Sie bedrückt sind oder wenn Sie das Gefühl der inneren Einsamkeit oder gar das grausam quälende Gefühl der Angst überkommt. Sie werden verstehen, was Sie falsch machen, wenn Sie, statt richtig zu reagieren, gehemmt und verlegen sind oder wenn Sie sich aufregen und ärgern, statt schlagfertig aufzutreten wie Voltaire, als er in England war und dort von der Menge als einer der verhassten Franzosen erkannt wurde. Alle riefen: »Hängt ihn an die nächste Laterne!«. Voltaire konnte sich auf eine Stufe retten und schrie: »Engländer! Wollt ihr mich hängen, weil ich ein Franzose bin! Bin ich nicht schon gestraft genug dadurch, dass ich ein Franzose bin?« Ich möchte es Ihnen so erklären, dass Sie die Zusammenhänge, die an sich einfach sind, klar durchschauen und verstehen. Das ist nötig, um von diesen zerstörerischen Gefühlen frei zu werden. Zugleich besitzen Sie damit das Werkzeug, um Ihre eigenen Probleme selbst zu lösen, aber auch, um die Hintergründe zu verstehen, wenn das Verhalten eines anderen Sie ärgert oder enttäuscht.

Dieses Buch macht Ihnen im III. und IV. Teil die Funktion der Psyche verständlich. Wenn Sie es lesen, werden Sie die Autoregulationspsychologie verstehen, die genauso für Sie wie für jeden anderen gilt.

Weil die Funktion der Psyche so einfach, ja im Grunde so selbstverständlich ist, versteht eine Mutter ihr Kind und das Kind seine Mutter. Beide spüren, wie die Psyche funktioniert.

Wir wollen zusammen erreichen, dass wir nicht nur spüren, wie die Psyche funktioniert, sondern dies auch ganz klar verstehen. Immer dann nämlich, wenn uns die Gefühle überwältigen, müssen wir sie mit der Einsicht, die wir uns aneignen werden, wieder unter Kontrolle bringen. Wie rasch entzündet sich ein Ärger, wie schnell sind wir enttäuscht. Dann aber, wenn die Sicherungen durchzubrennen drohen, nützen uns nur das Wissen und die Einsicht, die wir uns jetzt im Voraus erwerben werden. Sie werden erleben, wie die Autoregulationspsychologie uns hilft, eine Situation richtig zu verstehen, sie richtig zu beurteilen, um dann erleichtert zu sein und richtig handeln zu können.

Vielleicht haben Sie sich schon mit Psychologie befasst und haben trotz aller Bemühungen nichts gefunden, was Ihnen für Ihr eigenes Leben von Nutzen ist, nichts, was Sie zu einem fröhlichen, genussfreudigen und befriedigend erfolgreichen Menschen gemacht hat. Vielleicht haben Sie deshalb von alldem genug, weil Sie statt befreiender Klarheit bisher moralisierende Sonntagspredigten oder komplizierte, von unklaren Fremdwörtern belastete Abhandlungen und Behauptungen angetroffen haben. Vielleicht sind Sie sogar, ohne es zu wissen, von Lehrmeinungen beeinflusst, die falsch, irreführend und darum schädlich sind.

Dieses Buch zu lesen wird Ihnen nicht schwer fallen. Es handelt von Ihnen. Es wird Ihnen erklären, was Sie falsch machen, wenn

Sie sich ärgern, wenn Sie unzufrieden oder bedrückt sind, wenn Sie sich nicht froh fühlen oder nicht in Harmonie mit den geliebten Menschen leben.

Sie werden die vier Grundformen der Angst und Depressionen kennen lernen. Sie werden auch die vier Grundformen der Illusionen kennen lernen. Und vor allem werden Sie verstehen, wie Illusionen und Enttäuschungen voneinander abhängen und sich gegenseitig verursachen. Sie werden verstehen, was Sie falsch machen, wenn Sie Angst haben, obgleich Sie gar nicht wirklich bedroht sind.

Einer der bedeutendsten Schriftsteller des 20. Jahrhunderts, Graham Greene, dessen weltbekannte Werke vierzig Bände umfassen, schreibt in erschütternder Ehrlichkeit über sich: »Ich kann mir nicht vorstellen, wie all diejenigen, die nicht schreiben oder komponieren oder malen, dem Irrsinn der Melancholie und der panischen Furcht entgehen können, die zur Situation des Menschen gehören. Das Schreiben«, sagt Greene als Schriftsteller, »ist der Königsweg der Flucht.«

Wenn wir nun aber keine genialen Schriftsteller, Maler oder Komponisten sind und wir diese Königswege der Flucht nicht gehen können, welche Möglichkeiten haben wir, mit dem Ärger, den Enttäuschungen, der inneren Einsamkeit, der Depression oder der Folter der Angst fertig zu werden?

In diesem Buch möchte ich mich bemühen, Ihnen zu zeigen, wie Sie die Kunst erlernen, in der Gegenwart dieses Augenblicks sinnvoll zu leben. Es geht darum, den Augenblick freudvoll zu gestalten und mit Wachheit zu erleben. Wir müssen aber auch lernen, das Unabänderliche wie unser Alter und unseren Tod zu akzeptieren und zu bejahen. Es kommt darauf an, dass wir in dieser Gegenwart, in diesem Augenblick unser inneres Gleichgewicht bewahren. Damit schaffen wir die bestmögliche Voraussetzung für den nächsten Augenblick. Wer im inneren Gleichgewicht ist, wer sinnvoll lebt, sucht nicht nach Ausflüchten. Er braucht sie nicht.

Worin besteht und wie entsteht das »innere Gleichgewicht«? Das ist ein wichtiges Thema dieses Buches.

Ist Ihnen schon aufgefallen, wie oft wir täglich vieles nur deshalb tun, um etwas Unangenehmem auszuweichen? Diese unbewussten Fluchtwege sind Umwege, sind Irrwege und Sackgassen. Sie sind letztlich mühsam und nutzlos. Damit meine ich die Illusionen, die wir uns machen, und die Ausreden, mit denen wir uns selbst betrügen.

Dabei muss ich an Bert S. denken, den ich schon seit fünfzehn Jahren kenne. Durch Schlauheit und Fleiß war er ungewöhnlich reich geworden. Dann machte er Konkurs und mehrere Millionen Dollar Schulden. Bald hatte er wieder ein ansehnliches Vermögen und lebte im früheren Luxus. Als cleverer Geschäftsmann arbeitete er viel und hart. Zu Frau und Sohn hatte er keine herzliche Beziehung. Einzig das Gefühl der Macht, wenn er andere ausnutzen und große Profite erzielen konnte, gab ihm eine Befriedigung. Dann verdiente er mit einem Schlag zehn Millionen Dollar. Zugleich ließ er sich von seiner Frau scheiden. Ich traf ihn wieder, als er gerade fünfzig geworden war. Er meinte: »Nun bin ich reich genug. Ich habe für mein ganzes Leben ausgesorgt. Endlich hab ich mich auch scheiden lassen. Zum ersten Mal in meinem Leben fühle ich mich frei.« Ich antwortete: »Du stehst vor deiner schwersten Aufgabe: vor der Aufgabe, frei sein zu können. Du weißt nämlich nicht, was Freiheit ist.« »Doch«, gab er zurück. »Als ich letzte Woche mit meiner neuen Yacht auf den See hinausfuhr, da fühlte ich mich zum ersten Mal richtig frei.« »Ich sehe das anders«, widersprach ich. »Du warst stolz auf dich. Du bist dir als Kapitän deiner Yacht großartig vorgekommen, weil du jetzt von deinem Erfolg profitierst. Dein Gefühl war Stolz und Selbstbestätigung, aber die innere Freiheit hast du noch nicht gefunden.«

Um sein Geld gut anzulegen, hat er sich inzwischen eine

Firma aufgebaut, die ihm viele Sorgen bereitet und viel Arbeit abverlangt. Sein Boot liegt ungenutzt im Hafen.

Weiß er, dass seine Arbeit eine Ausflucht ist? Nein, er weiß es nicht. Es wäre für ihn vernichtend, wenn er sich eingestehen würde, dass er sich zum Sklaven seiner Geschäftigkeit machen muss; denn ihm fehlen die inneren Voraussetzungen, um sein Leben sinnvoll und freudvoll zu gestalten. Er kennt nur Geschäftspartner. Er pflegt keine einzige Freundschaft. Er hat auch keine besondere Freude an der schönen See- und Berglandschaft, in der er wohnt. Gute Gespräche, Bücher, Musik, kreatives Gestalten, Sport und Reisen oder geschmackvolles Kochen und Essen – das alles sagt ihm nichts. Er meint, dazu fehle ihm die Zeit. Was ihm aber wirklich fehlt, ist die innere Freiheit, das zu tun, was sinnvoll ist und Freude bereitet. Er muss tun, wozu es ihn treibt: mit Geld seine Überlegenheit zu beweisen und sich dadurch selbst zu bestätigen.

Dieser arme Reiche sieht nicht, dass er bei einigen damit höchstens Neid erweckt, dass den anderen aber das viele Geld, das nicht ihnen gehört, völlig gleichgültig ist. Bert S. ist Kettenraucher. Sogar zum Essen trinkt er Whisky. Er liest eifrig Heiratsinserate. Abends um acht Uhr schaltet der Fernseher automatisch die Abendschau ein. Das nachfolgende Programm ist ihm zur Ablenkung willkommen.

Um seinen Reichtum zu vermehren, hat er riskante Geschäfte gemacht. Drei Jahre später war er verarmt und wohnte als Untermieter bei seiner früheren Sekretärin. Was eigentlich trieb ihn zu diesem ruhelosen Tun, zur Betäubung mit Arbeit und Geld? Warum betäuben sich Menschen mit Alkohol oder Drogen? Warum rauchen manche Menschen zu viel, essen zu viel oder jagen dem Sex nach? Was steckt hinter all unseren illusionären Ausflüchten? Umgekehrt kann man sich fragen, wovor wir eigentlich Angst haben, wenn wir unsicher, verlegen oder gehemmt sind? Was bedeutet es, wenn wir deprimiert sind oder uns einsam fühlen?

Die Ursache für all diese quälenden Fragen ist letztlich immer dieselbe: Das Leben, das wir zur Zeit führen, erscheint uns unbefriedigend oder sogar sinnlos.

Darum heißt »die dringlichste aller Fragen«: Was ist der Sinn meines eigenen, meines persönlichen Lebens? Was ist der Sinn, an dem ich mein Leben orientieren kann, der mir von Situation zu Situation sagt, was ich tun und wie ich entscheiden soll?

Genau auf diese Frage versuche ich mit Ihnen in dem, was Sie lesen werden, eine Antwort zu finden.

Ohne diese Antwort kann das Leben zur Irrfahrt ohne Kompass werden oder wie bei Brigitte K. aus Berlin-Charlottenburg in einer Sackgasse enden. Brigitte war beliebt und hatte wegen ihres guten Aussehens zahlreiche Verehrer. Drei Wochen zuvor hatte sie die Junioren-Tennismeisterschaft gewonnen. Fünf Tage nach ihrem siebzehnten Geburtstag hat sie den lapidaren Satz »Ich weiß es jetzt, das Leben hat keinen Sinn« auf einen Briefbogen geschrieben und ihrem Leben durch einen Sprung aus dem fünften Stock ein Ende gesetzt.

Was hätte ich diesem Mädchen geantwortet, wenn es mich nach dem Sinn des Lebens gefragt hätte?

Was wäre Ihre Antwort gewesen?

Was hätte der Pfarrer gesagt? Hätte er gesagt: »Gott oder die Kirche verbieten den Freitod.«?

Wäre eine psychiatrische Behandlung erforderlich gewesen? Was hätte der Psychiater gesagt? Hätte er eine »Depression« oder eine »Schizophrenie« diagnostiziert und entsprechende Psychopharmaka verordnet?

Was würde der Psychotherapeut tun? Würde er, seiner psychoanalytischen Gewohnheit entsprechend, nach sexuellen Konflikten und nach Ursachen in der frühen Kindheit forschen? Oder würde er einfach anfangen, das zu tun, was er auf gut Glück bei jedem versucht: irgendwie mit den gelernten Methoden zu erreichen, dass es dem Patienten künftig besser geht?

Der Pfarrer, der Psychotherapeut mögen ihr Bestes tun, weil sie darin ihre Berufung oder ihren Broterwerb sehen. Die Frage bleibt aber offen, ob das, was sie sagen, für Sie oder für mich eine befriedigende Antwort wäre.

Mich jedenfalls könnte die Antwort des Theologen nicht zufrieden stellen.

Die Psychopharmaka des Psychiaters können die Verstimmung beeinflussen, aber keineswegs die Frage beantworten. Der Psychiater sieht sich als Naturwissenschaftler. Er betrachtet die Frage nach dem Sinn des Lebens als private Philosophie. Beruflich ist sie für ihn belanglos. Denn sie passt nicht in sein Konzept.

Der Psychotherapeut spürt, dass er die Kernfrage nach dem Sinn des Lebens nicht einfach ignorieren darf. Darum fühlt er sich verlegen, wenn sie gestellt wird. Er umgeht das Thema oder er verweist auf seinen privaten religiösen Glauben.

Ist es nicht absurd, wenn die Frage nach dem Sinn des Lebens, die Frage, worin die Seele ihr Heil findet, von so genannten Seelenheilkundigen, vom Psychiater und Psychotherapeuten, als Ausdruck einer seelischen Störung, als neurotische Depression abgetan wird? Ist es nicht absurd, wenn er versucht, diese Frage mit Psychopharmaka zu betäuben oder mit psychotherapeutischen Aktivitäten zu beseitigen?

Doch, es ist absurd. Für mich ist die Frage nach dem Sinn des Lebens eine wesentliche und sogar die wichtigste Frage. Wie können wir eine Orientierung und eigene Sicherheit finden?

Den kindlichen Glauben, die Welt sei ein Ort der Sicherheit und Geborgenheit, habe ich sehr früh verloren, längst bevor ich wusste, dass außer meinen Eltern, Geschwistern und Nachbarn viele Milliarden Menschen gleichzeitig auf dieser mir unermesslich groß scheinenden Erde ihr Schicksal erleben; längst bevor ich hörte, dass Fische schon vor 450 Millionen Jahren diese Gestalt hatten, während die schneebedeckten Alpen, die ich als Symbol ewiger Stabilität empfinde, erst »kürzlich«, vor 130 Millionen Jahren, entstanden sind; längst bevor ich erfuhr, dass unsere Erde nur Teil eines ganzen Sonnensystems ist und dass dieses einer ganzen Milchstraße von Systemen angehört.

Später, als ich Philosophie studierte, habe ich auch begriffen, dass die Naturwissenschaft nie einen Ersatz für den verlorenen Kinderglauben bieten kann. Im Gegenteil, in dem grenzenlos scheinenden Raum und den unvorstellbaren Zeitmaßen, in denen wir uns unwichtig und verloren fühlen können, stellt sich uns die Frage nach dem Sinn unseres persönlichen Lebens in diesem unermesslichen Universum als unausweichliche Herausforderung.

Dass die Seelenheilkunde diese Kernfrage des Menschen ignoriert oder als seelische Erkrankung taxiert, ist tatsächlich absurd; denn mit der Frage nach dem Sinn frage ich nach der geistigen Orientierung, die ich alltäglich brauche, um das Richtige zu tun und mich trotz all der Schwierigkeiten wohl zu fühlen und aus Freude zu leben. Treffend sagt das Albert Camus in seinem »Mythos vom Sisyphos«: »Ob das Leben sich lohne oder nicht, beantwortet die Grundfrage der Philosophie ... Für das Herz sind das unmittelbare Gewissheiten. Man muss sie aber gründlich untersuchen, um sie dem Geiste deutlich zu machen. Wenn ich mich frage, weswegen diese Frage dringlicher als irgendeine andere ist, dann antworte ich: Der Handlungen wegen, zu denen sie verpflichtet. Ich kenne niemanden, der für den ontologischen Beweis* gestorben wäre. Galilei, der eine schwerwiegende wissenschaftliche Antwort besaß, leugnete sie mit der größten Leichtigkeit, als sie sein Leben gefährdete. In gewissem Sinne tat er recht daran. Diese Wahrheit war den Scheiterhaufen nicht wert. Ob die Erde sich um die Sonne dreht oder die Sonne um die Erde, das ist im Grunde gleichgültig. Um es genau zu sagen, ist das eine nichtige Frage. Dagegen sehe ich viele Leute sterben,

* Der Beweis dessen, was als Wirklichkeit besteht.

weil sie das Leben nicht für lebenswert halten. Andere wieder lassen sich paradoxerweise für die Ideen oder Illusionen umbringen, die ihnen einen Grund zum Leben bedeuten. Also schließe ich, dass die Frage nach dem Sinn des Lebens die dringlichste aller Fragen ist.«

Sie ist die philosophische Frage, die jeden angeht. Ich möchte die Frage nach dem Sinn nicht mit einer Definition beantworten. Das wäre für ein wirkliches Verstehen unfruchtbar. Darum möchte ich das Verständnis und die Antwort mit Ihnen gemeinsam erarbeiten. Die Antwort, die wir darauf geben, entspringt der Überzeugung, die wir uns erarbeiten und als inneren Kompass brauchen. Was wir als Sinn unseres persönlichen Lebens sehen, das wird zur Philosophie und Überzeugung, nach der wir unser Leben und unser Schicksal gestalten.

Die Harmonie

Ich habe den Eindruck, bei allem, was wir tun, geht es uns letztlich immer darum, in allem Harmonie und ein Verhältnis des Gleichgewichts zu finden oder selbst herzustellen. Warum ist uns die Liebe so lebenswichtig, warum macht uns die Schönheit einer Landschaft oder einer Gestaltung so glücklich, warum arbeiten wir so lange an einer Aufgabe, bis uns alles verständlich und klar erscheint, bis es stimmt und funktioniert. Ich frage mich, warum wir uns über eine unredliche Haltung ärgern oder warum wir um eine Sache kämpfen. Was ist das Motiv, was ist das Ziel von all diesem Streben? Meine Antwort ist: Letztlich geht es uns immer um die Harmonie, dic wir suchen und anstreben. Mit anderen Worten, das Ziel unseres Strebens ist letztlich immer dasselbe, nämlich die Harmonie als Übereinstimmung zwischen uns und der Welt zu erreichen. Auch die Einsicht meiner theoretischen und praktischen Forschungen der letzten Jahrzehnte führt mich zur Erfahrung:

Der eigentliche Sinn allen zweckhaften Tuns ist die Harmonie.

Wenn ich sage: »Der Sinn allen Tuns ist die Harmonie«, mag das manchem als optimistische Schönfärberei oder als Kinderglaube erscheinen. Dann aber versteht er mich nicht richtig; denn damit habe ich nicht gemeint, dass jemand das, was er persönlich als missbehaglich erlebt, als geordnete Harmonie erkennen würde. Sehr viele Menschen leiden unter dem Mangel an Harmonie. Sie leben in einer Disharmonie. Viele halten ihr Leben deswegen für sinnlos. Aber zeigt das nicht deutlich, dass sie das benötigen, was ihrem Leben einen Sinn gibt, und dass sie nach einem Sinn suchen? Wer von sich sagt, dass das Leben, das er führt, keinen Sinn hat, zeigt doch gerade, dass er ihn entbehrt...? Das bedeutet, dass er überzeugt ist, dass das Leben einen Sinn haben muss. Darum schreibt auch Camus: »Ich sehe viele Leute sterben, weil sie das Leben nicht für lebenswert halten. Andere wieder lassen sich paradoxerweise für die Ideen oder Illusionen umbringen, die ihnen einen Grund zum Leben bedeuten. Also schließe ich, dass die Frage nach dem Sinn des Lebens die dringlichste aller Fragen ist.«

Es ist offensichtlich: Wir Menschen leben nicht nur, um unsere vitalen leiblichen Bedürfnisse zu befriedigen. Es genügt uns nicht, bloß den Hunger zu stillen und sexuelle Reize wie Tiere in der Brunstzeit abzureagieren.

Wir Menschen haben die Fähigkeit, zu denken und zu urteilen. Darum wissen wir, ob die Situation, in der wir leben, freudvoll, harmonisch und sinnvoll ist oder ob sie uns zerstörerisch und sinnwidrig erscheint.

Freilich ist es keineswegs leicht, eine sinnvolle Harmonie zu erkennen, wo unsere persönlichen Wünsche enttäuscht werden oder unsere Ansprüche und Bemühungen scheitern. Wer unter Harmonie nur ein behagliches Dahinvegetieren versteht, dem werden Unbehaglichkeiten und Enttäuschungen als Beweis für die Sinnlosigkeit dienen. Aus seiner pessimistischen Sicht mag er mich deshalb für einen »Optimisten« halten. Doch er missversteht mich, wenn er meint, ich wolle die Wirklichkeit beschönigen und wisse nicht, dass wir der ständigen Bedrohung, der Aggression, dem Hass, dem Neid und dem unausweichlichen Schicksal des Todes ausgesetzt sind.

Ich hoffe, es wird mir gelingen, Ihnen zu zeigen, wie Sie aus einer deprimierenden Enttäuschung oder aus dem Gefühl der Unsicherheit und Angst zu einer erhellenden Einsicht gelangen, die Sie als befreiende Lösung empfinden. Wir werden dafür nicht den anspruchsvollen Ausdruck »Erleuchtung« verwenden, sondern bezeichnen dieses Umschalten als das, was es eigentlich ist: eine erlebte Einsicht. Wenn Sie plötzlich erkennen und einsehen, dass das, was Ihnen so widersinnig schien oder was Sie geärgert, gequält oder verunsichert und geängstigt oder enttäuscht und deprimiert hat, im Grunde genommen verständlich, folgerichtig und in Ordnung ist, dann erleben Sie die befreiende, beglückende Einsicht, die Ihr Leben wertvoll, sinnvoll und harmonisch macht.

Die zwei Aspekte der Wirklichkeit

Da ich nicht nur mich selbst ins Lot bringen will, sondern auch anderen dazu verhelfen möchte, ihr Gleichgewicht zu finden, hat mich der Misserfolg gegenüber einem Freund besonders beschäftigt. Hinterher hab ich mir überlegt, ob ich ihm in einem Gleichnis besser hätte erklären können, dass es an ihm selbst liegt, ob er in seiner deprimierenden Enttäuschung hängen bleibt oder ob sein persönliches Leben jetzt in dieser Stunde sinnvoll und in Harmonie ist.

Ich hatte Rudolf, einen meiner engsten Schulfreunde, seit vierzig Jahren nicht mehr gesehen und besuchte ihn nun zu Hause, wo er täglich etwa zehn Stunden als Psychotherapeut arbeitet. Zugleich bildet er als Professor der Psychiatrie junge Ärzte aus.

Er fing an: »Ich will dir sagen, wie es mir geht. Ich liebe meine drei Kinder und Enkelkinder, aber ich hasse die Menschen. Wir haben die Atombombe von Hiroshima und Hitlers Vernichtungslager erlebt. Oft habe ich derartige Depressionen, dass ich nachts nicht schlafen kann. Soll ich Menschen wie dich bewundern oder beneiden, die trotz alledem von einer ordnenden Harmonie überzeugt sind? Ich hasse alles.« Ich fragte: »Könntest du etwas hassen, was deinen eigenen Idealen entsprechen würde?«

»Natürlich nicht«, gab er zurück.

Dann fuhr ich fort: »Wir beide wissen, dass Ideale und Realität nicht dasselbe sind. Du bist enttäuscht, weil die Realität so wenig deinen Idealen entspricht. Vergiss nicht, dass Ideale nur Wegweiser, nur Kompass sein können. Ideale sind Vor-Bilder, also Bilder, die zeigen, dass der Sinn in der Harmonie, zum Beispiel in der Liebe und im Verständnis für den Mitmenschen besteht. Ideale sind darum Richtnormen. Sie sind für den Menschen notwendig und sinnweisend. An den Idealen orientieren wir uns, wie wir im realen Falle entscheiden und handeln sollen.«

»Mag sein«, sagte er entgegenkommend.

Ich spürte, dass ich ihn nicht überzeugen konnte. Mein Reden erreichte seinen Verstand, aber nicht seine Gefühle. Wie hätte ich mich besser verständlich machen können?

Später, als ich mir das missglückte Gespräch wieder vergegenwärtigte, fiel mir ein Vergleich ein, den ich das »Teppich-Gleichnis« nennen möchte; vielleicht hätte es ihm eingeleuchtet. Für mich selbst ist es zu einem fruchtbaren Sinn-Bild geworden.

Jeder gewebte Teppich besteht aus den gespannten Längsfäden, der »Kette«, und den eingeschossenen Querfäden, dem »Schuss«. Kette und Schuss, beide sind nötig. Sie gehören zusammen, sonst würde das Gewebe, sonst würde das Ganze auseinander fallen.

Ich möchte die Kette mit den realen biologischen Lebensbedürfnissen (Licht, Wärme, Nahrung, Schlaf usw.), also mit den vitalen körperlichen Bedürfnissen, vergleichen. Zu diesem realen Aspekt der Wirklichkeit gehören auch unser Profitstreben und all unser zweckhaftes Tun (Landwirtschaft, Verwaltung, industrielle Wirtschaft, Technologien usw.).

Mit dem Schuss hingegen wird das farbige Bild gestaltet. Das ist der andere, der ideale Aspekt der Wirklichkeit. Er umfasst das Gestalten von Harmonie und das Verstehen der Harmonie. Der Schuss entspräche also dem Sinn und den Idealen. Die Ideale sind die Wegweiser zu einem sinnvollen Leben. Wir meinen diese Harmonie-Ideale, wenn wir Begriffe wie Sinn, Kultur, Geist oder Vernunft und Ordnung brauchen.

Das menschliche Leben ist ein Gewebe aus beiden Aspekten der Wirklichkeit, aus Zweck *und* Sinn, aus Realität *und* Idealität, aus den Trieb-Bedürfnissen und dem Geist. Harmonie ist also kein passiver Zustand. Sie ist nicht das, was viele meinen, eine gleichgültige Friedfertigkeit. Harmonie ist, was das entsprechende deutsche Wort »Gefüge« deutlich macht: ein ordnendes Zusammenfügen von Gegensätzlichem. So besteht zum Beispiel die Harmonie eines Bildes im Gefüge von Spannung erzeugenden, gegensätzlichen Formen und Farben, von Hell und Dunkel, von Vordergrund und Hintergrund.

Die körperlichen Erfordernisse und das Verhalten stimmen beim Tier meist überein. Beim Menschen hingegen, der nach seinem Willen handeln kann, stehen sie oft im Widerspruch. Er weiß zwar, dass er nicht so viel essen, nicht so viel rauchen oder Alkohol trinken sollte, dass er mehr Bewegung oder mehr Entspannung braucht, aber die körperlichen Bedürfnisse und sein Wille geraten oft in Widerspruch. Darum muss er die Harmonie selbst suchen. Wir Menschen brauchen Ideale und den Geist, um zur Harmonie zurückzufinden.

Das Harmoniegesetz im All und in mir

Wir wissen es nicht, wir können es nur ahnen, dass es dasselbe Harmoniegesetz ist, welches sowohl das gesetzmäßige Gefüge des Universums als auch der Seele bestimmt. Darüber hat einer der größten Philosophen, Immanuel Kant (1724–1804), ein ergreifendes Bekenntnis abgegeben: »Zwei Dinge erfüllen das Gemüt mit immer neuer und zunehmender Bewunderung und Ehrfurcht, je öfter und anhaltender sich das Nachdenken damit beschäftigt: der bestirnte Himmel über mir und das moralische Gesetz in mir.«

Mit dem »bestirnten Himmel« meint er das All, das Universum. Mit dem »moralischen Gesetz in mir« meint er das Ge-Wissen.

Das Gewissen ist die erlebte Einsicht, dass ich das zu tun habe, was der Harmonie entspricht. Auf die Frage, was das Gewissen sei, lautet daher die Antwort: Das Gewissen ist das erlebte Wissen von dem für uns gültigen Harmoniegesetz.

Zuwiderhandeln kann man ihm nur mit einem »schlechten Gewissen«. Dieses wird allerdings häufig verdrängt und verleugnet. Es bleibt aber haften, und, vor allem, es bleibt unentwegt wirksam als ständige Unzufriedenheit oder als Gefühl, nicht genug anerkannt oder nicht so beliebt und sympathisch zu sein, wie wir es gerne haben möchten. Das Harmoniegesetz ist dauernd als Gewissen, als »moralisches Gesetz« wirksam.

Was ist die Seele?

Vor ein paar Monaten erhielt ich einen Telefonanruf. Eine Kinderstimme sagte: »Ich bin Gaby. Ich möchte mit Ihnen ein Interview machen, weil ich in der Schule einen Vortrag über Sie halten will.«

Die zwölfjährige Dame erschien mit Notizblock und vorbereiteten Fragen. Erste Frage: »Sie sind Psychologe. Was ist ein Psychologe?«

Diese Frage ist so selbstverständlich, dass sie nie gestellt wird. Darum fühlte ich mich völlig unvorbereitet. Ich antwortete jedoch: »Der Psychologe versucht zu verstehen, warum jemand bestimmte Gefühle und Gedanken oder Probleme hat. Er beobachtet, wie Menschen miteinander umgehen. Er versucht auch, den Grund zu erkennen, warum sie Schwierigkeiten und Konflikte haben.«

Gaby zeichnete ein Männchen mit einem großen Kreis als Bauch und einem kleineren Kreis als Kopf auf ihren Block. Den Kopf umschwirrten viele Fragezeichen.

Ich ahnte die nächste Frage und fuhr fort: »Ein Teil dieser Psychologen heißt Psychotherapeuten. Das sind die, welche den Menschen helfen, die Fehler zu erkennen, die sie im Umgang mit anderen machen, damit sie künftig Schwierigkeiten, Hemmungen oder Streit vermeiden können. Das alles setzt aber voraus, dass man in sich selber ganz genau spürt, ob man das Richtige tut.« Gaby setzte ein Ausrufezeichen in den Kopf des Männchens.

Ich war verblüfft über diese einfache, treffende Zeichensprache des Kindes. Der runde Kopf mit dem großen Ausrufezeichen erinnerte mich an einen Drehschalter. Natürlich, dachte ich, sie hat Recht: Der Drehschalter ist im eigenen Kopf. Zugleich fiel mir der Drehschalter des Lautstärkereglers am Radio ein. Dann kam mir der Wärmeregler im Eisschrank in den Sinn. Auch der Zimmerthermostat ist so ein Autoregulationsschalter. »Gaby, weißt du, was ein Thermostat ist?«

»Ja, zu Hause haben wir einen im Wohnzimmer für die Heizung. In den Schlafzimmern haben wir an jedem Heizkörper einen Thermostaten, um die richtige Temperatur einzustellen.«

»Siehst du, Gaby«, fuhr ich fort. »Die Psyche ist etwas Ähnliches wie ein Thermostat. Die Psyche ist vergleichbar mit solchen Reglern. Der Thermostat reguliert den Zufluss der Wärme aus der Heizung. Je nach der Außentemperatur muss die Heizung mehr oder weniger Wärme erzeugen. Die Außentemperatur können wir mit der Umwelt und mit den anderen Menschen vergleichen. Die Heizung entspricht dem eigenen Körper. Die Psyche reguliert den eigenen Körper und die Einflüsse aus der Außenwelt. Was also ist die Seele? Sie ist ein Autoregulationssystem. Sie sorgt für den Ausgleich und das Gleichgewicht vor allem von mir selbst, also wie ich mich selber fühle. Wie ich mich selber fühle, das bezeichnet man als das Selbst-Gefühl. Die Seele reguliert aus diesen Selbstgefühlen auch die Beziehung zum eigenen Leib. Das zu verstehen, ist für uns alle und besonders auch für den Arzt sehr wichtig. Wie man sich selber fühlt, äußert sich in dem, wie wir etwas tun und wie wir mit anderen Menschen verkehren.

Umgekehrt kann aber der körperliche Zustand den seelischen Zustand, also das Selbstgefühl beeinflussen. Ich möchte das wieder mit demselben Vergleich erläutern.

Wenn die Heizung nicht richtig funktioniert, dann kannst du das mit körperlichen Einflüssen vergleichen. Man kann müde oder krank sein. Man kann Schmerzen haben und deshalb überempfindlich sein. Es gibt zum Beispiel eine depressive Krankheit, die keinen äußeren Grund hat. Man nennt sie endogene Depression. Die Ursache liegt in einer körperlichen Störung. Bei manchen Patienten führt eine Stoffwechselstörung zur Überempfindlichkeit und sogar zu Wahnvorstellungen. Diese heißen Halluzinationen. Hast du den Ausdruck schon einmal gehört?«

»Ja, das sagt man, wenn einer spinnt«, antwortete sie mit der Entschiedenheit eines Fachmanns.

»Richtig, diese Patienten erleben wegen einer körperlichen Stoffwechselstörung die Wirklichkeit zum Teil anders als du und ich. Wegen der überreizten Körperempfindungen hören viele von ihnen Stimmen oder sehen Wahngebilde, die sie für die tatsächliche äußere Wirklichkeit halten. Solche Patienten nennt man ›Schizophrene‹ oder ›Geisteskranke‹.«

Gaby unterbrach mich: »Aber eben haben Sie gesagt, bei diesen sei der Körper krank.«

»Ja, das ist tatsächlich so. Der Körper kann so krank sein, dass sogar das vernünftige Denken gestört ist.«

»Aber es gibt doch Leute, die nicht normal sind, die ständig streiten oder sich betrinken. Wir haben einen solchen Nachbarn«, meinte sie, »der schlägt sogar seine Frau.«

»Siehst du, Gaby, bei diesen Menschen ist der Thermostat falsch eingestellt. Wenn's draußen frostig und unfreundlich ist, stellen sie ihren Regler auch auf kalt. Wenn's hitzig und aggressiv zugeht, stellen sie ihren psychischen Regler ebenfalls auf heiß. Diese Menschen verhalten sich geistig falsch. Aber aus Höflichkeit sagt man trotzdem nicht, sie seien geisteskrank, obwohl ihre geistige Haltung krank ist. Man sagt nur, sie seien ›nervös‹ oder sie seien ›neurotisch‹.«

Mit einem Fragezeichen auf dem Bauch für die körperlichen Störungen, mit Fragezeichen um den Kopf für die geistigen Probleme und einem Ausrufezeichen im Kopf des Männchens hat Gaby sich und mir anschaulich gemacht, was wir tun müssen, um das seelische Gleichgewicht zu finden. Und genau das ist das Anliegen dieses Buches, zu erkennen, wie wir uns seelisch regulieren können. Wir wollen lernen, uns so zu steuern, dass wir im Gleichgewicht bleiben oder es so rasch als möglich zurückgewinnen.

Es gibt Menschen, die finden es schnell wieder. Bei kleineren Erschütterungen und Problemen gehen sie spazieren oder lenken sich mit Fernsehen ab. Manche überkommt die Putzwut, andere trinken Alkohol, um die kleinen Ärgernisse und Enttäuschungen zu vergessen. Bei körperlichem Unbehagen nehmen manche Tabletten oder flüchten sich ins Bett. Mit dem Schlaf können sich der Körper und zugleich auch die Konfliktsituation entspannen.

Wenn diese Ablenkungsmanöver aber nicht ausreichen, wenn

Ärger und Enttäuschung, wenn Hemmungen, Depressionen oder Angstgefühle uns das Leben schwer machen und den Schlaf stören, dann muss man wissen, was zu tun ist und wie die Psyche zu steuern ist. Dann ist es nützlich, die Autoregulationspsychologie zu verstehen.

Wer mit dem Autoregulationssystem der Psyche vertraut ist, kann viel leichter durchschauen, was er selbst oder ein anderer falsch macht. Wer die Psyche versteht, weiß, ob er sich richtig oder falsch steuert. Er findet heraus, wo der Fehler liegt. Er erkennt die Ursache und weiß, was er tun muss, um das notwendige Gleichgewicht, die Zufriedenheit und Lebensfreude wiederzufinden. All das klar zu machen ist die Aufgabe dieses Buches.

Einer meiner letzten Patienten war der 42-jährige Industrielle und Computerfachmann Theodor W. Durch seinen Alkoholismus war die Ehe zerstört. Er lebte in Scheidung. Seine erfolgreiche Firma litt unter seiner häufigen Abwesenheit. Wenn er getrunken hatte, erschien er zu wichtigen Besprechungen nicht, weil er sich nicht imstande fühlte zu verhandeln. Kam er am späten Morgen mit Alkohol-Kopfschmerzen, mit schlechtem Gewissen und mit sich unzufrieden ins Geschäft, benutzte er jede Gelegenheit, um seine Angestellten zu beschuldigen. Seiner eigenen Unzufriedenheit machte er Luft, indem er über die Leistungen der Mitarbeiter unzufrieden war. Das Arbeitsklima und der Geschäftserfolg wurden immer schlechter.

Ein Freund bat mich, einen geeigneten Psychotherapeuten zu suchen. Ein viermonatiger Aufenthalt in einer Spezialklinik für Alkoholiker wäre wegen der Abwesenheit von der Firma unmöglich gewesen. Ich fand einen geeigneten Psychiater und vereinbarte für den Patienten, den ich selbst nie gesprochen hatte, einen Behandlungstermin. Aber der Patient erschien nicht. Auch ein zweiter Versuch war erfolglos. Seine Angst und das Gefühl, sich zu blamieren, waren zu groß.

Um beim Patienten die Bereitschaft zu erreichen, sich vom Psychiater behandeln zu lassen, ließ ich ihm mitteilen, dass ich ihn gerne bei mir zu Hause sprechen möchte. Er kam. Die Beziehung zwischen uns war herzlich und aufgeschlossen. Ich sagte ihm, dass ich wegen meiner vielen Reisen keine Therapie durchführen könne, dass ich aber gerne noch ein-, zweimal mit ihm reden würde.

Bei diesen Besuchen sprachen wir darüber, wie er sich fühlt, wenn er abends in die Gastwirtschaft geht. Er erzählte, wie er den ganzen Abend bis tief in die Nacht trinkt und mit den einfachen Handwerkern und Bauern diskutiert. Dann rechnete er aus, wie sich in den vielen Stunden die Schöppchen Wein und die Kaffees mit Schnaps zu einem beträchtlichen Quantum Alkohol summierten. Er sagte, er habe am nächsten Tag oft so starke Kopfschmerzen, dass er morgens noch lange im Bett bleibe.

Ich fasste meine Meinung zusammen: »Sie wissen, dass Sie überdurchschnittlich intelligent sind. Sie gehen nicht wegen des Alkohols in die Wirtschaft, sondern um den einfachen Leuten, die dort sitzen, mit Ihrer Intelligenz zu imponieren. Sie wollen bewundert werden.

Wenn Sie aber Anerkennung und Bestätigung nötig haben, dann müssen Sie entsprechende Leistungen vollbringen oder Gesprächspartner suchen, die beurteilen können, was Sie sagen. Wenn Sie bei solchen Menschen Anerkennung finden, dann hat die Bestätigung für Sie einen Wert.

Aber ist es nicht ein untauglicher Selbstbetrug, wenn Sie Ihre Bewunderer in der Bierwirtschaft suchen?«

Offenbar hat er verstanden, dass er eigentlich nicht wegen des Alkohols ins Wirtshaus geht. Was er sucht, sind Menschen, die ihm zuhören. Zuhörer zu haben, das empfindet er schon als Bestätigung. Für ihn ist – wie für viele andere – Bestätigung ein Ersatz für fehlende Liebe und innere Verbundenheit. Bei seiner Mutter, die er jedes Mal fröhlich singen hörte, wenn sie den

Gartenschlauch holte, um ihn durchzuprügeln, konnte er nicht erfahren, was Liebe ist. Er hat auch später nicht gelernt, anderen Liebe zu geben und Liebe zu empfangen. Weil er mit Liebe nicht umgehen konnte, versuchte er umso mehr, durch Überlegenheit, durch imponierende Intelligenz und gewinnende Freundlichkeit akzeptiert und bestätigt zu werden. Wie ein Schauspieler, der zwar Applaus erntet, dafür aber nicht erfährt, was wirkliche Liebe ist, so ist auch er stets mit leerem Herzen aus der Wirtschaft heimgekehrt.

Das Gefühl der lieblosen Leere hat ihn immer wieder zu den Menschen ins Wirtshaus getrieben. Dort hat er Bestätigung und Beliebtheit gesucht. Ihm war bis jetzt nicht bewusst geworden, dass der Wunsch, beliebt zu sein und anderen zu imponieren, das Bedürfnis nach Liebe niemals zu ersetzen und zu befriedigen vermag.

Theodor W. verstand erstaunlich schnell, warum er sein liebloses Leben als so sinnlos empfand, warum er statt einer liebevollen Zugehörigkeit nur Bestätigung suchte, warum die Gastwirtschaft der falsche Ort ist und warum er zum Alkoholiker wurde, der im Begriff stand, seine Ehe, seine Firma und schließlich sein Leben zu ruinieren.

Schon nach der zweiten Besprechung trank er, wie abgemacht, nur noch beim Essen höchstens drei Zehntel Wein. Als er zur dritten Besprechung erschien, setzte er sich mit verschränkten Armen zurückgelehnt hin. »Ich muss Ihnen etwas gestehen«, fing er an. »Wir hatten auf der Ausstellungsmesse einen starken Stress. Dann sind wir am Abend zusammen in die Gastwirtschaft gegangen. Da habe ich doch wieder mehr getrunken. Es tut mir Leid. Bitte entschuldigen Sie.«

»Da bin ich aber wirklich froh, dass das passiert ist«, schoss es aus mir heraus. »Was glauben Sie denn, wer ich sei, dass Sie sich bei mir entschuldigen? Ich bin nicht Ihr Pfarrer. Ich bin auch nicht Ihre Mutter, die Sie tadelt und bestraft. Sie sind ein erwachsener Mensch. Sie können tun und lassen, was Sie wollen. Sie sind mir keine Rechenschaft schuldig. Unsere Gespräche haben einzig und allein den Zweck, dass Sie verstehen, was in Ihnen vorgeht, wenn Sie sich nicht wohl fühlen. Ich bin weder ein Moralprediger noch Ihr Beichtvater.«

Spontan beugte sich Theodor W. mir zu. Gleichzeitig öffneten sich die verschränkten Arme, und in feierlichem Ton kam aus ihm heraus: »Jetzt haben Sie etwas Wichtiges gesagt.«

In diesem Augenblick hatte er begriffen, dass es nicht darauf ankommt, von irgendjemandem getadelt oder bestätigt zu werden. Mit einem Mal erkannte er, dass die ganze Verantwortung dafür, was er tut, ob er trinkt oder nicht und ob er glücklich oder unglücklich ist, bei ihm liegt. In diesem Augenblick hat er die Einsicht erlebt, dass er allein die Ursache dafür ist, ob sein Leben sinnvoll ist oder ob er es zerstört.

Jetzt und zum ersten Mal in seinem Leben wurde ihm klar, dass er sich nicht mit dem Alkohol zerstört, sondern mit seinem Selbstbetrug. Er hatte das Fundament eines sinnvollen Lebens vernichtet: Er hatte seine Selbst-Achtung zerstört. Er fühlte sich zu Recht minderwertig. Nicht nur, weil er trank und dabei seine Familie und das Geschäft vernachlässigte, sondern weil er sich Abend für Abend bei seinen Trinkkumpanen eine Selbstbestätigung vorgaukelte, an die er selbst nicht glaubte. So hatte er das Wertvollste, was ein Mensch besitzen kann, die Selbstachtung, täglich aufs Neue zerstört.

Neben der inneren Freiheit, die der arme Reiche Bert S. nicht besaß, ist die Selbstachtung, die sich Theodor W. zerstörte, eine notwendige Voraussetzung für das harmonische Gleichgewicht und das sinnerfüllte Leben.

Als mich Theodor W. zum vierten und letzten Male besuchte, sagte er: »Ich habe nichts mehr getrunken.«

Ich wusste, dass die Prognose bei Alkoholikern schlecht ist, darum sagte ich in ehrlicher Überzeugung: »Ich bin überrascht, dass Sie sich so gut steuern. Ihr Erfolg erstaunt mich.«

Nun sprach er die Worte, die mich veranlasst haben, seine

Geschichte zu erzählen: »Das ist nicht verwunderlich, Sie haben mir den Schaltplan erklärt, und ich weiß, was auf dem Spiele steht. Da werde ich mich hüten, den alten Fehler wieder zu machen. Selbst wenn ich einmal rückfällig werden sollte, ich weiß jetzt, was ich tun muss, um wieder ins Lot zu kommen.«

Ich stellte ihm frei, mich künftig zu besuchen, wenn er es nötig fände. Er kam nicht mehr. Inzwischen hat er wieder geheiratet. Sein Geschäft läuft gut. Betrunken war er seither nicht mehr. Seine Worte, die er als Elektronikfachmann formulierte: »Sie haben mir den Schaltplan erklärt«, zeigen, dass er das Autoregulationssystem der Psyche verstanden hat. Er begriff, dass er selbst es ist, der seine Situation verursacht und für sein inneres Gleichgewicht verantwortlich ist.

In dem Augenblick, wo uns »die Schuppen von den Augen fallen«, wo das Erlebnis der Einsicht eintritt, wo wir das Heil in der heilenden Harmonie gefunden haben, sind wir zum sinngemäßen Leben zurückgekehrt.

Wenn eine Psychoanalyse lange dauert, dann hat sie so lang oder nie zu dieser erlebten Einsicht geführt.

Wer hingegen mit dem Autoregulationssystem der Psyche vertraut ist, dem wird es leichter fallen, seine Situation zu durchschauen, die nötige Einsicht zu gewinnen und seine Probleme zu lösen.

Das allzu menschliche Ich oder Die Kunst, sich nicht mehr zu ärgern

Sie erinnern sich noch an die Männchen-Zeichnung von Gaby. Die körperlichen Bedürfnisse hat sie als Bauch dargestellt, die Absichten und deren Probleme als Fragezeichen, die den Kopf umschwirren. In den Kopf hat Gaby das große Ausrufezeichen gesetzt. Damit ist das Autoregulationszentrum gemeint, das die Beziehungen zwischen dem Körper und der Umwelt steuert.

Hier werden auch die Verbindungen zwischen Gefühlen und Gedanken gesteuert. Richtige Verbindungen schaffen ein sinnvolles Harmonie-Gefüge. Falsche Beziehungen erzeugen Irrtümer und Konflikte. Wie kommen sie zustande? Warum leiden wir Menschen unter so vielen Konflikten?

Eine kluge junge Frau, eine Juristin, hat sich in ihrer Ehe so oft geärgert, dass sie daran erkrankt ist. Wegen ihrer vielartigen beängstigenden Krankheitssymptome hat sie eine Vielzahl von Spezialärzten konsultiert. Keiner konnte sie heilen. Der Chiropraktiker und Homöopath, der ihr jetzt zu helfen versucht, hat ihr empfohlen: »Fressen Sie den Ärger nicht in sich hinein. Lassen Sie ihn raus.«

Ich wollte ihr einen Schritt weiterhelfen und sagte: »Gewiss, Sie sollten den Ärger nicht unterdrücken, sondern mit sich und dem anderen die Ursache klären und bereinigen. Besser aber wäre es, sich gar nicht erst zu ärgern.«

»Aber Ärgern ist menschlich«, verteidigte sie sich.

»Ja eben, es ist menschlich. Wir sollten unsere menschliche Schwäche aber nicht verteidigen, sondern zum Beispiel von den Tieren lernen, was natürlich und auch gesünder ist.« Dann erzählte ich ihr, was ich von den Möwen gelernt habe.

Ich verdanke den Möwen eine meiner wichtigsten Lebenserfahrungen. Sie lehrten mich, dass es völlig unnötig ist, sich zu ärgern oder sich beleidigt zu fühlen.

Wenn ich den Möwen von der Seeterrasse aus Brotbrocken zuwerfe, beginnen sie, in der Luft zu kreisen. Jede versucht, die Beute, noch bevor sie ins Wasser fällt, schon im Flug zu erhaschen. Die Möwen, die dem Brocken am nächsten sind, stürzen sich auf ihn. Aber nur eine erwischt ihn. Die anderen kreisen weiter und warten auf die nächste Gelegenheit. Wenn abermals Brot ins Wasser fällt, schießen wiederum mehrere darauf los. Während die Siegerin mit der Beute entflieht, versucht eine andere, ihr den Brocken laut kreischend abzujagen. Gelingt es ihr, das Brot wegzuschnappen, kehrt die beraubte Möwe sogleich in die Kreisbahn der nach Beute haschenden Vögel zurück.

Mich erstaunt dieser zweckmäßige Realismus. Welcher Mensch würde sich nicht enttäuscht, verärgert, beleidigt, empört oder trotzig verhalten, wenn er um den Erfolg betrogen und ihm der Besitz entrissen wird? Menschen würden sich nicht nur betrogen fühlen, sondern empört schimpfen oder sich vielleicht rächen wollen. Diese nutzlosen Selbstbespiegelungen, die mit dem verräterischen Wörtchen »sich« beginnen – sich ärgern, sich beleidigt fühlen, sich empören, sich rächen –, interessieren die Möwe nicht. Was vorbei ist, kümmert sie nicht und ärgert sie nicht.

Sie führt den Kampf sachlich und nicht persönlich. Sie macht ihn nicht zum Konflikt. Wichtig ist ihr nur die nächste Gelegenheit.

Wo sitzt denn beim Menschen der Angelhaken, an dem er hängen bleibt, wenn er sich über einen anderen ärgert oder sich beleidigt fühlt? Das »sich« bedeutet: ich mich selbst. Ich ärgere mich selbst. Statt »über einen anderen« könnte man auch sagen: »Ich ärgere mich selbst auf dem Umweg über einen anderen« oder noch deutlicher »unter Zuhilfenahme eines anderen«. Ich ärgere mich selbst, weil ich mich übergangen und nicht für wichtig genommen fühle. Diese nutzlose und belastende Selbstbespiegelung, dieses egozentrische Ich-mich kennt die Möwe nicht. Ihr kommt das Ich nicht in die Quere. Wie alle Tiere lebt und konzentriert sie sich mit höchster Aufmerksamkeit auf die Wirklichkeit des Augenblicks.

Gleiches tun Menschen, wenn sie eine Höchstleistung vollbringen. Der Pianist, der Meisterschütze, der Stabhochspringer, sie alle erreichen ihre Höchstleistung durch die Kunst, sich ganz auf die Aufgabe und ihr Ziel zu konzentrieren. Die vollkommene Hingabe an das Objekt, an die gegenwärtige Aufgabe, an die erlebte Gegenwart gestattet nicht, dass das Ich störend dazwischentritt. Bei Tennisturnieren kann man oft beobachten, dass ein Spieler, der sich ärgert, den nächsten Ball verschlägt.

Sobald ein egozentrisches Ich-mich-Gefühl (ich ärgere mich, ich bewundere mich) die Objekt-Beziehung unterbricht, wird die spontane Harmonie-Beziehung zerstört. Wer sich ärgert, sich schämt, sich bedauert, sich bewundert, kurz: wer sich selbst bespiegelt, verbaut sich den Zugang zur Wirklichkeit. Er ist von sich befangen. Er versetzt sich in das fensterlose Gefängnis seiner Egozentrizität. Dadurch ist er unfähig, die Situation mit voller Aufmerksamkeit wahrzunehmen, richtig zu beurteilen und zweckmäßig zu handeln. Anstelle des sachlichen Beurteilens, wie es die Möwe tut, tritt das persönliche, ich-befangene Bewerten: »Das ist phantastisch, großartig!« Oder: »Das ist langweilig, blöd, hässlich.« Persönliche Bewertungen sagen nichts aus über die Sache, sehr viel aber über die Person.

Von den Möwen habe ich gelernt, meine nutzlosen, belastenden Ich-Gefühle zu beseitigen. Allmählich gelingt es mir auch, mich selbst nicht mehr zu bewerten. Damit hat auch die Angewohnheit aufgehört, andere zu bewerten und zu kritisieren. Umso aufgeschlossener und aufmerksamer kann ich sie wahrnehmen und umso besser vermag ich sie zu verstehen.

Die vier normalen Selbstgefühle

Der Ausgleich, um ein Gleichgewicht herzustellen, wie zum Beispiel von Wärme und Kälte, von Entstehen und Vergehen, sind uns in der Natur bekannt. Auch die menschlichen, die sozialen Beziehungen beruhen auf dem Ausgleich, wie zum Beispiel von Nehmen und Geben –, um ein Gleichgewicht herzustellen.

Zunächst möchte ich mit Ihnen über jenen Ausgleich sprechen, der für uns bei weitem der wichtigste, doch zugleich auch der gefährlichste ist: über den Ausgleich von gegensätzlichen Gefühlen, um im eigenen Ich ein Gleichgewicht zu erreichen.

Wer sich unsicher fühlt, sei es im Umgang mit dem anderen Geschlecht, bei der Begegnung mit einer wichtigen oder prominenten Persönlichkeit, beim Auftreten vor vielen Menschen, beim Sprechen einer Fremdsprache oder in irgendeiner anderen Situation, kann sich durch Übung und Erfahrung die erwünschte Sicherheit erwerben.

Durch die bessere Beziehung zur Umwelt verliert man die eigene Unsicherheit. Durch bessere Kontakte und Bindungen schwindet die Einsamkeit. Durch bessere Leistungen und mehr Erfolg wächst das Selbstvertrauen.

Wenn wir tun, was erforderlich ist, werden wir mit den Aufgaben und Schwierigkeiten, die das tägliche Leben bietet, meist fertig. Dann finden wir den Weg aus dem Unbehagen und Ärger, aus der Enttäuschung und Verstimmung zum inneren Gleichgewicht zurück.

Unser Ich ist dann wieder im Lot, wenn wir unsere Beziehung zur Umwelt ins Gleichgewicht gebracht haben. Gefährlich wird es aber, wenn unsere Selbstgefühle aus dem Gleichgewicht geraten. Dann spalten sich unsere Ich-Gefühle in unvereinbare Gegensätze, die sich gegenseitig steigern. Dann pendelt das Auf und Ab zum Beispiel zwischen angeberischer Selbstbewunderung und enttäuschtem Selbstbedauern immer stärker und schneller. Der Wechsel von Illusion und Depression, von Anspruch und Angst beginnt, sich im Kreis zu drehen. Damit ist das Ich zu einem zweipoligen Teufelskreis geworden.

Wer in den Strudel eines Teufelskreises gerät, wird ständig wie ein Schwimmer im Wasserwirbel eines Flusses herumgeschleudert. Aus eigener Kraft kann er sich kaum befreien. Das zeigen die ausdruckslosen und resignierten oder harten Gesichter der täglichen Umgebung.

Es ist mir ein besonders wichtiges Anliegen, mit Ihnen ausführlich darüber zu sprechen, wie man das vermeiden kann. Aber aus mehreren Gründen ist dies eine schwierige Aufgabe. Einerseits halten viele Menschen solche Gefühle, durch die man in den Teufelskreis gerät, wie beispielsweise Ehrgeiz, Neid, Hass, Verachtung, Demütigen- oder Ausnützenwollen usw., »für ganz normal«.

Andererseits halten es manche für modern, sich bewusst zum Egoismus zu erziehen, indem sie eine falsch verstandene »Selbstverwirklichung« erstreben. Manche verschlimmern ihre Egozentrizität, indem sie »auf der Suche nach ihrer Identität« eine ungesunde Selbstbespiegelung treiben. Was sie als »Selbsterfahrung« deklarieren, ist bei manchen eine psychologisierende Ich-Sucht.

Weder die fragwürdigen Ich-Psychologien (Ich und Über-Ich; Eltern-Ich und Kind-Ich) noch die konfessionellen Morallehren noch die sozialen Anstandsregeln haben das erreicht, was wichtig ist: dass unser Gewissen dafür feinfühlig wird, ob wir die Grenze der normalen Selbstgefühle überschreiten.

Weil unser inneres Gleichgewicht und unser Wohl davon abhängen, möchte ich im Folgenden die vier normalen Selbstgefühle beschreiben:

die Selbstachtung	die Zufriedenheit
die innere Freiheit	das Selbstvertrauen

Dabei möchte ich auch zeigen, was geschieht, wenn wir die normalen Selbstgefühle verlieren: Sie spalten sich in Gegensätze. Die Gegensätze steigern sich gegenseitig und bilden schließlich einen Teufelskreis.

Die Selbstachtung

Die beiden negativen Gegensätze der Selbst-Achtung sind:

die Selbst-Überbewertung als Selbst-Zwang: daher Selbstüberschätzung, selbstherrlich, Wichtigtuer, Rechthaber, Machtanspruch, Arroganz;

die Selbst-Unterbewertung als Selbst-Befreiung: fühlt sich verhindert, will sich befreien, ist ausweichend und wendig, um anerkannt und bestätigt zu werden.

Theodor W. hat durch seine Nachgiebigkeit gegenüber dem Alkohol sein normales Selbstgefühl, die Selbstachtung, zerstört. Unter den Trinkkumpanen hat er sich als der Klügste gerne überschätzt. Als betrunkener Ehemann und als Unternehmer, der wegen Alkohol-Kopfschmerzen morgens im Bett liegen blieb, hat er sich hingegen verachtet. Vor der unerträglichen Selbstverachtung ist er ins Wirtshaus geflüchtet, um sich in der Rolle des Überlegenen überschätzen zu können. So hat er sich in seinem Teufelskreis von Selbstverachtung zu Selbstüberschätzung immer schneller und immer zwingender zu drehen begonnen. Das normale Selbstgefühl, die Selbstachtung, hatte er umso mehr verloren, als er sich von der Bestätigung durch andere abhängig machte.

Selbst-Achtung und Selbst-Bestätigung sind zwei unterschiedliche und zum Teil gegensätzliche Selbstgefühle. Je mehr Selbstachtung man hat, desto weniger benötigt man die Bestätigung von anderen. Und umgekehrt: Je mehr jemand nach Bestätigung giert und mit Sex, mit Besitz oder mit seinen Beziehungen angibt, desto kümmerlicher ist seine Selbstachtung.

Man muss den Unterschied zwischen der Selbst-Achtung und der Selbst-Bestätigung genau verstehen. Die Selbst-Bestätigung ist die Feststellung, zu was man fähig ist, z. B. dass man lesen und schreiben kann, dass man eine Fremdsprache beherrscht, dass man einen Beruf ausübt, dass man für andere interessant oder attraktiv ist. Die Selbst-Bestätigung fördert das Selbst-Vertrauen, keineswegs jedoch die Selbst-Achtung. Männer und Frauen, die wie ein Gockel auftreten und dabei meist Sex-Signale einsetzen, oder andere, die wie ein Pfau bewundert werden wollen, haben meist wenig Selbstachtung. Darum fehlt ihnen auch die aufrichtige Achtung für den Partner und damit das Fundament einer echten Liebe.

Selbstachtung, dieses wichtige Selbstgefühl, besitzt man nur dann, wenn man aus einer absolut redlichen Überzeugung denkt und danach handelt. Immanuel Kant hat das den »kategorischen Imperativ« genannt. Das bedeutet, man solle so handeln, dass es wie ein gerechtes Gesetz für alle gelten kann.

Einige, besonders manche Frauen, meinen, um Selbstachtung zu haben, müssten sie etwas Besonderes leisten oder wenigstens ein eigenes Kind geboren haben. Sie lassen sich von dem beeindrucken, was andere zur Selbstbestätigung tun und womit man sich einen gesellschaftlichen Status erwirbt. Das hat mit der Selbstachtung nichts zu tun. Diese besteht, wenn man ehrlich, redlich und integer ist. Die Selbstbestätigung hingegen erwirbt man sich mit dem, was man für erstrebenswert hält und erfolgreich tut, indem man z. B. einen Titel führt oder eine politische Karriere, einen beeindruckenden Reichtum, ein imponierendes Auto oder wenigstens eine ruhmreiche Todesanzeige hat.

Dabei fällt mir ein, wie ein selbstherrlicher Gockel eine elegante Abfuhr von einem Schafhirten bekam. Ein Ausländer hielt sein Imponier-Auto an, als er auf der Weide einen Schafhirten sah. Die gut gelaunte Ferienstimmung bewog den Autofahrer, sich zu einem wohlwollenden Gespräch herabzulassen. Zuletzt fragte er scheinheilig: »Sagen Sie mal, um Schafhirte zu sein, muss man das lernen?« Der Schafhirte spürte die Geringschätzung und gab trocken zurück: »Ja, aber manche lernen es nie.«

Wer wie dieser Schafhirt Selbstachtung und innere Freiheit besitzt, ist nicht verlegen, sondern schlagfertig.

Vor kurzem hörte ich im Radio ein Interview. Es wurde mit einer Diplompsychologin geführt. Sie hatte soeben ein Buch veröffentlicht mit dem Titel und Inhalt: Wir alle brauchen Beliebtheit. Ich harrte eine halbe Stunde aus, um von dieser Psychologin endlich zu hören, dass wir in dem Maße Beliebtheit benötigen, als uns die Selbstbestätigung und vor allem die Selbstachtung fehlen. Endlich am Ende des Interviews fragte die Moderatorin: »Aber die Selbstachtung ist doch auch wichtig«. Prompt kam die Antwort: »Ja natürlich. Deshalb ist es eben wichtig, dass wir viele Zeichen der Beliebtheit bekommen, damit wir Selbstachtung haben«. Beliebtheit hat diese Dame mit ihrem psychologischen Unverstand bei mir allerdings nicht gefunden.

Alle Fanatiker sind der Selbstüberbewertung verfallen, besonders die konfessionellen, politischen und gesellschaftlichen Wichtigtuer. Es gibt auch Wissenschaftler, die den Wert ihrer Leistung mit dem Wert ihrer Person verwechseln, wie jener Arzt, der sagte: »Es gibt zwei bedeutende Chirurgen auf der Welt. Der andere lebt in Amerika«.

Auch viele Künstler sehen sich gerne als große Stars, obwohl sie vielleicht Kometen, aber keine Fixsterne sind.

Es soll in Venedig gewesen sein. Als der Gondoliere hörte, dass sein Gast ein Maler sei, teilte er ihm begeistert mit, dass er vor zwei Tagen den größten Maler der Welt bei sich im Boot hatte. »So? Wer war denn das?«, fragte der berühmte englische Maler Whistler.

»Makart heißt er.«

»Und woher«, fragte Whistler, »wissen Sie, dass er der größte Maler ist?«

»Er hat es mir ja selber gesagt«.

Eine normale Selbstachtung haben Menschen, für die es eine Selbstverständlichkeit ist, dass sie anständig, ehrlich und redlich nach ihrer Überzeugung reden und handeln. Dünkelhafter Stolz ist ihnen ebenso fremd wie unterwürfige Anpassung. Man muss hellhörig sein, um ihre selbstsichere Bescheidenheit zu erkennen.

Viele Anekdoten lassen erkennen, dass König Friedrich August III. von Sachsen diese selbstsichere, redliche Bescheidenheit besessen hat. Als er nach seiner Absetzung mit seinem Adjutanten in einem Wartesaal saß, ging ein Raunen durch die Wartenden: »Es is der Geenig.« »Nee, er is es nich«. »Doch, es is der Geenig«. Da drehte er sich um und sagte trocken: »Gewäsen«.

Vorhin sagte ich: »Eine normale Selbstachtung haben Menschen, für die es eine Selbstverständlichkeit ist, dass sie anständig, ehrlich und redlich nach ihrer Überzeugung reden und handeln.« Die vielen, die das nicht tun und ihre Selbstachtung zerstören, erkennt man daran, dass sie ausweichen und Umwege suchen, um ihre Absicht durchzusetzen. Sie haben Ausreden oder sagen das Gegenteil von dem, was sie beabsichtigen. Sie sind unaufrichtig oder lügen aus Gewohnheit.

Eine nette Anekdote erzählt, der Richter habe gefragt: »Können Sie beschwören, dass Sie dem Kläger das Geld zurückgegeben haben?« Der Angeklagte antwortete: »Höchstwahrscheinlich!«

Darauf der Richter: »Das geht nicht. Sie müssen schwören: Ich habe das Geld zurückgegeben oder ich habe das Geld nicht zurückgegeben.«

Darauf der Angeklagte: »Ja, genau so möchte ich schwören.«

Ich nenne männliche und weibliche Typen, die rücksichtslos auf ihren Vorteil aus sind oder hemmungslos lügen, um ihren Einfluss oder ihre Macht auszuüben, »wendige Schlangen«.

Die eigene Freiheit

Die beiden negativen Gegensätze der eigenen Freiheit sind:

die Selbst-Überbewertung als Selbstflucht: sucht ständig nach etwas Besserem, Neuem, anderem, Illusionist, Phantast;

die Selbst-Unterbewertung als Selbstbeengtheit: ängstlich, macht sich ständig Sorgen, Angst vor Verlust des Partners, der Gesundheit, des Besitzes.

Die innere, eigene Freiheit besitzt, wer fordern, aber auch verzichten kann. Diese Freiheit spüren Sie, wenn Sie dazu fähig sind, das klingelnde Telefon zu ignorieren, wenn Sie nicht gestört sein wollen. Sie spüren sie, wenn Sie dazu fähig sind, eine Einladung, die Sie nicht interessiert, ohne Ausreden auszuschlagen. Sie spüren Ihre Freiheit aber auch, wenn Sie den Mut haben, einen Wunsch zu äußern, obwohl Sie mit einer Absage rechnen müssen. Frei ist, wer seine Gefühle oder Absichten nicht verleugnet. Er sagt: »Ich möchte nicht«, aber gibt nicht vor, keine Zeit zu haben. Es kommt für ihn nicht in Frage, dem anderen etwas vorzuheucheln. Wer vorgibt, er benutze Ausreden, um den anderen zu schonen, hat in Wirklichkeit Angst, sich unbeliebt zu machen. Er will sich selbst schonen. Die Angst, unbeliebt zu sein, macht unfrei. Auf diese Weise entsteht die Angst vor Blamage und das peinliche Gefühl der Verlegenheit, der Gehemmtheit und auch das Erröten.

Nur wer sich frei fühlt, kann aufrichtig und schlagfertig sein, wie jene attraktive Frau, die von einem Bewunderer gefragt wurde, ob er sie begleiten dürfe und in welche Richtung sie gehe. Sie antwortete ihm: »In die entgegengesetzte.«

Um sich innerlich frei fühlen zu können, muss man Selbstachtung haben und zu dem stehen, wovon man überzeugt ist. Wer danach strebt, beliebt zu sein und von anderen bestätigt zu werden, kann sich nie frei fühlen.

Der arme Reiche Bert S., der clevere, fleißige Kaufmann, hat das normale Selbstgefühl der inneren Freiheit den zwei Seiten der Unfreiheit preisgegeben: dem Selbstzwang, wenn er hart arbeitete, um sich durch schlaue Verträge seine Vorteile zu sichern, aber auch der Scheinfreiheit, der Selbstflucht, wenn er Geschäftsbesprechungen bis in die Nacht ausdehnte, um sich der Familie zu entziehen, oder wenn er morgens misslaunig rauchend bis in den späten Vormittag herumsaß, um seiner Arbeit auszuweichen. Eigentlich flüchtete er vor der Frage: Warum bin ich jeden Morgen misslaunig, wenn ich ins Geschäft gehen sollte, und von was lenke ich mich mit Arbeit ab, wenn ich am Abend nach Hause gehen sollte? Statt dieser Selbstflucht hätte er seine allzu clevere Grundhaltung im privaten wie im geschäftlichen Verhalten bereinigen sollen.

Menschen wie Bert S. und Theodor W. erscheinen der weiteren Umgebung, den Nachbarn oder Arbeitskollegen als »normal«. Vielleicht weiß man noch beiläufig über sie, dass die Ehe schlecht geht oder dass sie häufig Kopfschmerzen, Magenschmerzen, Verdauungsbeschwerden oder Rückenschmerzen haben oder schlecht schlafen oder »ein bisschen viel trinken« oder »starke Raucher« sind.

Unser Blick für die Normalität der Selbstgefühle ist deshalb nicht geschärft, weil das echte Gewissen, das Wissen über uns selbst, abgestumpft ist. Dieses Wissen, »das moralische Gesetz in mir«, wie Kant sagt, kann uns nicht von außen eingepflanzt werden, weder durch eine konfessionelle Morallehre noch durch eine gut gemeinte Unterrichtung darüber, was als sozial und anständig zu gelten hat, noch durch eine gesellschaftspolitische Ideologie.

Darum versagen die sozialen Ideale, wenn sie den Menschen von außen aufgezwungen werden und nicht aus eigener, erlebter Einsicht zur inneren Überzeugung geworden sind.

Der Arzt und Philosoph Paul Dahlke (1865–1928) spricht das mit bewundernswerter Klarheit aus: »Jeder wirkliche Zwang für den Menschen geht letzten Grundes nicht von den Dingen, sondern vom Denken aus und ist somit kein äußerer Zwang, sondern ein Selbstzwang. In Wahrheit gezwungen werden kann der Mensch nur, wenn er sich selber zwingt, und das kann er nur, wenn er die Notwendigkeit dessen, wozu er sich zwingen soll, begriffen hat. Woraus sich dann wieder ergibt, dass jeder Fortschritt in der Welt nicht durch Gesetze, Verordnungen oder gar Gewaltmittel, sondern nur durch Belehrung zustande gebracht werden kann. Von jeher hat die Welt nicht der so genannten großen Männer bedurft, sondern der Lehrer, und von jeher ist für den Denkenden die größte Tat nicht Sieg und Eroberung, nicht Entdeckung und Erfindung gewesen, nicht Meisterung der Welt, sondern Meisterung seiner selbst. Und der einzige wirkliche Weg hierzu ist der: sich selber zu begreifen.«

Ich bin stets aufs Neue von diesen weisen Einsichten tief ergriffen. Wer sie, wie Sie jetzt, gelesen hat und sich zu eigen macht, hat sich gewandelt. Er hat seinem künftigen Leben nutzlose oder sogar verheerende Umwege erspart.

»Sich selber begreifen« bedeutet, den Grund zu verstehen, warum ich etwas tue. Es bedeutet, hellhörig zu werden und mit sich ehrlich zu sein, um die wirklichen Motive und die eigentlichen Absichten zu erkennen. Wir sollten uns fragen: Verletze ich meine Selbstachtung bei dem, was ich rede und tue, und fühle ich mich innerlich frei?

Die eigene Zufriedenheit

Die beiden negativen Gegensätze der eigenen Zufriedenheit sind:

die Selbst-Überbewertung als Selbst-Verwöhnung: mit Essen, Süßigkeiten, Alkohol, Drogen, Kaufen (Kleider, Autos) als Lust-Befriedigung;

die Selbst-Unterbewertung als Selbst-Unzufriedenheit: Man will es anders und will mehr haben, man fühlt sich vernachlässigt und hat sich entfremdet.

Wie man das normale Selbstgefühl der Zufriedenheit verlieren kann, möchte ich Ihnen am Beispiel der 57-jährigen Frau Gloria B. zeigen. Ihre Selbstunzufriedenheit hat einen wahrhaft tragischen Teufelskreis in Gang gebracht.

Bevor ich von Einzelheiten berichte, möchte ich einen Satz wörtlich wiederholen, den sie bei ihrem ersten Besuch gesprochen hat: »Ich will Ihnen erzählen, warum ich zu Ihnen komme. Mein Mann ist tot. Ich habe ihn in den Selbstmord getrieben. Er hat meine Nörgeleien nicht mehr ertragen. Er hat sich in der Garage erhängt. Ich bin schuld daran. Was ich gemacht habe, ist Mord. Jetzt, wo er pensioniert war und wir unser Haus und den schönen Garten hätten genießen können, lässt er mich einfach allein. So eine Gemeinheit! Jetzt lässt er mich einfach sitzen.«

Ich war bestürzt, da ich den bescheidenen, fürsorglichen und rücksichtsvollen Ehegatten aus der Zeit vor zehn Jahren, als ich den Sohn behandelte, noch in angenehmer Erinnerung hatte. Den absurden Widerspruch der Witwe – einerseits ihre Selbstanklage und andererseits die bitteren Vorwürfe gegen ihren Gatten – fand ich makaber komisch.

Sie hat tatsächlich mit ständigen Nörgeleien und mit mehrtägigem trotzigem Schweigen ihren Mann in den Selbstmord getrieben. Neben kleinlichen Spitzfindigkeiten, mit denen sie ihn täglich gedemütigt hat, und neben unberechtigten Eifersüchteleien hat sie ihn auch lange sexuell tyrannisiert. »Ich will keinen Verkehr mit dir, wenn du unrasiert bist.« Ging er sich jedoch vorher rasieren, warf sie ihm vor: »Mit einem Mann, der so wenig spontan ist, dass er sich vorher rasieren geht, kann ich keinen Verkehr haben.«

Ihren Sohn, das einzige Kind, hatte sie mit Überfürsorglichkeit tyrannisiert. Er hatte vom sechzehnten Lebensjahr an jedes Mal Ohnmachtsanfälle, wenn er den elterlichen Wohnort auf eine Distanz von nur 20 bis 30 Kilometer verließ. Sein Hobbysport war das Fliegen. Das Wegfliegen war seine Selbsttherapie zur Befreiung von seiner autoritären Mutter. Als ich bei dem damals 25-jährigen Mann erreichen konnte, dass er erstmals und allein eine Reise ins Ausland machte, blieb auffallenderweise der Ohnmachtsanfall aus.

Von welchen Selbstüberwertungen und Selbstunterwertungen war seine Mutter besessen? In welchem egozentrischen Teufelskreis drehte sie sich, dass sie ihren Angehörigen ein so teuflisches Schicksal beschied?

Gloria war das einzige Kind eines wohlhabenden Handwerksmeisters in einer ländlichen Kleinstadt. Der Vater war eine geachtete Persönlichkeit und schien auf seine hübsche Tochter stolz gewesen zu sein. Offensichtlich hatte er sie auch mit Aufmerksamkeiten und kleinen Geschenken verwöhnt.

Gloria hatte sich als junge Frau einen gut aussehenden Mann ausgewählt, der zu der damaligen Zeit eine karriereträchtige Stellung bekleidete.

In der darauf folgenden Wirtschaftskrise musste er in einer Kleinstadt mit einer untergeordneten Stellung vorlieb nehmen. Mit dem kleinen Sohn lebten sie jetzt in einer bescheidenen Wohnung.

Die stolze Gloria konnte den materiellen und sozialen Rückschlag schwer ertragen. Verglichen mit ihrem Vater, empfand sie ihren Mann als Versager. Sie fühlte sich nicht mehr durch Wohlhabenheit gesichert. Ihr fehlte die Geborgenheit bei einem erfolgreichen Mann, wie ihr Vater einer war.

Gloria wurde unzufrieden. Sie entfremdete sich ihrem Gatten, war gereizt, kritisch, nörglerisch und verlor auch das Interesse an der sexuellen Beziehung. Je mehr sie sich innerlich von ihrem Mann durch Kritik distanzierte, desto mehr begann sie, ihren verstorbenen Vater zu idealisieren.

Je mehr sie sich innerlich isolierte, desto leichter fiel es ihr, dem Gatten mit trotzigem Schweigen ihre Verachtung zu zeigen.

Durch die Tüchtigkeit des Mannes und ihre gemeinsame Sparsamkeit konnten sie später wieder ein schönes Haus und einen großen Garten in einer bevorzugten Wohnlage der Stadt erwerben. Beide liebten und pflegten ihren Besitz.

Obwohl der Gatte längst bewiesen hatte, dass er kein beruflicher oder materieller Versager war, und der Wohlstand zurückkehrte, blieben die Unzufriedenheit und damit die innere Entfremdung, Gereiztheit und Nörgelsucht in Gloria fest verankert. Sie tyrannisierte ihren Mann mit Kritik und ihren Sohn mit Verwöhnung. Das hatte zur Folge, dass der Sohn keine entsprechende Beziehung zu einer anderen Frau finden konnte. Er blieb ledig.

Wenn das normale Selbstgefühl der Zufriedenheit zerstört wird, spaltet es sich wie bei Gloria B. in die Selbstunzufriedenheit und in die Selbstbefriedigung.

Die Selbstunzufriedenheit äußert sich gegenüber anderen als innere Distanzierung, als Entfremdung, als Weglaufenwollen, als Ruhelosigkeit, als Gereiztheit und Kritiksucht. Das übersteigerte Bedürfnis nach Befriedigung führt zunächst zur Selbstbefriedigung und Selbstverwöhnung. Als Selbstbefriedigung dient vielen die Vorstellung einer idealisierten Liebesbeziehung. Es kann eine längst vergangene oder eine erwünschte künftige sein. Neben der sexuellen Selbstbefriedigung werden dafür alle Quellen der Selbstverwöhnung genutzt. Man isst zu viel, um sich nicht mehr leer, sondern satt zu fühlen.

Man raucht zu viel, um die reizlose Leere in den intimen Gemütsbeziehungen durch den Reiz des inhalierten Rauches zu ersetzen. Man trinkt zu viel Alkohol, um sich zu betäuben und die unbefriedigten Wünsche nicht mehr zu spüren.

Wenn der Teufelskreis schneller rotiert, steigert sich die Selbstverwöhnung zur Selbstbetäubung. Mag das Schlemmen von Süßigkeiten noch Selbstverwöhnung sein, so gehört doch das Kettenrauchen, der Alkoholismus und die regelmäßige Benutzung von Schlafmitteln oder Drogen bereits zur Selbstbetäubung. Auch Gloria B. hat ihre Selbstunzufriedenheit jahrelang täglich mit Höchstdosen von Tranquilizern zu betäuben versucht.

Wie hätte sie ihre Zufriedenheit finden können?

»Die Zufriedenheit kommt aus dem Inneren«, hat kürzlich eine Psychotherapeutin auf ein Merkblatt für ihre Patienten geschrieben. Diese Feststellung ist nicht falsch, aber nutzlos.

Nicht nur die Zufriedenheit, auch der Ehrgeiz, der Neid, die Aggressivität kommen aus dem Inneren.

Wir wollen wissen, was wir zu tun haben, wenn wir die innere Zufriedenheit und das innere Gleichgewicht erreichen möchten.

Was hätte Gloria B. machen müssen?

Sie hätte sich abgewöhnen müssen, immer vom anderen zu erwarten, dass dieser von sich aus das tut, was sie sich gerade wünscht. Sie hätte sich anstrengen sollen, mit Geduld und Verständnisbereitschaft den anderen zu verstehen. Sie hätte sich dazu entschließen müssen, zum Partner gehören zu wollen und sich mit ihm verbunden zu fühlen, statt ihn durch nörglerische Kritik zu demütigen und wegzustoßen. Vor allem hätte sie sich nicht innerlich zurückziehen dürfen und sich dem anderen nicht entfremden sollen.

Darüber, was Glück sei, wird viel geschrieben und noch mehr gerätselt.

Kinder, die ihre Münzen in Sparschweinen sammelten, haben sie für Glücksschweine gehalten. Diesen Kinderglauben haben viele Erwachsene nie mehr abgelegt: Man muss Geld haben, um sich damit Glück zu verschaffen, und meint, mehr Geld verschaffe mehr Glück. Wer so denkt, steckt im Laufrad der Unglücklichen. Er braucht immer mehr und rennt immer schneller, aber an derselben glücklosen Stelle. Würde er Glück erleben, wäre er zufrieden. Um glücklich zu sein, muss man zufrieden sein können.

Ein reicher Mann, der eigene Villen und einen Palast besitzt, hatte mich in ein Luxushotel am Strand einer Insel eingeladen. Ich war von der Schönheit des Zimmers und der Aussicht auf das Meer begeistert. Er stimmte mir zu, fand aber, der Raum hätte noch um einen Meter breiter sein können.

Mit der Sucht, mit nichts zufrieden zu sein, hasten solche Menschen am Glück und am Leben vorbei.

Wer die Schönheit eines Sonnenunterganges empfindet, wer von der Aussage einer Melodie ergriffen ist, wer von der reifen Natürlichkeit eines Menschen beeindruckt ist, verlangt nichts anderes. Er ist davon erfüllt und ist zufrieden. Wer mit dem zufrieden ist, was er tut oder erlebt, empfindet Glück.

Keine Villa und kein Palast, sondern ein Fass war das Zuhause des Diogenes von Sinope. Er starb im Jahr 323 vor Christus. Er war geistreich, witzig und schlagfertig. Als Alexander der Große ihn fragte, ob er einen Wunsch habe, den er ihm erfüllen könne, bat ihn Diogenes, er möge zur Seite treten, weil er die Sonne verdeckte. Diogenes ist weltberühmt geblieben, denn seine Lehre der Zufriedenheit hat ihn unsterblich gemacht.

Das Selbstvertrauen

Die beiden negativen Gegensätze des Selbstvertrauens sind:

die Selbst-Überbewertung als Selbstbewunderung: Angeber, provokativ, sexbetont, aggressiv;

die Selbst-Unterbewertung als Selbstbedauern: geschwächtes Selbstvertrauen, Gefühl der Schwäche, der Unfähigkeit, der Hilflosigkeit.

Vier Selbstgefühle bilden das Fundament unseres inneren Gleichgewichtes: die Selbstachtung, die innere Freiheit, die Zufriedenheit und das Selbstvertrauen. Über das Selbstvertrauen möchte ich jetzt sprechen. Es unterscheidet sich von der Selbstachtung. Das Selbstvertrauen ist sogar dasjenige Selbstgefühl, das am wenigsten an die Selbstachtung gebunden ist. Wenn der Mafiaboss von sich behauptet, er besitze eine hohe Selbstachtung, dann weiß er nicht, wovon er redet. Dann meint er nämlich, er habe ein großes Selbstvertrauen, und dieses hat er tatsächlich. Jedes Unternehmen, das er erfolgreich durchführt, gibt ihm die Bestätigung seiner Tüchtigkeit. Er verschafft sich darum viel Selbst-Bestätigung und diese fördert sein Selbstvertrauen.

Zu den Genies, die sich ihrer herausragenden Größe nicht bewusst waren und wenig Selbstvertrauen hatten, gehört der selbstunsichere und schüchterne Franz Schubert. In seinem kurzen Leben hat er, außer einmal von Beethoven, wenig Bestätigung erhalten. Darum fand er kaum Möglichkeiten zur Selbstbestätigung, die sein Selbstvertrauen gestärkt hätte. Als seine »Deutschen Tänze« geprobt wurden, saß er in der Nähe des Dirigenten und flüsterte diesem die richtigen Tempi zu: »Schneller – langsamer – schneller.« Verärgert schrie ihn der Dirigent an: »Was reden 'S denn immer dazwischen. Wer sind Sie denn eigentlich überhaupt?«

Schubert verbeugte sich verlegen: »Entschuldigung, Herr Kapellmeister, nur der Komponist.«

Das Selbstvertrauen untergrabe ich, wenn ich mir zu wenig oder zu viel zutraue, also wenn ich mich unterfordere oder mich überfordere. Wer sich überfordert, möchte sich gerne als der Stärkste, der Mutigste, als Held, als Star, als der Größte bewundern. Die Selbstüberforderung hat den Zweck, sich selbst zu bewundern. Natürlich haben es die Selbstbewunderer nötig, auch von anderen bewundert zu werden. Darum sind sie Angeber.

Die Kehrseite der Selbstbewunderung ist das Selbstbedauern. Wem das Selbstvertrauen fehlt, benötigt die Bewunderung der anderen. Wer davon abhängig ist, dass er von anderen bewundert wird, verfällt in ein depressives Selbstbedauern, wenn er nicht dauernd Anklang und Bestätigung findet. Darum stürzen sich viele Politiker und Stars auf die Tageszeitung, um darin ihren Namen zu finden.

Der amüsanteste meiner Patienten war der junge Fritz R. Sein Vater war Polizeipräsident. Fritz war das, was man ein »unreifes Früchtchen« nennt. Zum ersten Mal kam er, vom Vater geschickt, als Sechzehnjähriger zu mir. Er hatte sich, ohne zu fragen, einen VW-Käfer aus der Garage des Nachbarn entliehen, um zu beweisen, dass man eine bestimmte enge Kurve mit einer Geschwindigkeit von 90 Stundenkilometern nehmen kann. Er hatte seine Wette gewonnen und dabei das Vertrauen seiner Eltern verloren. Ich konnte es notdürftig flicken.

Als er achtzehn war, tauchte Fritz wieder in meinem Sprechzimmer auf. Diesmal kam der Sohn des Polizeipräsidenten, weil er zum Missvergnügen des Vaters bei den Abendspaziergängen eine Luftpistole mitzunehmen pflegte. Fritz liebte nächtliche Straßenzüge mit wenig Menschen und vielen Lampen. Da der Zweck einer Pistole erst erfüllt ist, wenn man auf etwas zielen und schießen kann und, andererseits eine erleuchtete Glühbirne ein gut sichtbares Ziel ist, fand Fritz, es sei durchaus bewundernswert, wenn er mit ein paar wohlgezielten Schüssen eine hell beleuchtete Straße in die Schwärze der Nacht versinken lasse.

Er erzählte seine Lausbubenstreiche mit solchem Humor, dass mir vor Lachen die Tränen in den Augen standen. Dabei hatte ich das Gefühl, mein herzliches Lachen sei weder pädagogisch noch psychotherapeutisch angebracht. Er schloss seine amüsanten Schilderungen abrupt mit der Frage: »Was sagen Sie jetzt?«

Etwas verlegen schlüpfte ich, so schnell es ging, in meine Rolle des Psychotherapeuten zurück. »Sie sehen ja, ich finde Ihre Geschichten lustig.«

Ohne zu wissen, was ich tat, bezeugte ich ihm damit Bewunderung – und um die ging es ihm ja. Dann ergänzte ich den Satz: »Aber ich glaube, Sie können mit Ihrer Intelligenz noch Größeres leisten, als bloß Straßenlaternen abzuknallen.«

Verdutzt schaute er mich ein paar Sekunden an. Die Antwort hatte gezündet. Mit einer hellwachen Entschiedenheit sagte er zu mir und ebenso zu sich selbst: »Das stimmt. Da haben Sie Recht.«

Der Teufelskreis war durchbrochen. Ich gab ihm zwar die Bewunderung, die er suchte, aber zugleich wurde ihm bewusst, dass er auch zu einer echten Leistung, die eine echte Bewunderung verdient, fähig wäre.

Die Sprechstunde war zu Ende, Fritz stand auf. Er schaute vom Fenster, neben dem er gesessen hatte, über die Straße und auf die dort hängende Straßenlaterne: »Da sieht man auch, wo der Schuss herkommt«, bemerkte er trocken.

»Ja, das ist eben dumm«, begann ich zu erklären. Dabei versuchte ich zu verbergen, wie peinlich es mir war, gerade von ihm ertappt worden zu sein. »Ich habe mir ein Luftgewehr gekauft, weil ich auf dem Jahrmarkt Spaß daran fand, auf Glühbirnen zu schießen. Nun hat der erste Schuss, den ich abgegeben habe, statt des Blechdeckels den Glasrand der Lampe getroffen. Seither darf ich nicht mehr schießen, sonst wird man sagen, wenn man die beschädigte Lampe sieht, der Psychologe knallt durch die Gegend.«

Er wollte mit meinen Gewissensbissen aufräumen: »Machen Sie sich deswegen keine Sorgen. Heute Abend, wenn's dunkel ist, schieß' ich die Lampe herunter. Dann wird morgen eine neue oben hängen. Dann können Sie wieder herumknallen.«

Ich spürte, wie sein Eifer neu entfacht wurde, als er mir über mein peinliches Schamgefühl verständnisvoll hinweghelfen wollte. Darum beschwor ich ihn: »Nein, bitte nicht! Schon wegen der Nachbarn, bitte nicht.«

Am Abend läutete Fritz an der Haustür. Dann sagte er in die Gegensprechanlage: »Schauen Sie jetzt aus dem Fenster.«

Fritz stand genau unter der Lampe und zielte auf sie. Ein Schuss und das Licht war aus. Fritz verschwand im Dunkel der Nacht. Als ich am nächsten Morgen mit Unbehagen aus dem Fenster schaute, um mir den Schaden zu betrachten, hing oben, wie Fritz es prophezeit hatte, bereits eine neue Lampe.

Selbstbewunderer sind Angeber. Sie benutzen jede Gelegenheit, andere zu necken oder irgendwie zu provozieren. Die schwächsten unter den männlichen Helden geben der Kellnerin einen Klaps auf den Po.

Unser Fritz blieb in jungen Jahren lustig und harmlos. Schuhe, die nachts vor den Hotelzimmern standen, pflegte er mit Wasser zu füllen. War er zum Übernachten eingeladen, klebte er in der Nacht die Schuhe der Gastgeber am Boden fest.

Als seine Schwester die vom Schnee durchnässten Wollhandschuhe, die Mütze und das gestrickte Halstuch am nächsten Morgen nicht mehr fand, holte Fritz alles bretthart gefroren aus der Tiefkühltruhe.

Als Fritz größer wurde, wuchsen auch seine Eskapaden der Selbstbewunderung. Da er auch eine bedingte Verurteilung nicht ernst nahm, als er wieder eine schlaue Sache gedreht hatte, kam er ins Gefängnis. Hier brach dann die verborgene Kehrseite der Selbstbewunderung durch: das depressive Selbstbedauern. Fritz versuchte, sich schon in den ersten Tagen der Untersuchungshaft zu erhängen.

Als ich ihn kurz darauf im Gefängnis besuchte, hatte sich der Teufelskreis bereits wieder gedreht. An die Stelle des depressiven Selbstbedauerns trat wieder die Selbstbewunderung. Er wollte mir weismachen, dass er mit dem Erhängen nur die anderen erschrecken wollte.

Viele Selbstbewunderer verraten sich dadurch als Angeber, dass sie scheinbar nebenbei erwähnen, welche wichtigen Leute sie kennen oder mit welchen prominenten Persönlichkeiten sie angeblich befreundet sind.

II. TEIL

Checkliste für die vier Selbstgefühle

Unter allen Rätseln dieser geheimnisvollen Welt ist das, was wir als Psyche bezeichnen, eines der faszinierendsten. Die Autoregulations-Psychologie, die Sie in diesem Buch kennen lernen können, ist ein Modell, um besser zu verstehen, wie unsere Psyche funktioniert. Die Regulations-Psychologie erläutert, wie und warum Emotionen und Motivationen auf bestimmte Weise ablaufen und wie sie sich in gewissen psycho-vegetativen Körperzuständen und Krankheiten auswirken.

Die Psyche, die man als das »Innere« bezeichnet, ist ein Autoregulationssystem. Es steuert mit unfasslicher Präzision die Emotionen und ihre gegenseitige Abhängigkeit. So wie man seine Emotionen steuert, so fühlt man sich. So wie das Selbst-Gefühl ist, so verhält man sich. Das Verhalten bestimmt unsere Beziehungen zu den anderen Menschen. Es wirkt sich auch auf den Erfolg oder Misserfolg unserer Tätigkeiten aus. Es ist wichtig zu erkennen, wie sehr auch die persönliche Denk- und Betrachtungsweise vom Selbstgefühl abhängt. Deshalb wird das Leben weder durch kämpferische Auseinandersetzungen noch mit angelernten Ideologien verbessert, sondern durch die Normalisierung der Selbstgefühle.

Darum möchte ich die Worte von Paul Dahlke wiederholen. Er hat die Notwendigkeit, »sich selber zu begreifen«, also das Selbstgefühl zu normalisieren, klar formuliert:

»Jeder wirkliche Zwang geht letzten Grundes nicht von den Dingen, sondern vom Denken aus und ist somit kein äußerer Zwang, sondern ein Selbstzwang. In Wahrheit gezwungen werden kann der Mensch nur, wenn er sich selber zwingt. Das kann er nur, wenn er die Notwendigkeit dessen, wozu er sich zwingen soll, begriffen hat. Woraus sich dann wieder ergibt, dass jeder wirkliche Fortschritt in der Welt nicht durch Gesetze, Verordnungen oder gar Gewaltmittel, sondern nur durch die Belehrung zustande gebracht werden kann. Von jeher hat die Welt nicht der so genannten großen Männer bedurft, sondern der Lehrer, und von jeher ist für den Denkenden die große Tat nicht Sieg und Eroberung, nicht Entdeckung und Erfindung gewesen, nicht Meisterung der Welt, sondern Meisterung seiner selbst. Und der einzige wirkliche Weg hierzu ist der: sich selber zu begreifen.«

Die Psycho-Logik der Autoregulations-Psychologie führt zur Einsicht, dass es beim alltäglichen Wohlbefinden, aber auch bei aller Psychotherapie, bei aller Pädagogik und für die kulturelle Reifung letztlich immer darauf ankommt, dass die vier normalen Selbstgefühle verwirklicht werden. Diese Meinung wurde mir in jahrzehntelanger Beobachtung und analytischer Praxis bestätigt. Diese Erkenntnis ist keine psychologische Spekulation, sondern eine Erfahrung auf Grund von Zehntausenden psycho-vegetativ experimentell gemessenen Beobachtungen. Die Erfahrung entstand nicht durch die sonst üblichen Gespräche und deren willkürliche Ausdeutung, sondern durch die nicht beeinflussbare, nonverbale, psycho-vegetative Farb-Diagnostik.

Da die Farb-Diagnostik in diesem Buch nicht zur Verfügung steht, können hier die gewonnenen Resultate nur mit möglichst genauen Sätzen mit möglichst treffenden Worten wiedergegeben werden. Wer jedoch die Texte genau versteht und sich vorbehaltlos aufrichtig einem der beschriebenen Selbstgefühle zuordnet, erfährt die genaue Diagnose dessen, was zu verbessern ist.

Die Psycho-Logik der Autoregulations-Psychologie ermöglicht es als einzige Methode, aus der Diagnose die Therapie-Empfehlung abzuleiten. Auch die beigefügte Therapie-Empfehlung ist mit dem speziellen Test der »Konflikt-Farben«

(VAK-Verlag, D-Kirchzarten) international auf ihre zutreffende Genauigkeit überprüft worden.

Weil Psychologie ohne die Anwendung im täglichen Leben wenig Sinn hätte, ist die nachfolgende Checkliste der Selbstgefühle der wichtigste praktische Gewinn, den Sie sich aus diesem Buch aneignen können.

Wenn ich mich jemals ärgere, was mir früher nie schwer fiel, oder wenn ich, was nun seltener vorkommt, enttäuscht, beleidigt oder unzufrieden bin, dann läutet meine Alarmglocke. Sofort stelle ich mir die Frage: »Was mache ich selber falsch, dass ich dieses falsche Selbstgefühl erzeuge? Was mache ich selber falsch, dass ich mich ärgere, dass ich beleidigt bin, dass ich enttäuscht oder unzufrieden bin?«.

Sobald ich die Antwort, die als Therapie-Empfehlung genau definiert ist, verstehe und mir eingestehe, durchbreche ich den grüblerischen Teufelskreis und habe die befreiende Lösung gefunden.

Ich freue mich, wenn auch Sie von diesen Einsichten profitieren und sich damit das Leben erleichtern.

Wenn sich eines der vier Selbstgefühle, die Zufriedenheit, die Selbstachtung, das Selbstvertrauen oder die innere Freiheit, nicht im Normalzustand befindet, dann ist das Selbstgefühl in zwei Pole entzweit. Es besteht wie bei einem Magneten stets aus einem Pluspol und einem Minuspol. Beim Pluspol fühlen wir uns durch die illusionäre Selbstüberbewertung im »Himmel«. Wenn das Selbstgefühl jedoch umschlägt und der zugehörige Minuspol das Bewusstsein dominiert, erleben wir die Selbstunterbewertung als Verlegenheit, als Gehemmtheit oder als Depression, als Angst und als »Hölle«. Die beiden Pole erzeugen sich gegenseitig. Sie bestehen wie bei dem Magneten immer gleichzeitig und zwischen den beiden Polen herrscht ständig Spannung. Die polare »innere« Spannung der falschen Selbstgefühle ist die wirkliche Ursache des psychischen Leidens und auch der meisten Erkrankungen und Konflikte, nicht aber die angeschuldigte Umwelt.

Sie wissen, dass psychoanalytische Behandlungen, ob mit oder ohne Erfolg, meist lange dauern. Das ist so, weil die Ursache am falschen Ort in den äußeren Umständen, in den Lebensbedingungen oder in frühkindlichen Erlebnissen gesucht wird. Außer bei extrem belastenden Umweltbedingungen sind aber immer wir selbst die Ursache. Die Ursache besteht in unseren falschen Selbstgefühlen.

Das, worauf es bei jeder Therapie oder Gesinnungsänderung ankommt, ist ein blitzartiges Ereignis, eine Erleuchtung, ein Erlebnis, bei dem wir über uns selbst »aha« sagen. Darum heißt es »Aha-Erlebnis«. Da es darum geht, zu erkennen, welche Rolle wir selbst spielen, möchte ich es als »Aha-Selbsterlebnis« bezeichnen.

Die Gefahr ist groß, dass man sich bei psychologischen Therapien und Unterhaltungen in Schilderungen von Gefühlssituationen verliert, ohne zum Aha-Selbsterlebnis zu kommen.

Viele, die diese Selbsterfahrung nötig hätten, sind es gewohnt, all die zahlreichen Gelegenheiten zum Aha-Selbsterlebnis auszublenden, zu ignorieren und nicht sehen zu wollen. Sie gleichen einem Autofahrer, der im Straßenverkehr alles Mögliche sieht, aber ausgerechnet die Verkehrszeichen nicht beachtet.

Die Gelegenheit zum Aha-Selbsterlebnis bietet sich jedes Mal, wenn ich mich selbst ärgere, wenn ich mich selbst ängstige, mich selbst deprimiere, mich unzufrieden, einsam, verlegen, gehemmt, gestresst oder enttäuscht fühle, also jedes Mal, wenn ich in irgendeiner Weise das innere Gleichgewicht verliere.

Jedem der vier Selbstgefühle geben wir eine Ziffer und Farbe:

Zufriedenheit = 1 Lüscher-Blau *Selbstvertrauen* = 3 Lüscher-Rot
Selbstachtung = 2 Lüscher-Grün *innere Freiheit* = 4 Lüscher-Gelb

Befindet sich ein Selbstgefühl nicht im Gleichgewicht, dann spaltet es sich in einen Pluspol und in einen Minuspol (zum Beispiel: + 1 Befriedigungsbedürfnis; – 1 Unzufriedenheit).

Ich habe die nachfolgende Checkliste als konzentrierte Erfahrung aus Tausenden Einzeluntersuchungen für Sie zusammengestellt. Wenn Sie diese Liste Wort für Wort genau lesen, erkennen Sie, was für Sie selbst oder für jemanden, dem Sie helfen möchten, zutrifft.

Wenn Sie das Zutreffende gefunden haben, ist die zugehörige Empfehlung genau das, was zur Verbesserung und Normalisierung des Selbstgefühls und der Beziehungen erreicht werden soll. Die Beschreibung (Diagnose) und die Empfehlung (Therapie) sollen das »Aha-Selbsterlebnis« auslösen.

Das Selbsterlebnis kann uns der beste Freund oder Therapeut nicht abnehmen. Gerade dann aber, wenn wir beispielsweise bei einer schweren Erkrankung oder in einer lange dauernden Krisensituation durch Belastungen und Konflikte befangen sind, kann uns jemand, der unser Vertrauen hat, eine große Hilfe sein.

Wenn er die Empfehlung liest und uns hilft, sie Satz für Satz auf unsere persönliche Situation anzuwenden und richtig zu verstehen, dann kann das Aha-Selbsterlebnis eintreten.

Das Aha-Selbsterlebnis ist nicht bloß ein rationales Wissen (z. B. ich sollte weniger essen, ich sollte mehr Geduld haben), sondern die erlebte Einsicht in die emotionale Rolle, die ich in bestimmten Situationen spiele.

Prüfen Sie Ihre Zufriedenheit (Lüscher-Blau)

−− 1 Kompensatorische Ablehnung des dunklen Lüscher-Blaus: Grund-Angst vor resonanzloser Leere.
Statt Zufriedenheit: Unzufriedenheit, Entfremdung, Gefühl der Vernachlässigung.

Empfinden Sie die äußeren Umstände oder besonders die Beziehung zu den nahe stehenden Menschen, zum Partner, zu Angehörigen, als befremdend?

Fehlt das Gefühl der Zusammengehörigkeit und vertrauensvollen Verbundenheit gegenüber den Menschen, mit denen Sie leben und arbeiten?

Fühlen Sie sich vernachlässigt oder innerlich einsam?

Reagieren Sie oft überempfindlich?

Sind Sie rasch ungeduldig und ruhelos?

Möchten Sie eigentlich aus dieser Situation am liebsten weg? Haben Sie das Gefühl, dass Sie durch eine Beziehung leicht in eine unbefriedigende Abhängigkeit geraten könnten?

Wenn Sie finden, dass diese Fragen für Ihre Haltung und Situation im Wesentlichen zutreffen, dann sagt Ihnen Ihr Aha-Selbsterlebnis, dass Sie sich aus Unzufriedenheit entfremden.

Dann lesen Sie die nachfolgende Beschreibung der Situation und die Empfehlung sehr genau und in allen ähnlichen Situationen immer wieder, bis das Aha-Selbsterlebnis eintritt.

Empfehlung:
Auch wenn Ihnen die eigenen Interessen und Ihr persönliches Anliegen wichtig sind, ist es nötig, mit Geduld und einfühlsamem Verständnis auf den anderen einzugehen, damit Sie ihn so gut verstehen, als wären Sie in seiner Situation.

Andernfalls, wenn Sie seine Gründe nicht genügend kennen, ärgern Sie sich oder werden ungeduldig und unzufrieden. Wenn Sie das Verhalten des anderen als unangenehm oder als verletzend empfinden, ziehen Sie sich innerlich zurück und wenden sich von ihm ab oder möchten am liebsten weglaufen.

Um die fehlende Zufriedenheit und die innere Isoliertheit nicht zu spüren, müssen Sie immer etwas unternehmen. Das macht Sie ruhelos und kann zu Bluthochdruck und Herz-Kreislauf-Belastungen oder Magen-Darm-Beschwerden führen. Sie sollten alles tun, was eine körperliche Entspannung bewirkt und die innere Gelassenheit fördert. Darum sollten Sie sich dem Verweilenkönnen und dem Auskosten von Genüssen hingeben.

Was Sie besonders brauchen, ist das Gefühl der inneren Zufriedenheit, der Zugehörigkeit und vertrauten Verbundenheit.

Leitsatz:

Ich nehme mir Zeit zur Gelassenheit, um einfühlsam zu empfinden und verständnisvoll zu erleben. Ich will die Beziehung aus eigener Initiative so gestalten, dass sie mich befriedigt.

Zweck:

Förderung der Zufriedenheit und Konzentration auf Sinnesempfindungen.

++ 1 Kompensatorische Bevorzugung des dunklen Lüscher-Blaus

Statt Zufriedenheit: Bedürfnis, sich zu verwöhnen oder sich zu betäuben.

Haben Sie ein besonders starkes Bedürfnis, sich zu verwöhnen, indem Sie zu viel essen, rauchen, Alkohol trinken, Beruhigungsmittel nehmen oder der Kauflust unterliegen?

Möchten Sie, um sich nicht ärgern zu müssen, möglichst alle Spannungen und Auseinandersetzungen vermeiden? Schweigen Sie, obwohl Sie etwas stört, nur um Konflikte zu vermeiden? Erwarten Sie von einer Beziehung, dass sie die konfliktfreie Harmonie und Ruhe bietet, die Sie nötig haben und in der Sie sich entspannen können?

Neigen Sie dazu, sich durch Alkohol entspannen zu wollen?

Wenn Sie finden, dass diese Fragen für Ihre Haltung und Situation im Wesentlichen zutreffen, dann sagt Ihnen Ihr Aha-Selbsterlebnis, dass Sie sich betäuben, um der aktiven Auseinandersetzung auszuweichen. Lesen Sie in diesem Fall die nachfolgende Empfehlung sehr genau und in allen ähnlichen Situationen immer wieder, bis das Aha-Selbsterlebnis eintritt.

Empfehlung:
Wenn Sie eine bedrückende Stimmung verspüren, ist es in Ihrer Situation vor allem wichtig, dass Sie nicht darin verharren. Grübeln Sie nicht darüber nach, ob Sie benachteiligt sind, und lassen Sie keine Art von Selbstmitleid aufkommen. Sie sollten auch nicht bloß dem Frieden zuliebe Kompromisse machen. Wichtig für Sie ist, dass Sie unbedingt aktiv sind und die Situation aus eigener Initiative selbst so gestalten, wie Sie es gerne haben möchten.

Prüfen Sie Ihre Selbstachtung (Lüscher-Grün)

– – 2 Kompensatorische Ablehnung des bläulichen Lüscher-Grüns: Grund-Angst vor Enge.
Statt Selbstachtung: übersteigertes Bedürfnis, sich von Behinderndem zu befreien, um nach eigenem Belieben Geltung, Anerkennung und Bestätigung zu finden.

Fühlen Sie sich unter den gegebenen Verhältnissen durch den Druck oder durch Widerstände in Ihren Ansprüchen eingeengt?

Werden Sie nicht angemessen respektiert?

Wird Ihnen nicht die Geltung zuerkannt, die Sie eigentlich verdienen?

Empfinden Sie Ihre Situation als demütigende oder zermürbende Zwangslage oder als Sackgasse?

Möchten Sie den Hindernissen am liebsten ausweichen?

Schieben Sie wichtige Entscheidungen lieber hinaus?

Haben Sie das Gefühl, dass Sie eingeengt sind und in Ihrer Freiheit behindert werden? Fühlen Sie sich beengt und ausgesprochen unwohl unter vielen Menschen, in engen Räumen, wie z. B. im Lift oder in einem Tunnel?

Finden Sie es unerträglich, wenn Sie nicht nach freiem Belieben leben und verfügen können?

Wenn Sie finden, dass die Fragen für Ihre Haltung und Situation im Wesentlichen zutreffen, dann sagt Ihnen Ihr Aha-Selbsterlebnis, dass Sie sich mit Ihren hohen Ansprüchen selbst behindern. Dann lesen Sie die nachfolgende Empfehlung sehr genau und in allen ähnlichen Situationen immer wieder, bis das Aha-Selbsterlebnis eintritt.

Empfehlung:
Wenn Ansprüche eigenwillig und unangemessen sind, stoßen sie auf Widerstand. Den Widerstand empfinden Sie als beengenden äußeren Druck. Er führt zu einer andauernden Gespanntheit. Diese kann sich körperlich auswirken, beispielsweise als Kopf- oder Rückenschmerzen, als Magen-, Galle- und Darmbeschwerden oder als nächtliches Zähneknirschen. Darum sollten Sie sich entspannen, z. B. durch volles Atmen und durch tägliche Entspannungsübungen.

Verlangen Sie nicht, dass eigenwillige Ansprüche von anderen verstanden und erfüllt werden. Erwarten Sie auch nicht, dass andere Verständnis für die beanspruchte Anerkennung haben müssen.

Leitsatz:
Ich verzichte auf unangemessene Ansprüche und brauche keine Bestätigung von anderen.
Zweck:
Förderung der Selbstachtung und der körperlichen Stabilität.

++ 2 Kompensatorische Bevorzugung des bläulichen Lüscher-Grüns
Statt Selbstachtung: übersteigerter Anspruch auf Überlegenheit, auf Geltung, auf Respekt und Kompetenz.

Finden Sie, dass Sie den Menschen überlegen sind?

Haben Sie im Vergleich zu anderen eine besonders wichtige Position?

Fühlen Sie sich in bestimmter Hinsicht als maßgebende Autorität?

Besitzen Sie manches, wodurch Sie sich gegenüber anderen als Persönlichkeit besonders auszeichnen?

Finden Sie, es gibt wenig Menschen, die wirklich interessant sind?

Fühlen Sie sich diesen Menschen überlegen?

Wenn Sie finden, dass diese Fragen für Ihre Haltung und Situation im Wesentlichen zutreffen, dann sagt Ihnen Ihr Aha-Selbsterlebnis, dass Sie sich mit Ihrem Geltungsanspruch innerlich isolieren und dadurch zu wenig zur emotionalen Kommunikation beitragen. Dann lesen Sie die nachfolgende Empfehlung sehr genau und in allen ähnlichen Situationen immer wieder, bis das Aha-Selbsterlebnis eintritt.

Empfehlung:
Vermeiden Sie, dass eine Distanz zu anderen entsteht, die zu einer inneren Isoliertheit führen könnte. Teilen Sie dem anderen Ihre Gefühle mit. Schließen Sie sich auf und kommen Sie dem anderen entgegen. Versuchen Sie, den anderen so gründlich zu verstehen, dass Sie seine Eigenart akzeptieren können. Vermeiden Sie es, dem anderen Ihre Überlegenheit zu zeigen.

Prüfen Sie Ihr Selbstvertrauen (Lüscher-Rot)

-- 3 Kompensatorische Ablehnung des gelblichen Lüscher-Rots: Grund-Angst vor Überreizung, Überforderung und Überwältigung.
Statt Selbstvertrauen: geschwächtes Selbstvertrauen, rasche Aufgeregtheit.

Ärgern Sie sich fast jeden Tag mehrmals?

Kränkt es Sie, dass Ihre Anstrengungen oft nicht zu dem angemessenen Erfolg führen?

Stehen Sie häufig unter Stress?

Gibt es fast jeden Tag Situationen, die Sie aufregen?

Kommt es fast täglich vor, dass Sie sich über etwas empören?

Schimpfen Sie oder gebrauchen Sie häufig Kraftausdrücke?

Wenn Sie finden, dass diese Fragen für Ihre Haltung und Situation im Wesentlichen zutreffen, dann sagt Ihnen Ihr Aha-Selbsterlebnis, dass Sie sich überfordern und Ihrem Selbstvertrauen zu viel zumuten. Dann lesen Sie die nachfolgende Empfehlung sehr genau und in allen ähnlichen Situationen immer wieder, bis das Aha-Selbsterlebnis eintritt.

Empfehlung:
Wenn es Sie ärgert, dass Ihre Absicht und die aufgewendete Mühe nicht die erwünschte Wirkung haben, oder wenn es Sie entmutigt und kränkt, dass Sie daran gehindert werden, das erhoffte Ziel zu erreichen, dann ist es wichtig, dass Sie vor allem eine innere und, wenn nötig, auch eine äußere Distanz zu der ganzen Angelegenheit schaffen.

Stellen Sie sich vor allem richtig und angemessen auf die gegebene Situation ein. Ändern Sie entweder Ihre Absicht oder wenigstens Ihr Vorgehen.

Damit Sie Ihre eigene Kraft und Fähigkeit spüren, sollten Sie sich erreichbare Ziele setzen. Es ist nützlich, wenn Sie sich fordern und Sport treiben.

Leitsatz:
Ich muss mich darüber nicht ärgern, sondern mich auf das einstellen, was es eben ist.

Zweck:
Förderung des Selbstvertrauens und Kraftübungen.

+ + 3 Kompensatorische Bevorzugung des gelblichen Lüscher-Rots
Statt Selbstvertrauen: Selbstbewunderung, Imponierenwollen, Provozieren, Aggressivität.

Möchten Sie Erfolg haben um anderen zu imponieren?

Finden Sie, dass das, was Sie tun, auch andere begeistern und beeindrucken sollte?

Macht es Ihnen Spaß, andere zu necken und sie zu provozieren?

Kommt es fast täglich vor, dass Sie sich erregen und sich über etwas empören?

Werden Sie in Ihren Äußerungen manchmal laut und heftig?

Wenn Sie finden, dass diese Fragen für Ihre Haltung und Situation im Wesentlichen zutreffen, dann sagt Ihnen Ihr Aha-Selbsterlebnis, dass das Selbstvertrauen nicht durch den Beifall der anderen, sondern nur aus der wirklich vollbrachten Leistung entstehen kann. Lesen Sie darum die nachfolgende Empfehlung sehr genau und in allen ähnlichen Situationen immer wieder, bis das Aha-Selbsterlebnis eintritt.

Empfehlung:
Es ist Ihnen wichtig, mit Intensität zu erleben und zu spüren, dass Sie eine starke Wirkung erzielen. Sie brauchen den Erfolg, denn er gibt Ihnen Selbstvertrauen. Sie sollten aber nicht aus Angst, etwas zu verpassen oder zu kurz zu kommen, zu viel auf sich nehmen. Wichtig für Sie ist, dass Sie zuerst in aller Ruhe und Gelassenheit prüfen, ob sich in diesem Falle der ganze Aufwand wirklich lohnt.

Prüfen Sie Ihre innere Freiheit (Lüscher-Gelb)

– – 4 Kompensatorische Ablehnung des hellen Lüscher-Gelbs: Grund-Angst vor Weite, vor Verlust. Statt eigener Freiheit: Ängstlichkeit, Besorgtheit.

Machen Sie sich oft Sorgen (»Es könnte etwas passieren«, »Ich könnte benachteiligt oder betrogen werden«)?

Äußern Sie Ihre Wünsche häufig deshalb nicht, weil Sie fürchten, sich dadurch unsympathisch zu machen?

Fühlen Sie sich gehemmt, wenn Sie mit Menschen, die Ihnen gefallen, Kontakt aufnehmen möchten, weil Sie befürchten, Sie könnten zurückgewiesen werden?

Sind Sie gegen Kritik empfindlich?

Empfinden Sie Kritik oft als Zurückweisung?

Unterdrücken Sie Kritik, um sich nicht unsympathisch zu machen?

Haben Sie die Befürchtung, Sie könnten Menschen, die Sie besonders lieben, verlieren?

Fühlen Sie sich in einer Situation, die Ihnen nicht vertraut ist, verlegen oder gehemmt?

Machen Sie sich um Ihre Gesundheit Sorgen?

Denken Sie täglich oft ans Geld und an Geldfragen, ohne dass dazu ein wirklicher Grund besteht?

Wenn Sie finden, dass diese Fragen für Ihre Haltung und Situation im Wesentlichen zutreffen, dann sagt Ihnen Ihr Aha-Selbsterlebnis, dass Sie sich aus Angst vor Verlorenheit und aus Unsicherheit übermäßig Sorgen machen und dadurch keine innere Freiheit erlangen. Lesen Sie darum die nachfolgenden Empfehlungen sehr genau und in ähnlichen Situationen immer wieder, bis das Aha-Selbsterlebnis eintritt.

Empfehlung:
Vermeiden Sie es, sich Grübeleien hinzugeben. Machen Sie sich keine Sorgen über Vergangenes oder über das, was die Zukunft bringen könnte. Bemühen Sie sich ständig, im gegenwärtigen Augenblick zu leben. Machen Sie das Beste aus dieser Gegenwart. Tun Sie alles, was möglich ist, damit die Situation jetzt gut und erfreulich ist. Aus einer guten Gegenwart gestalten Sie die bestmögliche Zukunft.

Bewerten Sie etwas nicht als unsympathisch oder als schlecht, nur weil es anders ist, als Sie es erwarten oder wünschen. Machen Sie sich von keiner Art von Erwartung abhängig.

In dem Maße, in dem Sie sich von solchen unbedingten Erwartungen lösen, finden Sie die innere Freiheit, die gerade Ihnen eine wichtige Erleichterung bringt. Sie werden sich wohl fühlen, wenn Sie Ihre Gefühle spontan äußern und unbekümmert und ungehemmt spielerisch tun, was Freude bereitet.

Leitsatz:
Ich bin innerlich frei, unabhängig und heiter.

Zweck:
Förderung der inneren Freiheit und körperliche Lockerung.

++ 4 Kompensatorische Bevorzugung des hellen Lüscher-Gelbs.
Statt eigener Freiheit: Flucht in illusionäre Erwartungen.

Haben Sie das Bedürfnis, sich von einer bedrückenden Situation zu befreien?

Haben Sie in Ihrem Leben Verhältnisse oder eine Beziehung erlebt, die für Sie eine starke und schwer zu ertragende Belastung waren?

Legen Sie großen Wert darauf, möglichst unbehindert und unabhängig zu sein, um das erleben zu können, was Ihnen Freude macht?

Macht Ihnen Flirten Spaß?

Erwarten Sie, dass sich für Sie in Zukunft neue und bessere Möglichkeiten bieten werden?

Wenn Sie finden, dass diese Fragen für Ihre Haltung und Situation im Wesentlichen zutreffen, dann sollten Sie die innere Freiheit haben, um das Vorhandene als das zu akzeptieren, was es ist. Dann lesen Sie die Empfehlung sehr genau und in allen ähnlichen Situationen immer wieder, bis das Aha-Selbsterlebnis eintritt.

Empfehlung:
Erwartungsvoll neue Beziehungen zu suchen oder sich ständig neuen Interessen zuzuwenden führt zur Zersplitterung und dient der Ablenkung. Vom Neuen zu erwarten, dass es besser sei, ist ein Fluchtweg und bringt nicht die befriedigende Erfüllung, die Sie suchen. Darum sollten Sie unbefriedigenden Beziehungen und Situationen nicht ausweichen, sondern sich mit Geduld in die Verhältnisse und Erlebnisweise des anderen versetzen. Durch das vertiefte Verständnis kommen Sie zu einer besseren Übereinstimmung und finden die gesuchte Erfüllung.

Die Kombination von zwei negativen Selbstgefühlen

Mehrere farbdiagnostische Statistiken stimmen darin überein, dass mehr als drei Viertel der Menschen in einem der negativen Selbstgefühle fixiert sind, wodurch ein fixiertes Verhalten mit einem typisch ausgeprägten »Charakter« entsteht, der die Disposition zur psychosomatischen Erkrankung erzeugt.

Darum sind es besonders schwerwiegende Belastungen, wenn zwei negative Selbstgefühle bestehen, zum Beispiel – – 2 (»fühlt sich beleidigt«) und zugleich – – 4 (»fühlt sich enttäuscht«). In diesem Zustand kann man Hass empfinden, der sich in hohem Maße als selbstzerstörerisch auswirkt. Weil die Verkoppelung von zwei negativen Selbstgefühlen unbedingt entdeckt und behoben werden muss, möchte ich diese sechs Zustände wenigstens in Stichworten festhalten.

Wenn Sie meinen, dass zwei Selbstgefühle mit dem Vorzeichen -- auf Sie zutreffen, dann hat es folgende Bedeutung:

-- 1 und -- 2: *Will ausbrechen.*

Verlust der Geborgenheit. Empfindet bei den gegenwärtigen Verhältnissen keine innere Zugehörigkeit. Fühlt sich entfremdet und innerlich einsam. Empfindet es als Mangel an Verständnis, dass die eigenen Bedürfnisse missachtet und behindert werden. Die beengende Situation wird als unbefriedigend und als Druck empfunden. Möchte am liebsten aus dieser Situation ausbrechen. Möchte die Verhältnisse ändern. Glaubt, dass das Leben mehr zu bieten vermag, als es bei den gegenwärtigen Verhältnissen der Fall ist. Will mehr erreichen. Sucht ein aktives Engagement oder zerstreuende Abwechslungen, um sich vom Unerfülltsein abzulenken. Kann bei der ruhelosen Betriebsamkeit kaum abschalten. Läuft deshalb Gefahr, sich zu verausgaben.

-- 1 und --3: *Oppositioneller Widerwille.*

Trotz der aufgewendeten Mühe wurde weder das begehrte Ziel noch ein befriedigender Erfolg erreicht. Ist verärgert über die Verständnislosigkeit und über den Misserfolg. Fühlt sich dadurch angegriffen und innerlich einsam. Neigt dazu, die Situation und auch sich selbst in der Rolle des Leidenden zu dramatisieren. Weiß nicht, wie ein befriedigender Ausweg aus den schwer zu ertragenden Verhältnissen gefunden werden kann. Findet die Situation deshalb quälend und »zum Davonlaufen«.

-- 1 und -- 4: *Fühlt sich verlassen.*

Der starke Anspruch auf liebevolle Verbundenheit ist enttäuscht worden. Die Beziehung ist unbefriedigend und auch enttäuschend. Fühlt sich vernachlässigt. Beobachtet die Verhältnisse deshalb mit Sorge und mit gespannter Wachsamkeit. Kann darum nicht unbekümmert heiter sein. Bezweifelt, dass sich die Situation künftig günstig entwickeln wird. Befürchtet, dass die Erwartungen unerfüllt bleiben. Dadurch entsteht ein Gefühl der Verlassenheit und inneren Einsamkeit. Steht im Zwiespalt zwischen dem Drang, der unbefriedigenden Situation zu entfliehen, und dem Wunsch, an der Beziehung festzuhalten. Braucht solche Beziehungen, die einen festen Halt und Sicherheit gewährleisten.

-- 2 und -- 3: *Steht dieser Situation hilflos und ohn-mächtig gegenüber.*

Der Versuch, den eigenen Willen durchzusetzen, ist gescheitert. Die aufgewendete Mühe hat zu keinem befriedigenden Erfolg geführt. Die Absicht ist auf Widerstände gestoßen. Das hat Konflikte und aufreibenden Ärger gebracht.

Empfindet die Behinderung der eigenen Ansprüche als beengende Zwangssituation und als Mangel an Verständnis. Die dauernde Gespanntheit und gestaute Erregtheit kann zu körperlichen Beschwerden (Herz, Kreislauf) führen.

-- 2 und -- 4: *Verlust der Zugehörigkeit. Fühlt sich zurückgewiesen.*

Ist wegen der respektlosen Behandlung der eigenen Ansprüche verletzt. Fühlt sich dadurch gedemütigt, ausgenutzt, betrogen und enttäuscht. Will sich aus der schwer erträglichen Situation einerseits befreien, will aber andererseits auch an den Ansprüchen und Vorteilen festhalten. Empfindet diese zwiespältige Situation als Sackgasse und hat es schwer, sich zu entscheiden und sich davon innerlich unabhängig zu machen.

-- 3 und -- 4: *Ist entmutigt.*

Leidet unter dem Unvermögen, die aussichtslose Situation zu ändern. Beobachtet die Zukunft mit Sorge und mit gespannter

Wachsamkeit. Möchte sich künftig vor ärgerlichen Enttäuschungen bewahren. Braucht ein Ziel und Beziehungen, die einen festen Halt und Sicherheit gewährleisten. Nimmt daher Zuverlässigkeit besonders wichtig.

Was ist das »Innere«?

Ich hatte das Glück, als Student die Vorlesungen eines weltbekannten Biologieprofessors besuchen zu können. Er war für mich besonders anregend, weil er als Verhaltensforscher an der Psychologie stark interessiert war und zuweilen als hoch geehrter Gast an den Sitzungen der Psychologischen Gesellschaft teilnahm. Bei seinen Ausführungen über das Verhalten von Tieren betonte er immer wieder, dass das Innere maßgebend sei für bestimmte Eigenheiten des Verhaltens. Erst heute wird mir bewusst, dass er anscheinend nicht nur das Wort Seele, sondern auch den Ausdruck Psyche vermeiden wollte.

Ich hoffte, dass mir dieser herausragende Forscher sagen könnte, was er mit dem Inneren meinte. Ich sehe ihn in der Erinnerung noch vor mir, wie er um Worte rang und immer wieder erklärte, das sei eben die Innerlichkeit, das sei eben das, worauf es beim Verhalten ankomme. Er sagte nicht einfach das Innere, weil ihm natürlich klar war, dass es sich nicht um das Innere eines Körpers handelt, sondern um Zustände, die er nicht definieren konnte und deshalb als Innerlichkeit bezeichnete. Die Innerlichkeit war und blieb für ihn ein wichtiges, aber ungeklärtes Anliegen. Heute meine ich, dass ich ihm und den anderen, die von diesem mysteriösen »Innern« sprechen, eine Antwort geben könnte.

Was ist gemeint, wenn man sagt: »mein Inneres«, »innerlich«, »introvertiert«, »innen«? Es lohnt sich, darüber nachzudenken, bevor der nachfolgende Text gelesen wird.

Bei der Bezeichnung »das Innere« sind zu unterscheiden

a) die normalen, eigenen Zustände und
b) die abnormen »Selbst-Gefühle«.

Die beigefügten Ziffern entsprechen den psychischen Grundstrukturen und den zugehörigen Testfarben.

a) Normal sind die vier Zustände:
Selbstachtung (2) und Selbstvertrauen haben (3), zufrieden sein (1) und frei (nicht abhängig) sein (4).

Die vier normalen Selbst-Gefühle sind genau genommen Zustände. Sie sind für denjenigen, der in ihnen lebt, so selbstverständlich, dass sie ihm nicht bewusst sind, weil er nicht darüber nachzudenken braucht. Diese normalen Selbstgefühle haben Menschen, für die es selbstverständlich ist, dass sie eine Situation vernünftig beurteilen wollen und dass sie sich ethisch verhalten, also aufgeschlossen, wohlwollend, aufrichtig, gerecht, verantwortungsbewusst und tolerant handeln wollen. (Ausführlich in: Max Lüscher: »Der 4-Farben Mensch«)

b) Als das »Innere« werden aber auch die abnormen Selbst-Gefühle bezeichnet. Sie sind egozentrische Ich-Bilder. Durch sie missversteht man die Realität. Die abnormen Selbst-Gefühle sind die Ursache, dass man sich ärgert, sich beleidigt oder enttäuscht oder unzufrieden fühlt.

Alle irrealen Selbst-Bewertungen sind Ich-Bilder, die man sich ein-bildet. Sie sind egozentrische Selbst-Gefühle und stehen im Gegensatz zur objektiven Realität.

Sie sind Selbst-Überbewertungen und Selbst-Unterbewertungen. Sie verzerren die Sicht der objektiven Realität und zerstören den Umgang mit ihr. Die falschen Selbst-Gefühle sind die Ursache der Missverständnisse, der Konflikte und des Leidens und dadurch auch der körperlichen Fehlsteuerungen, der psychosomatischen Krankheiten und der Schädigung des Immunsystems.

Die acht falschen, egozentrischen Selbst-Gefühle sind:

++ 1 Selbst-Verwöhnung (sich nachgeben, abhängig)	-- 1 Selbst-Unzufriedenheit (will es anders und will mehr)
++ 2 Selbst-Zwang (Wichtigtuer, arrogant)	-- 2 Selbst-Befreiung (ist verhindert, benötigt Lob)
++ 3 Selbst-Bewunderung (will imponieren, angeben)	-- 3 Selbst-Bedauern (erleiden, resignieren)
++ 4 Selbst-Flucht (Illusionist, Phantast)	-- 4 Selbst-Beengtheit (ängstlich besorgt)

Vernunft und echte Meditation wollen von den falschen Ich-Bildern (b) »leer« werden, um die Voraussetzung für die normalen Zustände (a) zu schaffen.

Die sechs Lebensstile

Wahrscheinlich kennen Sie Familien, in denen Geschwister sehr unterschiedliche Charaktere und darum verschiedene Schicksale haben. Das bestätigt, dass die Selbststeuerung weitgehend dafür maßgebend ist, was wir aus unserem Leben machen. Nicht so sehr die Gesellschaft bestimmt unser Schicksal, wie manche annehmen und auch von politischen Ideologien behauptet wird. Jeder ist selbst die Ursache dafür, ob er Möglichkeiten ergreift, und in einem hohen Maße auch dafür, wie er mit den Widrigkeiten umgeht und wie sein Leben verläuft. Ob man sich der Bedrohung einer Diktatur entzieht, ob man schlechte Beziehungen noch beizeiten abbricht und ob man günstige Gelegenheiten wahrnimmt, das hängt von uns selbst ab. Schon der römische Kaiser Mark Aurel (121–180) hat gesagt: »Unser Leben ist das, wozu unsere Gedanken es machen.«

Auch das Schicksal unseres Körpers ist in einem viel höheren Maße vom Lebensstil abhängig, als es ein nur naturwissenschaftlich denkender Mediziner ahnt. Jedes Gefühl ist gleichzeitig ein Körperzustand. Gefühle der Erregung oder Ruhe, der Spannung oder Lösung vollziehen sich zugleich im Körper. Genaue Beobachtungen und Messungen, aber auch auftretende Beschwerden zeigen, an welchen Körperstellen diese Gefühle wirksam sind.

Dazu ein reales Beispiel. Ueli war Knecht in einem großen Bauernbetrieb. Der Hausarzt schickte ihn in die orthopädische Universitätsklinik, weil er sich nicht erklären konnte, warum Ueli den Kopf stark nach links gedreht hielt und unfähig war, geradeaus zu schauen oder den Kopf auf die rechte Seite zu drehen. Organisch war kein Grund zu finden. Prof. D. schloss daraus: »Also ist's die Psyche.« Weil man sie nach Freud »verdrängen« kann, kam ihm der Geistesblitz, dass eine Narkose das schaffen müsse. Und sie tat es. Das triumphierende Ärzteteam konnte Uelis narkotisiertes Haupt beliebig nach links und rechts drehen. Mit einem zweiten Geistesblitz und viel Gips wurde ihm schnell ein Helmpanzer von Kopf bis Brust angegossen, aus dem Ueli geradeaus blickend aufwachte. Von solcher Heilkunst beeindruckt ging er drei Wochen seiner Arbeit nach. Doch dann stellte sich ein neues Übel ein. Die linke Wange samt Stoppelbart begann durch die bis aufs Fleisch aufgescheuerte Haut übel zu riechen. Der Gipshelm wurde entfernt, und Ueli ging, wie gewohnt über die linke Schulter schauend, nach Hause. Künftig sollte er den Nacken regelmäßig mit einer heilsamen Salbe einreiben.

Ein Jahr war vergangen, weil aber trotz der Salbe der Kopf steif zur Seite gedreht blieb, schickte ihn der Hausarzt wieder in die Klinik. Es war doch nicht alles beim Alten geblieben. Inzwischen leitete Prof. J., der ein Jahr psychiatrische Erfahrung hatte, die Klinik. Er studierte Uelis Krankengeschichte und las, dass Uelis Kopf wieder nach links schnellte, als man den Gipshelm abnehmen musste. War es ein Schreibfehler? Uelis Kopf war zwar steif, aber nicht nach links, sondern nach rechts gedreht. Mit Staunen musterten die Ärzte ihren eigenartigen Patienten. Der neue Chef, Prof. J., fragte ihn: »Was hat sich seit einem Jahr in deinem Leben verändert?« »Nichts«, war die Antwort. »Nein, ich arbeite immer noch als letzter Knecht. Ich muss immer noch als Letzter die Runde machen, wenn schon alle schlafen, auch meine Alte. Das Einzige, was sich geändert hat: Wir schlafen jetzt in einer anderen Kammer.« »Und was ist darin anders?« »Nichts, nur unser Bett steht jetzt links an der Wand.« Es trat eine Pause ein. Dann fragte Prof. J.: »Liebst du deine Frau?« In dem nachfolgenden Gespräch wurde der Widerwille offenbar, mit dem Ueli jede Nacht in das Bett steigen musste, in dem seine Frau jetzt auf der entgegengesetzten Seite links von ihm schlief. Sich von ihr abwenden und nach rechts wegschauen, das war das zwingende Bedürfnis, das in der steifen Kopfhaltung zum Ausdruck kam. Das Beispiel mag amüsant sein, aber wahr ist es wirklich.

Die Selbstgefühle verursachen in einem starken Maße das körperliche Befinden, das Aussehen, das Verhalten, das Schicksal und alles, was den persönlichen Lebensstil ausmacht.

Die vier Selbstgefühle, die Selbstachtung, das Selbstvertrauen, die innere Freiheit und die Zufriedenheit, sind bei vielen Menschen nicht normal entwickelt. Zwei Selbstgefühle sind vielleicht stark, aber die beiden anderen sind zu schwach. Bei nicht wenigen Menschen dreht sich sogar eines oder jedes der vier Selbstgefühle in dem zerstörerischen Teufelskreis der ständigen Selbstüberbewertung und Selbstunterbewertung.

Von all den möglichen Verhaltensweisen möchte ich die sechs Charaktere und ihre Lebensstile beschreiben, die sich immer dann ausprägen, wenn zwei der vier Selbstgefühle vorherrschen und die beiden anderen mangelhaft sind. Vielleicht werden wir dabei uns selbst, sicher aber andere uns bekannte Personen wiederfinden, wenn wir sehen, dass manche mächtig und andere beliebt sein wollen oder dass manche elitär und andere gern populär sein möchten oder dass die einen um jeden Preis Prominenz spielen wollen und dass es das Anliegen von vielen anderen ist, gesellig oder wenigstens »in« zu sein.

Die vier Selbstgefühle entsprechen den Empfindungen der vier Testfarben:

Dunkelblau entspricht der Zufriedenheit,

Blaugrün entspricht der Selbstachtung,

Signalrot entspricht dem Selbstvertrauen,

Hellgelb entspricht der inneren Freiheit.

Über die Empfindung dieser bestimmten Farbtöne ist der Gefühlszustand der sechs Lebensstile einfühlbar. Darum stehen die zwei vorherrschenden Farben jeweils im Titel des beschriebenen Lebensstils.

Der rot-grüne Lebensstil des Mächtigen

Wer sich gegen das Gefühl der Schwäche und Hilflosigkeit wehren muss, will stark und mächtig sein, um sich Selbstvertrauen zu verschaffen.

Auch derjenige, der seiner Selbstachtung zuwiderhandelt und zu Recht das Gefühl der Minderwertigkeit hat, will sich darüber hinwegtäuschen und mit arroganter Überheblichkeit die Rolle des Mächtigen spielen.

Einerseits, um Selbstvertrauen zu gewinnen, und andererseits, um sich Achtung zu verschaffen, aus diesen beiden Motiven entsteht häufig das Bedürfnis, mächtig zu sein oder Macht auszuüben. Der Wille zur Macht ist anscheinend in einer Situation der Hilflosigkeit und Machtlosigkeit entstanden. So berichtet ein Spitzenboxer, dass er als Jugendlicher von anderen so oft verdroschen wurde, bis er sich entschlossen hat, ihnen überlegen zu sein. Bekannt sind die Karrieren des armen Kindes, das sich gesellschaftlich zurückgesetzt fühlte, es aber zum Großindustriellen, zum Großkaufmann oder zu sportlichen oder künstlerischen Spitzenleistungen gebracht hat.

Das Gefühl der Minderwertigkeit wird häufig auf die äußere Erscheinung, auf körperliche Kleinheit oder auf eine körperliche Behinderung verlagert. Auch solche Minderwertigkeitsgefühle können den Willen zur Überlegenheit und zur Macht über andere auslösen.

Die Familienforschung hat nachgewiesen, dass der älteste Sohn, wenn er gegenüber den Geschwistern eine Führerrolle übernimmt, sie auch später im Beruf als Direktor, Lehrer, Pfarrer, Politiker ausübt. Auch der älteste Sohn hat eine Situation der vermeintlichen Zurückweisung, des Verlustes und der Hilflosigkeit erlebt, als ein Geschwister nachfolgte. Damals fand er, die Aufmerksamkeit und Elternliebe würde ihm weggenommen und nun ganz dem Ankömmling gewidmet. Aber in der neuen Rolle als verantwortungsvoller Helfer und »vernünftiger älterer Bruder« konnte er sich wieder wichtig fühlen. Mit dieser Position will er sich auch im späteren Leben profilieren.

Das Bedürfnis, mächtig zu sein, um Selbstunsicherheit und Hilflosigkeit zu bewältigen, ist deswegen keineswegs auf Diktatoren beschränkt. Macht wird nicht nur auf dem Schlachtfeld, sondern auch in Sitzungs- und Schlafzimmern praktiziert. Gewalttäter, keifende Nörgler, Moralprediger, Rechthaber und all die Mitbürger mit erhobenem Zeigefinger meinen, mit Macht ihr Ziel zu erreichen. Machtgierig sind viele Politiker, Manager und Macher im kleinen oder großen Stil, die Karrierekletterer und die Ehrgeizlinge am Schreibtisch.

Macht besteht immer gegenüber Partnern. Sie ist deshalb an soziale Verantwortung und Gerechtigkeit gebunden. Macht ist nicht »böse an sich«, wie der berühmte Basler Historiker Jacob Burckhardt (1818–1897) meinte. Wenn aber Verantwortung und Gerechtigkeit fehlen und besonders wenn gegen sie verstoßen wird, dann wird sie zum Macht-Missbrauch. Mächtige ohne Gerechtigkeit und Verantwortung sind keine Führer, sondern Ver-Führer, die ihre Macht missbrauchen.

Der Schiedsrichter beim Gericht oder Sport wird als Autorität respektiert, weil er gerecht sein will, wenn er Befehle erteilt. Macht haben und befehlen darf nur, wer gerecht und verantwortungsvoll sein will. Wenn diese Voraussetzungen erfüllt sind, können der Vorgesetzte, der Offizier, der Lehrer, die Eltern und der Staat zu Recht befehlen.

Das Schlagwort »antiautoritär« darf immer nur gegen den Macht-Missbrauch gerichtet sein. Es hatte verheerende Folgen, dass mit dem Schlachtruf »antiautoritär« das Verständnis für den ethisch notwendigen Respekt vor der gerechten und verantwortungsvollen Autorität bei vielen verloren gegangen ist. Wer kompetent ist, wirkt überzeugend. Als Autorität hat er Macht und ist autoritativ, aber nicht autoritär.

Macht kann zwei Zielsetzungen haben. Die eine will eine etablierte Ordnung und ihre Tradition bewahren, wie zum Beispiel der alte Adel und die fundamentalistischen, dogmatischen Institutionen.

Die andere Form der Macht strebt nach Vermehrung und Verbesserung, nach Eroberung neuer Territorien, neuer Märkte oder neuer Anwendungsbereiche.

Auch Partnerbeziehungen können von diesen beiden Formen der Macht geprägt sein, entweder als Erobern-Wollen des anderen oder als andauerndes Besitzen-Wollen.

Macht stellt sich gerne mit Prestige-Signalen dar. Der kleine Spießer versucht's mit seinem Auto, der größere mit seiner Villa und die größten mit einem triumphalen Irgendwas für die Nachwelt.

Was dem ausgeprägten Machtmenschen abgeht, ist die gemüthafte Liebe. Darum wird er auch nicht wirklich geliebt. Jener erfolgreiche Boss hatte Recht, als er sagte: »Ich bringe zwar das Geld nach Hause, aber der Einzige, der mich liebt, ist unser Hund.«

Um das Thema Liebe geht es bei dem blau-gelben Lebensstil.

Der blau-gelbe Lebensstil des Liebe-Bedürftigen

Das Erlebnis der Hilflosigkeit, das jedes Kind häufig erfährt, kann in den Willen zur Macht umschlagen oder aber ein machtvolles Bedürfnis auslösen: das Bedürfnis nach Liebe.

Das Kleinkind braucht die aufmerksame Fürsorge und verständnisbereite Zuwendung der Eltern. Es braucht die Geborgenheit.

Diese Art der Zuwendung wird zwar als Mutter-Liebe bezeichnet, aber allgemein bis ins Erwachsenenalter als das verstanden, was eigentlich Liebe sei. Mit dieser dem Kinde angemessenen Liebeserwartung liebt man jedoch nicht, sondern hat nur das Bedürfnis, geliebt zu werden.

Beide können zu Liebe-Bedürftigen werden: jene, die lieblos aufgewachsen sind, und jene, die sich an Verwöhnung und ans Geliebtwerden gewöhnt haben. Wer dieser Gewohnheit erlegen ist, versteht nicht, dass Lieben die Aktivität ist, sich dem anderen verständnisvoll fürsorgend zuzuwenden. Wer das Lieben nicht gelernt hat, wartet darauf, geliebt zu werden, und bleibt meist frustriert.

Warum geht man nicht auf den anderen zu, den man sympathisch findet? Warum hat man Angst vor einer Zurückweisung? Warum fehlt die innere Freiheit, zu tun, was man möchte?

Das Kleinkind braucht die Sicherheit der Bindung und Geborgenheit. Freiheit nützt ihm nichts, sondern bringt es in Gefahr. Erst später, wenn die geistigen und körperlichen Fähigkeiten dazu entwickelt sind, kann es in kleinen Schritten lernen, freie Entscheidungen zu treffen. Durch die Freiheit, richtig oder falsch zu entscheiden und zu handeln, macht sich der Mensch selbständig. Damit übernimmt er die Verantwortung selbst und trägt die Konsequenzen.

Warum schrecken viele vor dieser Freiheit und ihren Konsequenzen zurück? Wem das Geliebtwerden und eine verwöhnende Zuwendung zur Gewohnheit wurden, für den ist es schwer, sich vorzustellen, dass Liebe in der eigenen Aktion besteht. Aber noch viel schwerer ist es für ihn, es zu tun.

Noch eine zweite Blockade hemmt ihn: die Angst vor Zurückweisung. Wer liebebedürftig oder durch Geliebtwerden verwöhnt ist, erträgt keine Absage. Er verhält sich so absurd wie einer, der sagt: »Ich spiele nur mit, wenn ich gewinne.« Bei dieser Haltung bleibt Liebe eine schwer erfüllbare Sehnsucht.

Das ist nicht leicht zu ertragen. Man ist unzufrieden, weil man das nicht findet, was man gerne möchte und für sinnvoll hält. Aber man findet es deshalb nicht, weil man sich nicht getraut, seine Wünsche zu äußern. Und warum getraut man sich nicht? Weil man vor einer Absage Angst hat und nicht bereit ist zu verzichten. Wer eine Absage schon als persönliche Zurückweisung auffasst, muss lernen, die Realität zu akzeptieren, statt sich in seinem egozentrischen Stolz beleidigt zu fühlen. Wer Wünsche frei äußern kann, weil er auch bereit ist zu verzichten, besitzt die so seltene innere Freiheit. Wenn aber die innere Freiheit fehlt, um eine aufrichtige und erfüllende Liebe zu suchen und zu führen, entsteht ein unerträgliches Defizit. Einen Ausweg zu finden wird zur Notwendigkeit.

Dem Lebensstil des Liebe-Bedürftigen stehen drei Fluchtwege offen. Der weitaus häufigste, der vor allem von Geschiedenen eingeschlagen wird, ist das ewige Suchen nach der idealen Liebe. Diese Liebe-Bedürftigen überspielen ihre Traurigkeit mit der Hoffnung auf die Zukunft. Das führt bei manchen zu ständigem Partnerwechsel oder zu banaler Zerstreuung und bei anderen zur Flucht in spirituelle Schwärmerei.

Die ewig Suchenden haben sich an ihren Zustand oft so sehr gewöhnt, dass sie zu einer echten Bindung, ohne es zu ahnen, gar nicht mehr bereit sind. Sie suchen längst nicht mehr die Liebesbindung, sondern die Beliebtheit. Sie treffen sich gerne in Vereinen, in Clubs oder in Selbsterfahrungsgruppen, um darum herumzureden oder sich anzutatschen oder zwecks esoterischer »Erleuchtung«.

Einen zweiten Fluchtweg wählen die gefühlvollen Ästheten. Ihre Liebe gilt nicht mehr Partnern, die enttäuschen können, sondern schönen Gegenständen und unpersönlichen Erlebnisbereichen wie Musik, Literatur und Reisen.

Der dritte Fluchtweg ist der verfänglichste. Er imitiert die echte Liebe. In einer echten Liebe besteht die Verbindung durch Geben und Nehmen. Aber der Liebe-Bedürftige der dritten Art flüchtet sich in eine Hingabe, ohne nehmen zu wollen oder nehmen zu können. Er meint, er müsse nützlich oder sogar aufdringlich hilfsbereit sein, um geliebt zu werden. Mit verwöhnender Überfürsorglichkeit drängt er oder sie sich dem anderen geradezu auf und klammert sich an ihn. Das empfindet der Partner als beengend und erdrückend. Umso mehr, als von ihm auch noch ständig Liebesbeweise und Bestätigungen erwartet oder mit Leidensmiene gefordert werden. Oft sollte er sich auch für nichts und niemand anderes mehr interessieren. Diese meist nur heimliche Eifersucht entspringt nicht dem Besitzanspruch, sondern der Angst vor Liebesverlust und letztlich vor Verlorenheit. Solche Liebe-Bedürftige klammern sich mit ihrem Fürsorgebedürfnis gerne an Kinder, an Haustiere oder an Hilflose und Schwache, wie zum Beispiel an Alkoholiker, die solche Mitspieler schätzen.

Der blau-grüne Lebensstil des Elitären

Der Lebensstil des Elitären lässt sich mit dem Begriff »ehrwürdig« definieren. Er bezeichnet, was die elitäre Haltung und das Verhalten bestimmt. Dem Elitären geht es um zwei Selbstgefühle: um die Selbstachtung und um die Zufriedenheit. Weil dem Außenstehenden das Ehrwürdige auffällt, könnte man vordergründig meinen, würdige Anerkennung sei ihm wichtig oder es komme ihm darauf an, nach seiner Überzeugung zu leben, um seine Selbstachtung zu wahren. Wahrscheinlich sind ihm aber Anerkennung und Selbstachtung vor allem Mittel, um in Zufriedenheit zu leben. Denn eine Einsicht ist ihm in Fleisch und Blut übergegangen: Zufrieden kann man nur sein, wenn man nach seiner Überzeugung lebt und sich die Selbstachtung kompromisslos erhält.

Ein zweiter Begriff ist für den elitären Lebensstil kennzeichnend. Er heißt echte, authentische Qualität. Das bezieht sich vor allem auf sein ethisches und sein ästhetisches Verhalten. Echte Qualität sucht er nicht im modischen Alltag, sondern dort, wo sich Qualität bewährt hat. Er findet sie dort, wo die Besten hohe Leistungen feinsinniger Kultur hervorgebracht haben, und dort, wo viele von den Besten über lange Zeit eine gültige Stilrichtung geschaffen haben. Darum ist der Elitäre eher in Antiquariaten anzutreffen. Er sucht nach einem bestimmten Buch, das nicht auf der Bestsellerliste steht. Seine

Lieblingsbücher bindet er in Leder und genießt es, sie in der Hand zu fühlen. Er entdeckt im Trödlergeschäft ein mit unansehnlicher Farbe überstrichenes Schränkchen oder Tischchen von formvollendeter Schönheit und beseitigt die Geschmacklosigkeit, um sich daran zu erfreuen. Er ist durchaus preisbewusst, aber ein guter Wein oder ein Seidenteppich sind ihm die Ausgabe wert.

Die Menschen meiner Heimatstadt hat ein alter Chronist mit den Worten: »mehr sein als scheinen« charakterisiert. Man zeigt nicht, was und wieviel man besitzt.

Als Student wurde ich von meinem Philosophie- und Mathematikprofessor zu ihm nach Hause eingeladen. Diese Ausnahme machte er, weil ich schon damals genau das vertreten habe, was auch seine These war: »Die Psyche funktioniert nach mathematischer Gesetzmäßigkeit.« Immer wenn ich diese Überzeugung aussprach, war seine Antwort: »Natürlich, schon Proklus hat gesagt...« Dann folgte jedes Mal ein langer Satz auf Griechisch. Dessen Inhalt kenne ich heute noch nicht, denn ich spürte sehr genau, dass ich diesem elitären Gelehrten niemals hätte eingestehen dürfen, dass ich nur über ein paar Brocken der griechischen Sprache verfüge. Er gehörte zum Patriziergeschlecht, das über Generationen an unserer Universität vertreten ist. Sein Park und sein Haus lagen im teuersten Stadtteil. Für den Preis einer Bodenfläche von zehn mal zehn Quadratmetern hätte man sich ein kleines Haus bauen können. Am Ende der Pappelallee stand sein schlichtes Backsteinhaus. Es war mit Stilmöbeln und Ölbildern ausgestattet, die mich damals nicht interessierten. Als er mir einmal ein ästhetisches Prinzip mathematisch erklären wollte, demonstrierte er es an dem Ölbild über dem Sofa, auf dem er zu sitzen pflegte. Abschließend sagte er: »Sie sehen, Leonardo wusste, dass die Schönheit mathematisch ist.« An der Wand hing ein echter Leonardo da Vinci. »Mehr sein als scheinen« ist für den Elitären eine Selbstverständlichkeit. Der Mann besaß vermutlich kein Auto. Er ging zu Fuß oder fuhr mit der Straßenbahn. Sah er in der Trambahn einen Menschen, der ihm gefiel, ging er auf ihn zu mit den Worten: »Mein Name ist S ... Wie heißen Sie?« Die Selbstachtung des Elitären schließt Minderwertigkeitsgefühle aus. Er ruht in sich und ist zufrieden. Mit dieser Haltung ist er ein feinfühliger, aufgeschlossener Beobachter. Ein Sachkenner und, wenn's sein muss, ein Experte. Es geht ihm um Qualität. Darum ist er wählerisch in der Auswahl der Menschen, mit denen er verkehrt, in den Interessen, die er pflegt, und in den Gegenständen, mit denen er sich umgibt.

Selbstachtung und Zufriedenheit erfordern Qualität. Aber nicht nur im Ästhetischen, sondern insbesondere auch im ethischen Verhalten. Vor allem Gerechtigkeit, Zuverlässigkeit und Verantwortung sind die ethischen Qualitäten des elitären Menschen. Diese Art von Verpflichtung meint der Leitsatz »noblesse oblige«.

Hingegen sind »sine nobilitate«, also Snobs, die pseudo-elitären Angeber. Sie befleißigen sich, den Nobelmann zu spielen und Noblesse mit äußeren Mitteln vorzutäuschen. Sie kaufen sich, was schlecht und teuer ist. Nicht weil es schlecht ist, sondern weil es einen bekannten Namen trägt. Sie würden sich sogar »Des Kaisers neue Kleider« anziehen, wenn auf dem Nichts der Name des Modeschöpfers stände. Was als renommiert gilt, hängen sie sich an den Leib und an die Wände. Am einfachsten ist es, ästhetische Vorbilder nachzuahmen. Mit Antiquitäten feinsinniges Stilverständnis vorzutäuschen lernt man im Handumdrehen. Wie alt wirkliche Antiquitäten zu sein haben, lernte ich von einem Amerikaner, der mir in seiner weitläufigen Villa bei jedem Bild, jedem Tisch und jeder Lampe ausführlich beschrieb, was ich auch mit eigenen Augen sah, aber immer mit dem Satz endete: »... and more than 150 years old.«

Der Elitäre zeigt nichts vor, weder seinen Besitz noch seine Bildung noch Wissen und Titel. Der Snob hingegen zeigt möglichst viel vor. Er ist ein »show off«. Sein Leitsatz heißt: »Mehr scheinen als sein.« Dazu benützt er ein Auto, das man leasen kann, einen Titel, den man kaufen kann oder der aus ein paar Buchstaben besteht, die nichts bedeuten. Im Restaurant zeigt er seinen sicheren Instinkt für den guten Wein, indem er sich nach der Preisliste richtet. Bei Vernissagen ist er ein gern gesehener Gast und darum geht es ihm. Die Bilder stören ihn kaum. Im Konzert kennt er natürlich den Namen des berühmten Dirigenten. Bachs Kunst der Fuge vermag er vom Radetzkymarsch wegen der Lautstärke zu unterscheiden. Begegnet man einem Snob, staunt man schon nach wenigen Sätzen, wie viele einflussreiche und berühmte Freunde er hat. Bei seiner elitären Pose geht es nicht um Qualität, sondern um den Schein der Qualität, nicht um Selbstachtung, sondern ums Bewundertwerden. Auf Quantität hingegen ist der Lebensstil des Populären ausgerichtet.

Der rot-gelbe Lebensstil des Populären

Die Unterscheidung verschiedener Lebensstile wurde mir vor langer Zeit zum ersten Mal an einem Ferienort bewusst. Ich saß mit einem Regisseur auf der Piazza, als ein bekannter Schlagersänger dazukam. »Robert, dein Film über den berühmten X ist phantastisch«, begann er. »Du solltest unbedingt einen Film über mich drehen.« »Du bist der Letzte, wegen dem ich einen Film mache«, war die unverblümte Antwort. Der Schlagerheld insistierte: »Weißt du, jeder kennt mich; ich bin populär. Wenn du aber einen Film über mich drehst, bin ich berühmt, und ich will berühmt werden.« Weder der bekannte Sänger noch seine Lieder waren nach meinem Geschmack, aber ich staunte über seine differenzierte Wortwahl und die ehrliche Einschätzung seines eigenen Images. Ihm habe ich zu verdanken, dass ich überlegte, was populär, was berühmt, was prominent und was andere gesellschaftliche Positionen und ihre Lebensstile bedeuten.

Viele, die populär sein möchten, erwarten nicht einmal, dass man eine allzu hohe Meinung von ihnen haben müsse. Sie genießen es schon wie Balsam, wenn der Kellner oder die Barmaid sie mit Namen begrüßt. Wer allerdings nach richtiger Popularität strebt, muss sich schon etwas mehr anstrengen. Er macht bei einem Verein oder bei einer Partei mit, weil Kollegen dort auch dabei sind. Um noch bekannter zu werden, lässt er sich die Mühe des Kassierers oder einer anderen Aufgabe aufbürden, um die sich die Schlaueren drücken. Wenn er merkt, dass er zwar gegrüßt wird, dass viele aber nicht einmal seinen Namen kennen, treiben ihn solche Demütigungen zu größerem Eifer an. Präsident zu werden und künftig »Herr Meier, unser Präsident« zu heißen, darin sieht er die Erfüllung seiner Popularität. Er liest jetzt sorgfältig die Zeitung, um daraus zu entnehmen, was ihm als Neuigkeit einfällt.

Diese will er als »unser rühriger Präsident« verkünden, denn es gilt, progressiv zu sein. Ob im Verein, in der Partei oder einer anderen Sekte, es geht ihm um die künftige Entwicklung von irgendwas, auch seiner Popularität, versteht sich. Darum gehört er zu den Progressiven. Natürlich zu den gemäßigt Progressiven. Anderes wäre unpopulär. Er ist nicht, wie der Elitäre, ein kenntnisreicher Experte auf speziellen Gebieten, sondern ein Verkünder von populären Meinungen. Es genügt ihm, Lautsprecher zu sein, um Applaus zu ernten. Er macht überall mit, wo man ihn kennen soll. Immer griffbereit hat er je nach Bedarf entweder Fröhlichkeit oder den Ernst der Zeit, entweder die konventionellen Jeans der Individualisten oder den reaktionären Frack, aber immer und vor allem eine wirkungsvolle Rede ohne Inhalt.

Die heimlichen Motive zu all diesem Treiben sind zwei geschwächte Selbstgefühle, über die er sich mit der Popularität hinwegsetzen will. Das eine ist die Angst vor Zurückweisung und letztlich die Angst vor Verlorenheit. Das zweite Motiv ist ein schwaches Selbstvertrauen und die Angst, sich nicht durchsetzen zu können. Wer es zu Popularität gebracht hat, braucht sich nicht mehr verloren zu fühlen und kann sich einbilden, er habe sich durchgesetzt. Das allerdings ist eine schöngefärbte Einbildung. Am ehesten hat der Prominente dieses Ziel erreicht.

Der grün-gelbe Lebensstil des Prominenten

Der Prominente hat keinen an Äußerlichkeiten erkennbaren Lebensstil. Aber seine Haltung und wie er gesellschaftlich eingestuft wird sind dennoch charakteristisch. Zunächst muss man sich darüber klar werden, was eigentlich Prominenz bedeutet und wie sie sich gegenüber dem Populären, dem Elitären und dem Mächtigen unterscheidet. Ich meine, Prominenz steht zwischen dem Mächtig- und dem Elitärsein. Gegenüber der Popularität sind alle drei erhaben.

Das lateinische Tätigkeitswort »prominere« bedeutet: hervorragen oder herausragen. Bei feinerem Wortgebrauch unterscheiden wir allerdings zwischen herausragen und hervorragen. Ein herausragender Mensch ist noch keine hervorragende Persönlichkeit. Durch seine hierarchische Position ist jeder Papst eine herausragende Persönlichkeit, aber nicht jeder ist ein hervorragender Papst. Gleichwohl ist jeder prominent und verbindet oft das Mächtigsein mit dem Elitärsein.

Die Antwort, was Prominenz bedeutet, kann nicht gefunden werden, solange man Bekanntheit mit Prominenz verwechselt. Fernsehsprecher, ja sogar beliebte Fernsehmoderatoren sind sehr bekannt, aber nicht prominent. Der Boulevardjournalismus, der von Übertreibungen und Verdrehungen lebt, kann allerdings jeden Hansdampf auf den angeblichen Prominententhron heben, um mit seiner Publicity ein Geschäft zu machen. Spätestens dann, wenn er ihn wieder hinunterstößt, macht sich der ganze Aufwand sicher bezahlt. Bei echter Prominenz hingegen sind Medienleute nur Berichterstatter.

Den Lebensstil des Papstes kann man sich einigermaßen vorstellen. Es gibt prominente Künstler mit einer eigenartigen

Lebensweise und wieder andere Prominente, die in einer sehr bürgerlichen Umgebung leben. Ein Nobelpreisträger ist sicher eine prominente Persönlichkeit, sein Privatleben ist aber meist nicht magazinträchtig. Ein Prominenter kann in einer schwarzen Limousine gefahren werden, ein anderer auf dem Fahrrad daherkommen, einer kann im Palast wohnen, ein anderer im Labor auf einer Liege schlafen. Der äußere Lebensstil kennzeichnet den Prominenten nicht.

Was macht einen Menschen zur prominenten Persönlichkeit?

Was haben der große Wissenschaftler, der große Denker, der bedeutende Staatsmann, der gefeierte Künstler und das verehrungswürdige Oberhaupt einer Kirche gemeinsam? Wodurch ist ein Mensch prominent?

Weil mein Freund Rolf »den Nagel auf den Kopf zu treffen« pflegt, fragte ich ihn, was er unter »prominent« verstehe. Er fand: »Prominent ist einer, der neue Maßstäbe setzt.« Genau das ist es, was auf alle zutrifft, die auch ich für prominent halte. Es sind Menschen, die in unserer Zeit mit ihrer maßgebenden Überzeugung wirkungsvolle Taten vollbracht haben. Darum zählen Martin Luther King, Albert Einstein, Gorbatschow, Picasso, Papst Johannes XXIII. neben vielen anderen zu den hervorragenden, prominenten Persönlichkeiten. Das scheint die Gesellschaft mit dem Begriff »prominent«, wenn er überlegt angewendet wird, zu honorieren.

Wenn hingegen ein wortreicher Politiker, ein strotzender Geldsack oder ein vollbusiger Nacktstar als »prominent« etikettiert wird, gleicht das vergoldetem Blech.

Größe wird den Prominenten nie in die Wiege gelegt. Um Größe zu erlangen, müssen sie den Antrieb dazu haben. Der Antrieb ist zunächst oft der persönliche Ehrgeiz oder wenigstens der Wille, überlegen zu sein. Solche Prominente verhalten sich meist belehrend oder gar dogmatisch, um ihren Willen durchzusetzen. Wer aber den Willen hat, etwas richtig zu sehen und richtig zu handeln, reift an den mühsamen Auseinandersetzungen mit der Realität. Anstelle des egozentrischen Ehrgeizes tritt das realitäts-adäquate Gestalten von Harmonie, die soziale, die wissenschaftliche oder künstlerische Leistung.

Wer von der Gesellschaft als prominent erkürt wird, trägt ihr gegenüber eine entsprechende Verantwortung. Darum wird dem Prominenten übel angekreidet, wenn er in gleiche Schneckentänze wie der Alltagsbürger verwickelt ist.

Der blau-rote Lebensstil des Geselligen

Wer gesellig sein möchte, würde es nicht ertragen, prominent zu sein. Die prominente Distanziertheit anderen gegenüber würde ihm Unbehagen bereiten. Des Geselligen Glück ist, mit anderen zusammen zu sein. Der Lebensstil des Geselligen ist der am wenigsten auffällige, weil er so normal erscheint. Besonders, wenn man ihn mit dem des Mächtigen, des Elitären oder des Prominenten vergleicht.

Dennoch sind es bestimmte Selbstgefühle, die einen Menschen veranlassen, ein geselliges Leben zu führen. Sie versuchen auf einfache oder einfachste Weise, ein bisschen Wirkung zu erzielen und damit eine Prise Selbstvertrauen einzuziehen. Gleichzeitig finden sie im bloßen Zusammensein mit anderen ein seichtes Gefühl der Geborgenheit. Das verschafft ihnen eine schnullerhafte Zufriedenheit. Solche Geborgenheit befriedigt den Säugling. Das Kleinkind ist entzückt, wenn es eine noch so harmlose Wirkung erzielen kann. Diese beiden Bedürfnisse, ein bisschen Wirkung und viel Zufriedenheit, sind für den kindlich-freundlichen Lebensstil des Geselligen charakteristisch.

Das Geselligkeitsbedürfnis lässt sich vielerorts befriedigen: beim Tratsch im Treppenhaus, beim Politisieren am Biertisch, im Emanzipationskränzchen oder beim Clubtreffen.

Die Geselligen sind nicht nur friedlich, sondern auch unterhaltsam. Sie lachen in regelmäßigen Intervallen und wiehern vor Freude, wenn bei einem alten Witz die Pointe nicht vergessen wird. Zur Geselligkeit gehört auch Regelmäßigkeit. Jahraus, jahrein bleiben der gleiche Wochentag, der gleiche Treffpunkt oder ein gemeinsames Essen und eine gemeinsame Reise im gewohnten Rahmen eingeplant. Bei Neuzugängen wird applaudiert, bei Abgängen wird eine Trauerminute gefeiert. Männliches Schulterklopfen und weibliches Einhaken erhöhen das Gefühl der Verbundenheit. Sie wird hoch geschätzt, solange es nicht ans Persönliche geht.

Gesellige verhalten sich nicht nur anständig, sondern sogar nett. So sieht es auch bei ihnen zu Hause aus. Kerzen und Grünpflanzen, Souvenirs und Familienmagazine gehören zur Grundausstattung. Sie kleiden sich nie nach dem letzten Schrei, eher nach dem letzten Geschmack.

Um das schwache Selbstvertrauen und um Unzufriedenheit abzuwehren, übt man, was als Tugend gepredigt wird: eine anspruchslose Bescheidenheit. Wer hingegen ein normales Selbstvertrauen und eine erfüllte Zufriedenheit besitzt, wird sich in einer anspruchsvollen Bescheidenheit wohl fühlen.

Der gesellige Lebensstil, der so sehr normal erscheint, ist nur sehr durchschnittlich. Man kann dennoch froh sein, wenn schwaches Selbstvertrauen und Unzufriedenheit mit Geselligkeit befriedigt werden und nicht Aggressivität, Kriminalität oder drogenabhängige Verwahrlosung zur Folge haben.

Der egozentrische Teufelskreis

Die Seele ist die Steuerzentrale unseres Gefühlslebens und unseres Lebensschicksals. Solange wir die vier Selbstgefühle Selbstachtung, Selbstvertrauen, Zufriedenheit und innere Freiheit im Gleichgewicht bewahren, ist unser Leben sinnvoll. Äußere Merkmale dieses Glückszustandes sind Freude, Herzlichkeit und Gelingen.

Versuchen wir aber, die vier normalen Selbstgefühle durch Selbstüberbewertungen (z. B. Arroganz) oder Selbstunterbewertungen (z. B. Hilflosigkeit) zu ersetzen, zwingt uns dieser Selbstbetrug in den egozentrischen Teufelskreis der Selbstvernichtung.

Die normalen Selbstgefühle Selbstachtung, Selbstvertrauen, Zufriedenheit und innere Freiheit werden demjenigen nicht bewusst, der sie besitzt. Er weiß nur, dass er zur Umwelt harmonische Beziehungen hat – und darin besteht das harmonische Gleichgewicht.

Das normale Selbstgefühl ist so selbstverständlich wie die normale Verdauung und die Atmung. Darum bleiben sie unbewusst. Auffällig wird erst die Störung. So wie wir erst Verdauungs-, erst Atem- oder Herzbeschwerden beachten, wenn sie auftreten, so werden uns auch erst die Störungen des Selbstgefühls bewusst. Dann machen wir uns ein Bild davon, wie wir uns fühlen: »Ich fühle mich traurig«, »Ich ärgere mich« usw. Mit diesen Ich-Bildern wuchern die Ich-mich-Gefühle. Sie treiben uns in den egozentrischen Teufelskreis. Darum sind Ich-Bilder die Ursache der gestörten Selbstgefühle. Der egozentrische Mensch ist von seinen Ich-Bildern besessen. Durch sie kann er sogar rücksichtslos und grausam werden.

Ein Tier bekämpft seinen Gegner, solange es ihn wahrnimmt, ihn sieht, hört, riecht. Seine Aggression ist defensiv. Der Egozentriker hingegen bekämpft ihn so lange, wie er sich beleidigt und frustriert fühlt. Nicht einmal, wenn er den Gegner vernichtet hat und es ihn überhaupt nicht mehr gibt, braucht er sein beleidigtes Ich-Bild, seine Einbildung und sein egozentrisches Wahndenken aufzugeben. Darum werden ganze Sippen oder ganze Dörfer massakriert. Des Menschen Aggression ist oft nicht nur defensiv, sondern destruktiv und damit »sadistisch«.

Tiere töten zwar, Menschen aber können rachsüchtig sein und morden. Haben Mörder eine andere Seele? Oder ist das, was die Seele an sich ist, bei jedem Menschen gleichartig? Auch dann, wenn sich der eine gut und der andere schlecht verhält?

Es wäre voreilig, gleich mit Ja oder mit Nein zu antworten. Es ist nämlich nötig zu unterscheiden, einerseits, was die Psyche als autoregulatives System ist, und andererseits, was der persönliche Zustand des individuellen Menschen ist. Dazu zwei Vergleiche: Der Computer wird mit einem bestimmten Programm gesteuert, das immer das Gleiche bleibt. Die Dateien und Texte sind hingegen bei allen verschieden und können sich stets ändern. Oder ein zweiter Vergleich: Wer große Strecken fliegt, kennt die Mitteilung: »Our local time is ...« Bei allen Uhren ist das Uhrwerk ein genau funktionierendes, stets gleich bleibendes System. Aber die Zeiger können beliebig eingestellt werden. Normalerweise sollten die Zeiger richtig auf die Ortszeit eingestellt sein und normalerweise sollte unser Verhalten richtig auf die Situation eingestellt sein.

Wenn unser Verhalten unangemessen und falsch ist, dann ist das mit einer falschen Einstellung der Zeiger vergleichbar. Die Psyche als Autoregulationssystem bleibt wie das Uhrwerk immer gleich und ist stets in Ordnung. Bei vielen Menschen sind aber die Zeiger falsch eingestellt. Die falschen Einstellungen entstehen aus den falschen Selbstgefühlen und aus den schädlichen Ich-Bildern.

Das Autoregulationssystem Psyche strebt immer nach einem Ausgleich, um ins Gleichgewicht zu kommen. Ist der Ich-Zustand jedoch exaltiert, entweder als Anspruch exaltiert oder als Frustration exaltiert, so wird der Ausgleich mit einer exaltierten Kompensation gesucht. Das ist jedoch nur ein labiles, ein scheinbares Gleichgewicht für einen kurzen Augenblick, z. B. während man sich einen Wunsch erfüllt. Doch Frustration und Kompensation ergänzen sich zu einem Teufelskreis, der sich immer schneller dreht.

Wenn das Ich schlecht programmiert ist, dann misslingt es ihm, in einem harmonischen Gleichgewicht zu leben. Dann entsteht ein kompensiertes künstliches »Gleichgewicht«: Es ist das Hochspannungsgleichgewicht zwischen den beiden gegensätzlichen Ich-Polen, zwischen der Selbstüberbewertung und der gleichzeitigen Selbstunterbewertung. Dabei ist der eine Pol bewusst und der andere unbewusst.

Meist wird bald der eine, bald der andere Pol so radikal verleugnet, dass er unbewusst bleibt. Das ist nötig, denn die beiden Selbstgefühle stehen in einem andauernden Widerspruch. Diesem chronischen Konfliktzustand, diesem egozentrischen Teufelskreis zwischen den beiden Ich-Polen hat man den nichts sagenden Namen »Neurose« gegeben.

Wenn die Seele in der Beziehung zur Umwelt kein harmonisches Gleichgewicht finden kann, dann weicht sie auf das Nächstliegende aus, auf das Ich, um hier im Ich ein kompensatorisches Gleichgewichtsverhältnis zu konstruieren. Dabei spaltet sie das Ich in zwei Pole. Beide Pole sind wie bei einem Magneten genau gleich stark. Als Plus- und Minuspol sind sie aber gegensätzlich. Der Pluspol ist das akzeptierte, bewusste Ich-Bild. Der Minuspol ist das verleugnete und unbewusste Gegenbild.

Wer zum Beispiel als »harter Mann« gelten möchte, der verleugnet seine Weichheit und Sentimentalität. Wer genau beobachtet, sieht aber, dass diese Eigenschaften meist unbewusst ausgelebt werden. Der Cowboy als harter Rodeoreiter singt darum am Lagerfeuer wehmütige Countrysongs. Wer sich äußerlich mit weichlicher Geschmeidigkeit anpasst, verfolgt innerlich sein Ziel mit berechnender Härte.

Die Härte und die Weichheit, diese beiden gegensätzlichen Pole, halten sich mit gleicher Stärke das Gleichgewicht. Beide Seiten, die Selbstüberbewertung und die Selbstunterbewertung, sind gleich groß. Darin besteht der egozentrische Widerspruch der sich ergänzenden Pole.

Bei jedem, der die harmonische Beziehung zur Umwelt verliert, sind zwei gegensätzliche Selbstgefühle zu finden. Dem bewussten Ich-Bild steht ein gegensätzliches Bild gegenüber, das verleugnet wird und deshalb meist unbewusst bleibt.

So kann sich jemand beispielsweise tief beleidigt oder missachtet fühlen, ohne dass er es sich eingesteht. Gerade diese Gefühle treiben ihn aber dazu, mit anderen ständig zu rivalisieren. Er will sich über sie erheben, indem er ihnen ihre Unterlegenheit demonstriert und sie demütigt.

Auch Fritz R. hat sich einerseits durch Provokation und Selbstbewunderung bewusst hervorgehoben. Andererseits hat er gleichzeitig Angst gehabt, bei echten Leistungen zu versagen. Er kennt seinen Mangel an Selbstdisziplin und Ausdauer genau. Gleiches gilt für den Unzufriedenen, der in der Selbstbefriedigung, Selbstverwöhnung und Selbstbetäubung seine egozentrische Kompensation sucht, wie der Alkoholiker, der trinkt, um sein Trinkerelend zu vergessen.

Gleiches gilt für denjenigen, der glaubt, seinem Selbstzwang und ehrgeizigen Perfektionismus durch Selbstflucht zu entkommen. Die Selbstflucht betreibt er auch wieder zwanghaft, wenn er wie ein Süchtiger hinter jedem Kreuzworträtsel, hinter jeder Briefmarke, jedem Fußballspiel, hinter seiner täglichen Zeitung oder dem täglichen Fernsehvergnügen her ist. Je schneller die beiden gegensätzlichen Selbstgefühle (Selbstzwang und Selbstflucht) aufeinander folgen und wie ein Kreisel immer stärker rotieren, desto unauflöslicher ist der egozentrische Teufelskreis. Wer darin gefangen ist, hat es deshalb schwer, auszubrechen und den Weg zur Umwelt und zum harmonischen Gleichgewicht zu finden.

Wer den Teufelskreis nicht durchbricht, wer Ängstlichkeit und überhebliche Wichtigtuerei, wer Neid und falsche Ansprüche oder jede andere Art seiner Egozentrizität nicht überwindet, erleidet das Schicksal der Dummen; denn er kann das Richtige nicht vom Falschen und das Wesentliche nicht vom Unwesentlichen unterscheiden.

Menschen, die in ihrer Egozentrizität rotieren, nennt man »Neurotiker«. Der Neurotiker bezieht alles (Sex, Besitz, Prestige) in seinen egozentrischen Teufelskreis mit ein. Dabei benötigt er einen anderen als Mitspieler. Dieser andere muss die Rolle spielen und das verkörpern, was der Neurotiker bei sich verleugnet und nicht bewusst auslebt, aber als Gegengewicht notwendig braucht. Was er an sich selbst verleugnet, lastet er dem anderen an. Statt die Schuld bei sich selbst zu erkennen, sucht er sie beim anderen und übertreibt den Fehler, den er zu finden glaubt.

Genau das meint der bekannte Bibelvers (Matthäus 7, Vers 3): »Was siehest du aber den Splitter in deines Bruders Auge und wirst nicht gewahr den Balken in deinem Auge.« Mark Twain charakterisiert die Egozentrizität mit charmantem Humor: Als er 14 war, habe er seinen Vater für einen unerträglichen Dummkopf gehalten. Mit 21 sei er jedoch erstaunt gewesen, wie viel dieser alte Mann in nur sieben Jahren dazugelernt habe.

Ist der Neurotiker sadistisch, braucht er einen anderen, der die unbewusste masochistische Seite des Sadisten verkörpert. Umgekehrt genießt auch der unterwürfige Masochist die sadistische Seite in sich, während er die Handlungen des Sadisten erlebt. Darum benötigt er den Sadisten als Mitspieler. Am häufigsten finden wir die Wechselbeziehung zwischen einem unterwürfigen Anpasser und einem autoritären Partner. Solche Beziehungen herrschen nicht nur im privaten und beruflichen, sondern auch im politischen und religiösen Leben.

Der Autoritäre verleugnet seine Unsicherheit und Beeinflussbarkeit. Darum braucht er einen anderen, der sich beeinflussen lässt und der sich anpasst. Genauso braucht der Anpasser für sein Sicherheits- und Geborgenheitsbedürfnis einen Autoritären, an den er sich anklammern kann.

Der Idealist Don Quichotte ergänzt sich selbst im Realisten Sancho Pansa. Faust ist nicht nur Wahrheitssucher und Theoretiker, sondern durch Mephisto auch der sinnenfreudige Verführer.

Bei Gegensätzen und konfliktbeladenen Beziehungen müssen wir verstehen lernen:

1. dass die beiden gegensätzlichen Interessen im einzelnen Menschen selbst als »innerer Widerspruch« bestehen;
2. dass sich diese gegensätzlichen Interessen gegenseitig kompensieren;
3. dass die bewusst gelebte Seite die Kehrseite verachtet und verleugnet und diese daher unbewusst bleibt;
4. dass die unbewusste Seite einem anderen Menschen aufgenötigt wird, der diese Rolle gern oder ungern verkörpern soll. Darum sucht jeder, der keine Fehler machen möchte, die Schuld zuerst beim anderen.

Egozentrieren und objektivieren oder Die Kunst, sich weise zu verhalten

Es ist fruchtbar zu wissen, dass uns Gegensätze nicht mehr als Probleme und Konflikte erscheinen, wenn wir gelernt haben, sie im Zusammenhang zu sehen, und wenn wir die Gegensätze als Ergänzung verstehen. Wer das erkennt, den ärgern gegensätzliche Meinungen und Standpunkte nicht und er leidet nicht mehr unter ihnen.

Je besser wir erkennen, dass sich die gegensätzlichen Pole wie bei einem Magneten zur Ganzheit ergänzen, desto richtiger verstehen wir, was sich in uns selbst oder was sich in einem anderen abspielt.

Dieser Satz liest sich so leicht, und es mag scheinen, es seien schöne Worte, die sich doch nicht praktizieren lassen. Darum möchte ich ihn mit einigen Beispielen erläutern.

Mein Vetter Hans L. war 24 Jahre alt, als er Soldat bei der Schweizer Infanterie war. Die mühseligen Fußmärsche, mit der diese Truppe ihre Kriegstüchtigkeit trainiert, gehören zum Leid, das den Wehrmann auf der Landstraße bedrückt, und zum Stolz, der ihn am Familientisch erfüllt.

Es war wieder einmal so weit, dass der Kommandant der Kompanie am Abend beim Hauptverlesen einen 50-Kilometer-Nachtmarsch ankündigte, der, wie man weiß, mit dem Alarm irgendwann nach dem Zubettgehen seinen Anfang nimmt. Der Kommandant hatte mit eindringlichen Worten seine Rekruten zu vollem Einsatz, zu männlichem Durchstehvermögen und militärischem »Auf-die-Zähne-Beißen« aufgefordert. Jeder, auch der Letzte und Schwächste, müsse seinen Mann stehen und zeigen, was ein echter Infanterist sei. Kurz, die ganze Kompanie, vom Offizier bis zur Küchenmannschaft, werde mitmarschieren.

Nach dem metallhart geschrienen Befehl »Kompanie abtreten« schritt mein Vetter Hans zum Herrn Kommandanten und übergab ihm ein Schreiben, worin zu lesen stand, dass er nach Meinung des Doktors keine Fußmärsche machen sollte – der Platt- und Spreizfüße wegen. Der Herr Kommandant las und holte tief Luft. Dann prasselten laute und harte Worte auf den Vetter nieder. Es war von soldatischer Härte und von Drückebergerei die Rede. Gleich gesellte sich eine Schar neugieriger Kameraden zu dem Zwiegespräch, das ausschließlich der Kommandant führte. »Der langen Worte kurzer Sinn« des mächtigen Kommandanten war: Er wollte, dass jeder seinen Marschbefehl ausführt. Doch gerade damit fühlte er sich gegenüber meinem Vetter Hans mit seinem Arztzeugnis machtlos.

Schließlich hielt er mit seiner Beschimpfung inne und blickte seinen »Plattfuß-Infanteristen« vernichtend an. Dieser wusste, was schwarz auf weiß geschrieben stand, und hatte dem nichts hinzuzufügen. Darum schaute er mit schweigender Teilnahme dem Toben des Vorgesetzten zu. Gerade das nahm dem Kommandanten die letzte Selbstbeherrschung. Jetzt sprach er unverhüllt das aus, wie er sich selber fühlte. Wutentbrannt schrie er: »Schauen Sie mich nicht so an, als wenn Sie sagen wollten: Sie hilfloser Wichtigtuer.«

Ob meines Vetters Augen so genaue Diagnosen stellen können, weiß ich nicht; sicher aber sind das genau die beiden Pole, zwischen denen der Herr Kommandant hin- und herpendelte: zwischen Wichtigtuerei und Hilflosigkeit.

Der Dialog des Kommandanten war in Wahrheit nicht einmal ein Monolog, sondern nur ein Selbstgespräch.

Sie werden es richtig vermuten: Er warf meinem fußkranken Vetter Hans vor, ein hilfloser Wichtigtuer zu sein, was er heimlich von sich selbst dachte und fühlte.

Um diese wichtige Einsicht zu vertiefen, möchte ich wiederholen: Das Selbstgefühl des Egozentrikers spaltet sich in zwei gegensätzliche Pole. Beide sind wie bei einem Magneten genau gleich stark. Der eine Pol entspricht dem Ich-Gefühl, das man von sich hat und auch bewusst darstellen will. Beim Kommandanten waren es die soldatische Selbstdisziplin und der ehrgeizige Selbstzwang. Der andere Pol, der heimliche Gegenpol, ist bei ihm die Angst, diesem überhöhten Anspruch nicht gewachsen zu sein. Das bewirkt die Selbstflucht, das Ausweichen, das Sich-der-Leistung-Entziehen. Aber dieses Bedürfnis bekämpft er. Darum bleibt der Gegenpol meist unbewusst. Er darf nicht wahr sein, darum verleugnet er ihn.

Der Egozentriker ist von dem, was er bei sich verleugnet oder dauernd an sich bekämpft, so stark befangen, dass er genau dasselbe auch vom anderen denkt. Damit unterstellt er dem anderen, er sei so, wie er sich selbst auf keinen Fall sehen möchte. Darum bildet er sich ein, der andere sei das genaue Gegenteil von ihm. Das ist der Grund, warum Egozentriker nicht objektiv und sachlich urteilen. Sie werfen dem anderen genau das vor, was sie bei sich selbst verleugnen.

Es ist wichtig, in all den verschiedenartigen Fällen klar zu erkennen:

1. Der Egozentriker projiziert immer diejenige Eigenschaft, von der er findet, dass sie zu ihm selbst nicht passt, auf einen anderen.
2. Weil sie zu seinem Ich-Bild im Widerspruch steht, darum verleugnet er sie nicht nur, sondern sie darf ihm auch nicht bewusst werden.

Ich habe mir aus diesen Gründen eine einfache Regel angewöhnt, die ich Ihnen gerne zum Überdenken gebe. Wenn jemand ein offensichtlich falsches, unsachliches, übertriebenes Urteil über einen anderen abgibt, beispielsweise »Der ist doch ein Geizhals« oder »Der ist ein großer Angeber« oder »Dem kann man überhaupt nicht trauen« usw., dann vermute ich, dass diese egozentrische Beurteilung gerade die Eigenschaft beschreibt, die er selbst besitzt, aber vor sich verleugnet. Darum ergänze ich all diese Aussagen mit den drei Wörtern »wie ich selbst«. Dann lautet die vollständige Information: »Der ist ein Geizhals wie ich selbst« oder »Der ist ein großer Angeber wie ich selbst« oder »Dem kann man überhaupt nicht trauen wie mir selbst« usw.

Nicht nur die übertriebenen Aussagen, sondern auch die unangemessenen Verhaltensweisen sind egozentrisch begründet. Sie haben darum ihren heimlichen, verleugneten Gegenpol. Nicht selten treffen wir auf autoritäre Menschen, die sich aggressiv oder arrogant überheblich verhalten – manche Eltern gegenüber ihren Kindern, manche Vorgesetzte gegenüber ihren Mitarbeitern oder manche gegenüber ihrem Ehepartner. Sie machen dem anderen gerne Vorwürfe.

Weil das autoritäre Verhalten so häufig vorkommt, lohnt es sich, dass wir es autoregulationspsychologisch zu verstehen lernen. Die Frage, die wir dabei lösen müssen, heißt immer: Was ist der verborgene Gegenpol zu dem auffällig autoritären, anmaßend selbstherrlichen Verhalten? Was will der autoritäre Egozentriker in sich bekämpfen? Was verleugnet er, weil es seinem Ich-Bild widerspricht?

Geben Sie sich die Antwort selbst, bevor Sie weiterlesen... Der Autoritäre hat Angst vor seiner Beeinflussbarkeit. Gegen seine Beeinflussbarkeit und eigene Abhängigkeit will er sich mit autoritärer Härte behaupten. Darum, nur darum verhält er sich autoritär und aggressiv oder arrogant.

Solange wir uns innerlich frei und selbständig fühlen, können wir Anregungen aufnehmen. Wir können frei entscheiden, ob wir sie bejahen oder verneinen wollen. Das ist beim autoritären Egozentriker anders. Ihm geht es nicht um ein sachlich-objektives Urteil. Ihm geht es um die Verteidigung seines Ich-Bildes. Darum fühlt er sich durch die Meinung der anderen und in jeder Situation, in der es nicht nach seinem Kopf geht, bedroht. Weil Beeinflussbarkeit dem autoritären Ich-Bild widerspricht, wird sie bei sich verleugnet und dem anderen als Rolle aufgezwungen, der dann diejenige des Beeinflussbaren, Unterwürfigen übernehmen muss. Wenn dieser sich dagegen nicht wehren kann, wird er zum Anpasser. Ein Autoritärer und ein Anpasser bilden eine Partnerbeziehung. Man kann sie bei Ehepaaren, bei Geschwistern, in vielen Zweierbeziehungen unter »Freunden« und in Anstellungsverhältnissen beobachten.

Dadurch, dass der Anpasser mitspielt, fällt es dem Autoritären leichter, den egozentrischen Ausgleich zu finden. Wer sich aus Profitsucht, aus Sex-, Geld- oder Prestigevorteilen in den Teufelskreis der angepassten Abhängigkeit einbeziehen lässt, geht daran zugrunde. Wer sich dem Profit zuliebe selbst abhängig macht und wer zum Beispiel als Erzieher, als Vorgesetzter oder als Ehepartner einen anderen durch autoritäres Verhalten abhängig macht, treibt nach den Worten des großen Weisen *Krishnamurti* »Korruption«, denn er zerstört die Selbstachtung.

Die echte Selbstachtung gehört zu den normalen Selbstgefühlen. Sie werden, wie wir bereits festgestellt haben, »demjenigen, der sie besitzt, nicht bewusst«.

Darum fällt auf, dass Menschen, die über Ihre Selbstachtung sprechen, meist nur ihr stolzes Ich-Bild meinen. Das erinnert mich an jene vierzigjährige repräsentative Sekretärin, die sich in ihrem Stolz verletzt fühlte, weil ihr Chef sie offensichtlich anlog.

Sie erwog deswegen, ihre in jeder Hinsicht privilegierte Stelle zu kündigen.

Ich erkundigte mich, worin die Lügen bestehen. Sie nannte mir das jüngste Beispiel: »Gestern Nachmittag sagte der Chef, er gehe nach Hause, damit er dort ungestört an den schwierigen Vorbereitungen für die Generalversammlung arbeiten könne. Er wünsche deshalb auch keine Telefonanrufe. Ich musste aber feststellen, dass er mich angelogen hatte, denn in Wirklichkeit ist er zuerst Tennis spielen und nachher schwimmen gegangen.«

Trifft auch hier die Behauptung zu, dass Probleme und Konflikte solche Situationen sind, die wir nicht im Zusammenhang und nicht als Ergänzung verstehen? Dass sich Sadist und Masochist, der Autoritäre und der Anpasser ergänzen, ist offensichtlich. Wo aber besteht die Ergänzung bei dem lügnerischen Chef?

In ihm selbst. Er lügt seinetwegen: Weil er den unangenehmen Vorbereitungen für die Generalversammlung ausweichen will, geht er Tennis spielen und schwimmen. Er tut es als Selbstflucht. Darum lügt er.

Die Sekretärin hat die Lüge aber auf sich bezogen und fühlt sich deswegen beleidigt. Das ist ihre eigene egozentrisch falsche Sicht.

In Wirklichkeit will der Chef seine beschämende Selbstflucht verleugnen, weil sie zu seinem ehrgeizigen Selbstzwang in Widerspruch steht. Er lügt um seiner selbst willen.

Wenn wir Probleme egozentrieren, dann lösen wir sie nicht, sondern machen das Problem zu einem eigenen, persönlichen Konflikt. Alles, was unangemessen ist, eine Aggression, eine Demütigung, eine Schmeichelei oder eine Lüge, dürfen wir nicht egozentrisch auf uns beziehen. Wir müssen lernen, in solchen Situationen, wo wir uns betroffen, verärgert oder verletzt fühlen, unsere Sicht umzupolen. Umpolen bedeutet, dass wir das Problem nicht egozentrieren, sondern objektivieren. Das heißt, dass wir erkennen, dass es »des anderen Problem ist«, und dabei verstehen, wie er sich überbewertet und zugleich unterbewertet. Beide zusammen ergänzen sich und bilden den egozentrischen Ausgleich.

Wer seine egozentrische Sicht umpolen und objektivieren kann, ärgert sich nicht und ist nicht enttäuscht. Weil er die Situation sieht, wie sie wirklich ist, hat sich das Problem gelöst. Er ist vom Konflikt erlöst. Wer objektiv urteilt, verhält sich weise.

Schlimm hingegen ist es, wenn wir Probleme, statt sie umzupolen und zu objektivieren, immer stärker egozentrieren, wenn wir uns in unsere Ich-Gefühle verbohren und uns mit unseren Grübeleien im Kreise drehen.

Gedanken oder Äußerungen wie »So eine Gemeinheit«, »Das lass ich mir nicht bieten«, »Das hab ich nicht nötig«, »Dem werd ich's zeigen«, »Die werden Augen machen«, »Diese Idioten« sind Alarmsignale, die uns warnen sollten, dass wir uns bereits im egozentrischen Teufelskreis drehen.

Das geschieht, wenn wir nicht umpolen und nicht objektivieren, sondern jede Unaufmerksamkeit oder Misslaune eines anderen, das Regenwetter und die Tischkante, gegen die wir gestoßen sind, egozentrieren. Das geschieht, wenn wir alles mit Ich-mich-Gefühlen bewerten: »Das ewige Regenwetter geht mir auf die Nerven«, »Diese blöde Tischkante regt mich auf«,

»Wirklich, eine Zumutung, wie der mich behandelt«, »Dessen miese Laune macht mich langsam krank« oder »Ich Esel«, »Ich bin doch blöd«, oder wenn wir mit abwinkender Handbewegung unsere Geringschätzung ausdrücken, uns selbst dabei aber weit erhaben fühlen.

Es kann auch sein, dass der bewusste Pol unseres Ich-Bildes unterbewertet ist und uns deprimiert. Dann wird das Ich-Bild als Gefühl der Minderwertigkeit, der Bedeutungslosigkeit, der Selbstunsicherheit oder der eigenen Schwäche, Ohnmacht und Hilflosigkeit erlebt.

Wenn der Pol des bewussten Ich-Bildes so negativ ist, dann müssen wir den uneingestandenen, verleugneten und unbewussten Pol dazu finden.

Wer sich minderwertig und bedeutungslos fühlt, dessen Gegenpol ist ein übersteigertes Geltungsbedürfnis. Weil sein bewusstes Ich-Bild diesen überhöhten Geltungsanspruch nicht erfüllt, sucht er einen anderen, den er bewundern und idealisieren kann. Er schwärmt und verherrlicht denjenigen oder dasjenige, was er selbst gerne wäre. Deshalb ist es verständlich, dass junge Menschen, die sich für bedeutungslos halten, als enthusiastische Fans ihren Star haben, für den sie schwärmen.

Wer sein Idol, seinen Führer oder eine imponierende, charismatische Persönlichkeit gefunden hat oder solche »Übertragungen« auf seinen Psychotherapeuten macht, verfestigt damit den egozentrischen Ausgleich. Das ist der Grund, warum ideologische Idole eine solch beängstigende Gewalt haben – Geschichte und Gegenwart sind reich an solchen Beispielen.

Mit solchen überbewerteten oder unterbewerteten Ich-mich-Gefühlen drehen wir uns im egozentrischen Teufelskreis. Wir stecken im »fensterlosen Gefängnis« unserer Egozentrizität. Der Weg zum wirklichen Leben, zur echten Selbstverwirklichung, ist vermauert. Solche Menschen spüren, dass sie nie wirklich reif und erwachsen geworden sind. Sie hängen mit ihren Tagträumen den Illusionen nach. Sie meinen: »Das richtige Leben steht mir noch bevor, das bisherige kann es nicht gewesen sein.« Das sind die Worte, die mir eine der schönsten Frauen unter den beliebtesten Filmstars Deutschlands im Alter von 42 Jahren in einem sehr ehrlichen Gespräch gesagt hat.

Der Egozentriker reduziert das ganze Leben, die Mitmenschen, die Liebesbeziehung und Partnerschaft, den Beruf und die Interessen auf sein Rollenspiel mit einem anderen. Das hat er nötig, um wenigstens darin seinen egozentrischen Ausgleich zu finden.

Der Egozentriker verfolgt mit allem einen Zweck, der ihm nutzt. Das trifft zu, wenn er den anderen Menschen vor allem als Sexualpartner benutzt oder wenn er seinem Streben nach Profit dient oder wenn er andere nur benutzt, um in seinen Zielen voranzukommen, oder wenn das eigentliche Interesse am anderen nur darin besteht, von ihm bestätigt oder gar bewundert zu werden: »Wie hübsch du wieder aussiehst!«, »So gut wie du kann das keiner!« Das gilt aber auch, wenn er den anderen nur dazu benutzt, dass er ihn von der inneren Einsamkeit oder von der Langweiligkeit ablenken soll, so wie man ständig den Fernsehapparat laufen lässt oder die Boulevardzeitung durchstöbert. Wer bei sich selbst entdeckt, wie oft er sich nur aus einer Profithaltung für den anderen interessiert, der ahnt, wie viel Zeit seines Lebens er schon eingemauert in dem »fensterlosen Gefängnis« seiner Egozentrizität verbracht hat. Wer sich dieser Enge bewusst wird, wem seine Egozentrizität damit zu einer zutiefst erlebten Einsicht wird, den überkommt mit dieser Einsicht ein kaltes Schaudern. Er ahnt, dass er einen großen Teil seines Lebens seinem Ich-Bild geopfert hat, teils auf den verborgenen Wegen des Ehrgeizes und teils durch die Barrikaden der Gehemmtheit.

Wem die egozentrische Enge nicht bewusst wird, den packt sie unbewusst: als Unzufriedenheit, Depression oder Angst.

Die Angst kann sich tausendfach äußern, entweder als Angst

vor Enge, zum Beispiel in geschlossenen Räumen wie Kino, Lift, Tunnel, oder als Angst vor Weite und Verlorenheit, z. B. auf Straßen und Plätzen, beim Eintreten in ein Restaurant, beim Sprechen vor zu vielen Menschen, in unvertrauten Situationen, im Dunkeln, oder als Angst vor der Einsamkeit und vor dem Sterben. Jede dieser Ängste ist für den, der sie nicht erlebt hat, nur ein Wort, für den Betroffenen aber bedeutet sie die Welt, die er als tägliche Folter erlebt.

Die Ängste, die der egozentrische Teufelskreis auslöst, sind nicht nur vielfältig, sondern sie werden zudem bald bewusst als Angst erlebt, bald weniger bewusst als Depression empfunden. Sie können aber auch ganz unbewusst sein und sich als psychosomatische Störung (wie Kopf- oder Rückenschmerzen, Hals-, Magen-, Galle-, Darmbeschwerden, Schlafstörungen usw.) äußern oder zu Süchten wie zu viel rauchen, essen, trinken und Drogensucht führen.

Ängste und übersteigerte Ansprüche, Depressionen und Illusionen, psychosomatische Beschwerden und Ersatzhandlungen – sie alle sind eindeutige Merkmale eines egozentrischen Widerspruchs.

Die vier Wege zum harmonischen Gleichgewicht

Ängste und Depressionen sind Alarmzeichen. Sie melden, dass wir in einer egozentrischen Teufelsschlinge gefangen sind, aus der wir den Ausweg, den Weg zum harmonischen Gleichgewicht mit der Umwelt, finden müssen.

Umgekehrt sind Aufgeschlossenheit, Interessiertheit, Heiterkeit und Freude die Merkmale des harmonischen, umweltbezogenen Gleichgewichts.

Wer seine egozentrischen Bewertungen fallen lässt, wer umpolen kann und objektiviert, findet das harmonische Gleichgewicht mit der Welt.

Diese Umkehr aus der egozentrischen, ängstigenden Isoliertheit in die Vereinigung mit der Welt kann man als »religio«, als Wiedervereinigung oder als »Rückverbindung«, als Heil und Heilung oder als Harmonie bezeichnen.

Die Freude, die wir bei jeder Harmonie erleben, drücken wir mit alltäglichen Worten aus wie »schön«, »gut«, »richtig«, »stimmt«.

Wer in allen wichtigen Beziehungen, also in verschiedenen Lebensbereichen oder »Ebenen«, das harmonische Gleichgewicht findet, lebt in der Glückseligkeit, in demjenigen Himmel, der keine Illusion ist: im Himmel auf Erden.

Vier verschiedenartige Wege führen dazu, die Wirklichkeit als Harmoniegefüge zu erkennen. Mit jedem der vier Wege eröffnet sich uns ein anderer Lebensbereich. Vier Ideale sind Wegweiser zur Harmonie. Ich möchte Ihnen die vier Harmonie-Ideale erläutern.

1. Das Ideal der Wahrheit. Es führt zum logischen Sinn-Verständnis.

2. Das Ideal der Gerechtigkeit. Es führt zum ethischen Sinn-Verständnis.
3. Das Ideal der Schönheit. Es führt zum ästhetischen Sinn-Verständnis.
4. Das Ideal der Geschicklichkeit. Es führt zum praktischen Sinn-Verständnis.

Das logische Sinn-Verständnis

Pflanzen leben, ohne zu erleben. Tiere leben und erleben. Wir Menschen jedoch haben zusätzlich die Fähigkeit, logisch denken zu können.

Inwiefern führt uns das logische Denken zum harmonischen Sinnverständnis, zur Einsicht und Wahrheit?

Zunächst schützt es uns vor den Papageien-Wahrheiten. Papageien-Wahrheiten sind keine selbst erlebten Einsichten, sondern solche Meinungen, die der eine vom andern übernimmt, die er aber dennoch als Wahrheit verkündet – der Lehrer von seinem Lehrer, der Politiker von seiner Partei, der Theologe von einem konfessionellen Dogma.

Wahr ist, was wir so beurteilen, wie es wirklich ist: den roten Fleck am Hemdkragen als Blut und nicht fälschlich als Lippenstift. Aber genügt es, wenn wir etwas wahrnehmen (z. B.: Hier ist ein roter Fleck) und es mit dem richtigen Begriff benennen (z. B.: Das ist Blut)? Oder bedeutet Wahrheit, dass auch der logische Sinnzusammenhang stimmen muss?

Gewiss; darum wirken widersinnige, sich widersprechende Äußerungen im höchsten Maße irritierend.

Wie unwahr, wie widersprüchlich und irreführend ist doch eine Bemerkung wie: »Also, lieber Schatz, ich hab's nun endgültig satt.« Die zärtliche Anrede »Also, lieber Schatz« steht in keinem Sinnzusammenhang mit dem nachfolgenden empörten Vorwurf: »Ich hab's nun endgültig satt.«

Es lohnt sich, genau hinzuhören. Nicht selten stehen die Worte und der Tonfall, wie etwas gesagt wird, in einem auffallenden Widerspruch. »Also, lieber Schatz« kann so messerscharf zwischen den Zähnen hervorgepresst werden, dass diese zärtliche Anrede äußerst kratzbürstig klingt.

Auch zwischen den Worten und der Geste kann der Gegensatz so groß sein, dass kein Sinnzusammenhang mehr besteht.

Eindrücklich ist mir ein solcher Widerspruch zwischen den Worten und der Körperhaltung in Erinnerung geblieben, weil ich mich geärgert hatte. Aus dem Ausland hatte ich eine Freundin angerufen und gefragt, ob sie mich am Flughafen abholen werde. »Ja, gern, ich freue mich, dass du kommst«, war ihre Antwort. Als sie mich aus dem Flughafen kommen sah, blieb sie, mit verschränkten Armen an ihr Auto gelehnt, stehen. Der rechte Fuß kreuzte das Standbein und war abwartend auf die Zehenspitzen gestellt. Ich empfand diese Haltung als Ausdruck gelangweilter Gleichgültigkeit. Ich wäre nach der langen Reise gerne mit Freude und offenen Armen empfangen worden.

Ausgesprochen komisch wirken Wahrheiten, wenn sie nicht in den logischen Sinnzusammenhang passen.

Es klingt wie ein Witz, hat sich aber tatsächlich vor längerer Zeit in unserer Stadt bei der Rekrutenaushebung so zugetragen. Auf einer Wand war die Landkarte aufgemalt, aber die Städtenamen waren absichtlich weggelassen. Der Prüfungsoffizier zeigte auf den roten Punkt, der die Hauptstadt markierte, und fragte den ersten Mann in der vordersten Reihe: »Was ist das?«

Überzeugt, den Nagel auf den Kopf getroffen zu haben, verkündete der angehende Wehrmann: »Ölfarbe! Herr Hauptmann.« Alle schrien vor Lachen. Fortan, sein Leben lang, hieß er nun »der Ölfarb«.

Aber warum war diese Wahrheit zum Lachen? Weil jeder erwartete, dass »Ölfarb« den Namen der Hauptstadt nennt. Seine an sich richtige Feststellung »Ölfarbe« hingegen entsprach dem allgemein erwarteten Sinn-Zusammenhang nicht.

Auch Galileis Wahrheit passte nicht in den Sinn-Zusammenhang, denn damals galt die Erde als Mittelpunkt der göttlichen Schöpfung. Seine Wahrheit widersprach dem Sinn-Zusammenhang des damaligen Glaubens.

Wie oft erkennen wir einen bestimmten Sinn-Zusammenhang und zögern, diese Wahrheit auszusprechen. Wir wissen, dass wir uns damit der Feindschaft und Aggression des anderen aussetzen.

Gerade umgekehrt sprechen manche Menschen Halbwahrheiten aus, um die sinn-gemäße Wahrheit zu verbergen.

Wer seiner Frau sagt, er sei am Abend im Café gewesen, ihr aber verschweigt, dass er anschließend mit einer andern ins Bett ging, benützt die dem Sinn-Zusammenhang widersprechende Halbwahrheit, um zu lügen. Diese Halbwahrheiten können auch als Waffe zur Verteidigung oder zur Selbstbehauptung benützt werden.

Diese Taktik hat jenes bildhübsche zwanzigjährige Fotomodell angewandt, das von ihrem Mann und mir am Bahnhof abgeholt wurde. Kurz nach der Begrüßung eröffnete sie ihm: »Übrigens habe ich gestern mit Fritz geschlafen. Er hat mich gut bezahlt.« Darauf der Ehemann: »Du weißt doch, dass ich das nicht gern habe.« Selbstbewusst und schroff gab sie zurück: »Du sagst, ich soll dir die Wahrheit sagen. Wenn du sie hörst, fängst du an zu meckern. Also, willst du, dass ich die Wahrheit sage? Ja oder nein?«

Etwas verwirrt gab der Mann klein bei: »Ja, doch, natürlich.« Dann schwieg er. Er spürte es wohl, konnte aber nicht begründen, weshalb diese freche Halbwahrheit dem Sinn-Zusammenhang einer Ehe widerspricht.

Wahrheit ist nicht bloß das Feststellen einer Tatsache: »Das ist Ölfarbe« oder »Ich habe mit Fritz geschlafen«. Mit dem, was wir als Wahrheit sagen, wollen wir auch einen Sinn-Zusammenhang erklären.

Wahrheit ist nur dann Wegweiser zur Harmonie, wenn sie dem logischen Sinn-Verständnis dient und wenn sie mit dem Willen zur Wahrhaftigkeit übereinstimmt.

Das ethische Sinn-Verständnis

Das Streben nach Harmonie äußert sich auch als Wille, mit gutem Gewissen zu handeln. Dieser ethische Wille enthält eine Forderung gegenüber sich selbst und zugleich gegenüber anderen. Gegenüber sich selbst ist es die moralische Forderung der Selbstachtung. Gegenüber anderen ist es die soziale Forderung der »Anständigkeit« und Gerechtigkeit.

Sittlich gut ist eine Handlung, die ein harmonisches Gleichgewicht anstrebt zwischen dem eigenen Anspruch und dem Anspruch des anderen. Dieses harmonische Gleichgewicht empfinden wir als Gerechtigkeit. Dementsprechend hält die Justitia die Waage mit den zwei Waagschalen in der Hand.

Das »Böse«

Ist die Beziehung des einen zum anderen wahr und gut, dann ist sie harmonisch und sinnvoll. Will einer aber das, was nur unter bestimmten Umständen oder nur aus seiner Sicht wahr und gut ist, zur allgemeingültigen Wahrheit erheben, die für jeden und in jeder Situation gelten soll, dann macht er seine beschränkte Ansicht der Wahrheit zur Ideologie; damit schlägt die Wahrheit in die Unwahrheit und das Gute ins Böse um.

Beschenken wir einen Hilfsbedürftigen, tun wir etwas Gutes. Findet aber an Weihnachten unter Geschäftsfreunden ein Tauschhandel mit Geschenken statt, dann geht's meist nicht darum, etwas Gutes zu tun oder wirklich Freude zu bereiten, sondern sich damit beliebt zu machen.

Zur bösen Tat hingegen wird das Schenken, wenn man sich nicht nur beliebt machen will, sondern den anderen verwöhnt, um ihn an sich zu binden. Dann trifft zu, was mein Pädagogiklehrer sagte: »Verwöhnung ist ein Verbrechen.«

Das habe ich kürzlich beim Sohn eines Freundes erlebt. Der früher aufgeschlossene, hilfsbereite junge Mann hat sich in den letzten zwei Jahren, seit er volljährig ist, völlig verändert. Er ist einerseits unfreundlich und geradezu arrogant, andererseits ist die Kehrseite, die Unsicherheit und Gehemmtheit, ebenfalls auffällig.

Vom Vater erfuhr ich die Hintergründe.

Die reiche Großmutter, die allein lebt, weil sich ihr Mann von ihr getrennt hat und schon seit zwanzig Jahren bei seiner Freundin wohnt, verwöhnt ihren Enkel mit Geschenken, um ihn an sich zu binden. Zunächst kaufte sie ihm ein Motorrad, mit dem er sich schon in der ersten Woche einen Schädelbasisbruch zuzog. Dann erhielt er, wieder gegen den Willen des Vaters, einen rasanten Sportwagen. Als der junge Mann auf die Idee kam, mit Gold- und Aktienspekulationen leicht und rasch viel Geld verdienen zu können, stellte ihm die Großmutter ein beträchtliches Vermögen zur Verfügung. Davon hatte er bald die Hälfte verloren. Diese egoistische Verwöhnungstaktik der Großmutter, die angeblich »nur das Beste für den Enkel will«, widerspricht dem ethischen Sinnverständnis. Sie zerstört den Charakter ihres Günstlings.

Hilft man aus Verantwortung und schenkt man, um Freude zu bereiten, dann ist das Geben ein Sich-Hingeben, dann entsteht Harmonie aus dem ethischen Sinnverständnis.

»Ölfarb«, der reine Tor, hat bei einer anderen stadtbekannten Geschichte bewiesen, dass für ihn die ethischen Ideale der Selbstachtung und der Gerechtigkeit weit höher stehen als das egoistische Profitstreben.

Die reiche Weinhändlerwitwe M. hatte in der Altstadt ein vier Stockwerke hohes Haus. Unten war ihre Weinhandlung. In den oberen Stockwerken lebte sie in kostbaren antiken Möbeln und teuren Perserteppichen.

Ihr Weinhandel war einträglich. Sie selbst aber fand, dass sie meist ausgenützt oder betrogen werde, wenn sie selbst etwas zahlen musste.

Als vor ihrem Haus das Kaminholz für den Winter abgeladen wurde, schlenderte gerade »Ölfarb« vorbei und schaute dem Treiben interessiert zu. Er schmauchte seine Tabakspfeife und hatte beide Hände in den Hosentaschen vergraben.

»Habt Ihr Zeit, Ölfarb? Wollt Ihr was verdienen?«, fragte ihn Frau M.

»Ja, brauchen könnt ich's schon. Aber das ist ja ein Riesenhaufen und alles auf den Dachboden soll's?

»Ich zahle Euch gut. Aber am Mittag muss es oben sein. Also, wollt Ihr oder wollt Ihr nicht?«

Ölfarb schleppte das Holz in stundenlanger Mühe vier Stockwerke hoch auf den Dachboden. Durstig und verschwitzt ging er anschließend ins Weingeschäft zu Frau M., die wie üblich bei der Kasse stand. »So, 's ist alles oben, aber ein zweites Mal mach ich das nicht mehr.«

»Gut, Ölfarb, nehmt das, Ihr habt es redlich verdient.«

Damit drückte sie ihm ein paar Münzen in die Hand. Ölfarb bedankte sich und trat aus der Weinhandlung. Dann schaute er sich noch mal die paar Münzen an und dachte an die Mühe, die er mit dem Holztragen gehabt hatte. Verärgert schüttelte er den Kopf. Sein Entschluss war gefallen: »Nein, für diesen lächerlichen Lohn trägt der Ölfarb nicht all das Holz vier Stockwerke hoch. Nein, das nicht mit mir.« Ölfarb stieg auf den Dachboden und beförderte Bündel für Bündel wieder hinab auf die Straße. Darauf ging er zu Frau M. an die Ladenkasse. Er gab der verdutzten Krämersfrau das Geld zurück.

Ölfarb tat, was seine Selbstachtung erforderte. Er machte das ungerechte Geschäft rückgängig, den schäbigen Lohn gab er, um gerecht zu handeln, wieder zurück.

Ölfarb weiß, was Selbstachtung und Gerechtigkeit für ihn bedeuten. Er braucht dafür kein moralisches Treppengeländer. Er benötigt dazu keine Anweisungen: »Du sollst...«; »Du sollst nicht...«

Das Ideal der Harmonie in der Beziehung zum anderen ist immer und in jedem Menschen als Wegweiser vorhanden. Er wird aber meist mit so vielen Gebot- und Verbottafeln (»Es ist Sünde, wenn...«, »So etwas tut man nicht...«) überdeckt, dass vor lauter Ideologien das echte Ideal, die Harmonie mit dem anderen, nicht mehr gesehen wird.

Wer maßt sich an, uns zu sagen, worüber wir uns zu schämen haben und was Sünde ist?

Als ich etwa vier bis fünf Jahre alt war und zuweilen verspätet von dem sehr weiten Weg aus der Kleinkinderschule nach Hause kam, bestrafte mich die Mutter, indem sie mich in den Keller sperrte. Ich erinnere mich noch genau, wie sie dabei jedes Mal sagte: »Du sollst dich schämen.« Ich verstand nicht, was ich tun sollte. Heute weiß ich, dass man ein schlechtes Gewissen, Scham und Schuld nur fühlen kann, wenn man gegen die eigene Überzeugung gehandelt hat.

Als ich zum ersten Mal in Rom den Petersdom besichtigte, erhielten dort Frauen, die nackte Unterarme hatten, weiße Ärmel zum Überstülpen. Mit nackten Unterarmen in dieser Kirche zu sein galt offenbar als schamlos. Es hätte sich wohl kaum eine dieser Frauen deswegen geschämt, denn wirklich schämen kann man sich nur, wenn man gegen seine Überzeugung handelt, also etwas Unrechtes tut und sich deshalb selbst verachtet.

Was für eine explosive sexuelle Phantasie muss einer haben, der sich von nackten Unterarmen derart erregen lässt, dass er sich deswegen zu schämen braucht.

Mag diese Prüderie zum Teil nur Zeremonie sein, so zeigt sie doch, wie sehr sich Menschen zu unechten Schamgefühlen gegenüber dem Körper und der Sexualität dressieren lassen.

Das ästhetische Sinn-Verständnis

Das griechische Wort aisthesis heißt Empfindung. Als ästhetisch pflegen wir all das zu bezeichnen, was wir mit unseren Sinnen als harmonische Gestalt empfinden. Das kann für eine Landschaft, für einen Menschen, für eine Bewegung oder für eine Melodie gelten. Aber auch der Geschmack auf der Zunge oder der Duft eines Parfüms sagt uns, ob das Aroma eine harmonisch gestaltete Köstlichkeit ist.

Der ästhetischen Harmonie hat man im antiken Griechenland, im Mittelalter, in der Renaissance und Neuzeit bis zum Anfang unseres Jahrhunderts große Bedeutung beigemessen. Die Ästhetik war in der Architektur, in der Kleidung, bei den Essgewohnheiten, im Alltag und in der Kunst ein wegweisendes Ideal.

Heute wird dieses Ideal als Vorgaukelung einer »heilen Welt« vielfach, ja selbst von »Kultur-Schaffenden« abgelehnt. Diese sind sich allerdings nicht bewusst, dass es eine »heile Welt« nie gegeben hat, sondern dass sie seit eh und je nur das war, was sie auch künftig bleiben wird: ein wegweisendes Ideal.

Wohin führt es, wenn wir das ästhetische Ideal verleugnen und der »heilen Welt« eine alternative Kultur entgegenstellen? Wer ist es, der noch als Erwachsener in Bluejeans, in graugrünem Pullover und mit struppigem Haar einen Teller Pommes frites mit Ketchup und einen Hamburger vertilgt? Ein Alternativer? Nein, ein alter Naiver, der nicht begriffen hat, dass uns das Leben auch in all den ästhetischen Bereichen nur so viel sinnvolle Freuden bietet, wie wir selbst dazu beitragen.

Als junger Student hatte ich das Glück, bei einem Philosophen, Hugo Markus, über längere Zeit Privatunterricht nehmen zu dürfen. Er hatte sich durch seine Schriften über Ästhetik die Anerkennung von Thomas Mann, des Dirigenten Bruno Walter und anderer Größen jener Zeit erworben.

Er lebte als Emigrant in einem einfachen Zimmer. Auf der

Kommode stand das Waschbecken und darin der Wasserkrug. Als ich ihm zum Ästhetikunterricht einmal einen farbenfroh zusammengestellten Blumenstrauß mitbrachte, sagte er: »Sehr liebenswürdig!«, packte ihn an den grünen Stengeln, versenkte ihn im Waschkrug und fragte: »Wo sind wir das letzte Mal stehen geblieben?«

Eine Illusion brach in mir zusammen. Dieser Mann, der so kluge Theorien über Ästhetik verfasst hatte, war selbst kein Ästhet. Die eigene Sinnesempfindung, die Lust der Sinnesfreude, sagte diesem hageren Denker nichts. Er hatte nur Lust am Denken.

Was technisch und zweckmäßig ist, was rationell und nützlich ist, was wirtschaftlich und einträglich ist, gilt als wertvoll.

Was hingegen zwecklos, nicht nützlich, nicht rationell und nicht einträglich ist, gilt als wertlos.

Wer so denkt, entwertet die Freude, die Gefühle, die Sinnesempfindungen, die Erotik und das zwecklose Spiel als sinnvolle Lebenshaltung. Dabei kann er zwar ein erfolgreiches Leben führen, aber es wird dennoch ein freudloses, armseliges sein.

Wie können wir in unserem eigenen Leben dagegen ansteuern? Nicht durch Denken, sondern durch Aufmerksamkeit und Empfinden, durch die Wahrnehmung unserer Sinnesempfindungen, durch das ästhetische Wahrnehmen und Erleben der Welt.

Tiere, besonders Hunde, sind bewundernswerte Lehrmeister der Aufmerksamkeit. Weil sie nicht wie wir vom Denken, von Vorstellungen, Einbildungen und Vorurteilen befangen sind, erleben sie die wirkliche Gegenwart so unmittelbar und echt, dass es uns oft als unbegreifliches Wunder erscheinen mag.

Als ich früher mit meinem Vetter Hans L., dem Plattfuß-Infanteristen, oft musizierte, lag sein Schäferhund daneben, meist schlafend auf dem Boden hingestreckt. Wenn ich dann nach einer gemütlichen Unterhaltung fand, dass es Zeit für den Heimweg sei, leitete ich den Abschied mit dem entscheidungsträchtigen Wörtchen »so« ein: »So, ich geh jetzt nach Hause.« In der Sekunde sprang der Schäferhund wie eine losschnellende Feder auf und stand an der Tür. Er wusste, dass jetzt der Augenblick gekommen war, da er seine letzte Schnupper- und Pinkeltour ums Haus herum machen durfte, bevor er, widerwillig und scheinbar schwerhörig, dem Zurückpfeifen gehorchen musste.

Die blitzartige Reaktion des schlafenden Hundes überraschte mich. Ich blieb sitzen und wollte das Spiel wiederholen. Der Hund schaute mich gelangweilt an und legte sich wieder hin.

Nach ein paar Minuten verkündete ich mit all meiner Überzeugungskraft: »So, ich geh jetzt nach Hause.« Der Hund rührte sich nicht. Nun gut, vielleicht klang es wirklich nicht echt genug. Ich wusste ja, dass uns ein »dummer Hund« in Bezug auf Menschenkenntnis oft überlegen ist. Nach weiteren fünf Minuten atmete ich tief durch, entspannte mich kurz mit dem autogenen Training, dann versenkte ich mich in die Vorstellung, dass es jetzt endlich Zeit sei, nach Hause zu gehen. Als ich davon zutiefst überzeugt war, dass ich jetzt wirklich gehen müsse, sagte ich: »So, ich geh jetzt nach Hause.« Das »dumme« Vieh blieb liegen und rührte kein Haar. Dabei sah ich, dass er wach war und mich offenbar völlig ignorierte. Ich erörterte das Thema lang und breit mit meinem Vetter. Da wir beide keine Hunde waren und deshalb auch zu keiner tierpsychologisch überzeugenden Einsicht kamen, fand ich schließlich: »So, ich geh jetzt nach Hause.«

Die Feder ging los und der Hund stand an der Tür.

Aufmerksamkeit, eine umfassende, untrügliche Aufmerksamkeit war das, was mich der Schäferhund an jenem Abend lehrte.

Mit seinen Sinnen kann ein Tier mit geradezu telepathischen Fähigkeiten die Wirklichkeit erfassen. Aber warum haben wir nicht die Aufmerksamkeit und die gleiche intelligente Wahrnehmung wie Tiere?

Weil uns die menschliche Intelligenz des Denkens in die Quere kommt.

Blitzschnell haben wir ein Wort, einen Begriff aus unserem Denkmagazin geholt und wir »wissen schon«. »Das ist ja nichts als…«, »Das kenne ich ja schon…«, mit diesen Vorurteilen stumpfen wir die Sinnesempfindungen ab. Mit dem bewertenden Denken verschließen wir das Tor zur Wirklichkeit. Wir machen uns zum ästhetischen Trottel.

Ich bin immer tief beeindruckt, wenn ein knallharter Manager, der selbst den Geschlechtsakt nach dem Leistungsprinzip vollzieht, bei einem Geschäftsessen den entkorkten Wein zu kosten hat.

Um sich als Weinexperte auszuweisen, betrachtet und begutachtet er zuerst die Farbe, dann schwenkt er das Glas und riecht die Blume des Weines. Dann schmeckt, kostet, gurgelt und kaut er den ersten Schluck. Nach langem Prüfen und bedachtsamem Kopfwiegen folgt ein gönnerhaftes Nicken: »Doch, der Wein ist recht.«

Alle Achtung vor solch hoch kultivierter Geschmacksästhetik. Welch bewundernswerte Hingabe an die ästhetische Sinnesempfindung.

Doch welch ein Sinneswandel, wenn der ganze Rest des Weines während des Gesprächs über neue Werbestrategien und die mittelfristige Umsatzsteigerung wie Wasser hinuntergespült wird.

Die echte Sinnlichkeit erfordert volle Hingabe und Konzentration. Sie verlangt eine wache Aufmerksamkeit für die Körperempfindungen und die Bereitschaft zum Verweilen. Wer in Hast isst, wer sich nur schnell ernährt, wer daneben Zeitung liest oder Geschäftsgespräche führt, ist ein Sinnesmuffel.

Er missachtet den ästhetischen Sinn seines Lebens. Vor lauter Profitstreben, vor lauter Nützlichkeits- und Zweckdenken wird der Sinnesgenuss abgewertet. Weil die Sinnlichkeit dem Leistungsehrgeiz nichts nützt, wird sie als minderwertig taxiert.

Hier aber stimmt die Rechnung nicht. Wer das Gleichgewicht zwischen Leistung und Sinnlichkeit nicht findet, kommt zu kurz.

Wer nur isst, um den Hunger zu stillen, wer nur Sex treibt, um sich abzureagieren, wer nicht verweilt und mit allen Sinnen erlebt, der kommt zu kurz. Geld, Besitz und Ruhm können das ästhetische, sinnenfreudige Leben nicht ersetzen. Wie kommt es, dass die Sinnlichkeit von so vielen Menschen abgewertet wird, in einem Maß, wie es in anderen Zeiten und anderen Kulturen nicht der Fall war?

Religiöse und staatliche Institutionen profitieren vom Leistungsstreben und vom Pflichtgefühl des Bürgers, nicht aber von seiner ästhetischen Sinnlichkeit.

Die Kirche hat die Selbstbefriedigung und die sexuellen Beziehungen außerhalb der Ehe zur Sünde erklärt. Sie hat sogar den Sexualverkehr moralisch verurteilt, sofern nicht die Absicht besteht, ein Kind zu zeugen.

Nicht jeder hat den Mut, solchen anmaßenden Behauptungen mit seinem gesunden Menschenverstand entgegenzutreten. Nicht jeder durchschaut diese moralistischen Gebote als das, was sie sind: ein Mittel, um bei den Gläubigen Frustrationen, Gewissensbisse und Ängste zu erzeugen; denn mit Angst kann man alle Lebewesen manipulieren. Jene Menschen jedoch, deren Angst vor dem Tode angeheizt wurde mit der Erdichtung des »Jüngsten Gerichts« und der Höllenqualen, spenden für das Traumbild des Himmels jeden Preis, die Märtyrer zahlen sogar mit ihrem Leben.

Seit Generationen sind den Menschen im frühen, geistig noch wehrlosen Kindesalter Scham- und Schuldgefühle gegenüber sexuellen Körperempfindungen eingeredet worden. Darum ist es schwer, sich von diesem Wahn zu befreien.

Wenn auch Sie glauben, sexuelle Lustempfindungen und die körperliche Sinnlichkeit hätten etwas mit Moral zu tun, dann wird es Sie überraschen zu hören, dass alle Arten von Sinnesempfindungen, z. B. das Hören von Musik, das Betrachten eines Gegenstandes, der Duft in der Nase, der Geschmack auf der Zunge oder die sexuelle Körperempfindung ausschließlich der Ästhetik angehören und mit Ethik nichts zu tun haben.

Natürlich kann alles auch mit unmoralischem Tun verknüpft sein. Wenn jemand das Essen vergiftet oder sexuell gewalttätig ist, handelt er unmoralisch. Aber nicht das Essen, sondern das Gift und nicht die Sexualität, sondern die Gewalt sind moralisch verwerflich.

Freud hat die Sexualität ins Zentrum seiner Psychologie gestellt. Dahin gehört sie nicht.

Er hat aber, wie später Kinsey, Masters und andere, versucht, dem moralistischen Standpunkt der Kirche einen sachlichen, naturwissenschaftlichen gegenüberzustellen. Das ist zwar – wie auch die Pornographie – eine antimoralistische Einstellung zur Sexualität, aber noch keine echte Emanzipation. Diese vollzieht erst, wer die Sexualität als Sinnesempfindung versteht, die wir als ästhetische Sinn-Erfüllung zu kultivieren, zu vertiefen und zu verfeinern haben.

Da uns der sexuelle Moralismus eingeimpft worden ist, hat er selbst für aufgeschlossene und konfessionell ungebundene Menschen immer noch schwerwiegende Folgen. Er beeinträchtigt die offene, emotionale Kommunikation.

Olga, eine Russin, die schon lange in Paris lebt und mir in russisch gefärbtem Französisch die köstlichsten Geschichten erzählt, begann wie immer: »Also, stell dir vor … Ich kenne Pierre und Marianne schon lange. Ein entzückendes Paar. Wirklich beide. Und sie hängen aneinander. Aber du kannst dir nicht vorstellen, ich sitze im Odéon und, weißt du, da sind die Rückwände der Lederbänke sehr hoch, da kann man nicht hinübersehen. Und plötzlich kommt mir die Stimme hinter mir bekannt vor. Ich höre hin. Es ist Marianne. Sie spricht mit einer

Freundin über Pierre und über einen anderen Mann. Also weißt du, so was Verrücktes. Ich musste hinhören. Sie schwärmte von einem Jean, wie er sie nimmt und das bei jeder Gelegenheit. ›Nein, nein, ich liebe Pierre, aber Jean macht mich ganz verrückt‹, sagte Marianne zu ihrer Freundin.«

Olga war es peinlich. Sie hat sich unbemerkt davongemacht.

Unter dem Vorwand, ein Buch zurückzubringen, hatte sie bald Pierre aufgesucht. Er war allein. Marianne sei gerade ausgegangen. »Sonst seid ihr doch immer zusammen weggegangen«, sagte Olga. »Seid ihr nicht mehr das glückliche, verliebte Paar?«

»Doch, doch natürlich, was denkst du!«, protestierte Pierre. »Aber, um ganz offen zu sein, ich habe schon nebenbei eine kleine Freundin. Weißt du, Olga, Marianne ist wirklich die ideale Frau für mich, aber Sex ist ihr nicht so wichtig. Da bin ich ein bisschen anders. Ich bin eben in dieser Beziehung spontaner und tue halt, was mir gerade einfällt.«

Olga verschwieg, was sie über Marianne wusste, sagte aber: »Mach's doch auch so mit Marianne. Wenn ich als Frau Marianne richtig sehe, dann ist es genau das, was sich Marianne auch wünscht.«

Wenige Tage danach rief Pierre an: »Du, Olga, du bist wirklich ein Menschenkenner. Marianne und ich sind verliebt wie am ersten Tag.«

So konfliktlos wird die falsche Moral meist nicht überwunden. Eifersucht, Scheidung, Einsamkeit und Depressionen sind für viele die Folgen.

Dabei fällt mir eine Frau ein, die ich gerade jetzt in einer psychiatrischen Klinik traf. »Endogene Depression« lautete die Diagnose. Wenn sie richtig ist, müssten Stoffwechselstörungen die Ursache sein. Die psychologische Abklärung mit dem Farbtest zeigte zwar eine starke Depression, die aber eindeutig mit der sexuellen Ablehnung des Ehepartners zusammenhing. Als ich unumwunden aussprach, was ich dachte, löste es eine Flut von Tränen und Worten aus: »Seit Jahren liegt mein Mann neben mir im Bett. Er ist höflich und nett, aber rührt mich nicht an. Ich kann so nicht leben. Ich bin eine leidenschaftliche Frau. Ich wünschte mir, ich würde vergewaltigt. Vielleicht meine ich es wirklich ernst. Jedenfalls erregt es mich schon seit Jahren, wenn ich mir vorstelle, dass mich irgendein fremder Mann plötzlich nimmt.«

»Wie empfindet Ihr Mann eine solche Situation?«, wollte ich wissen.

»Um Gottes willen, so etwas sage ich ihm doch nicht«, entgegnete sie erschrocken. »Das habe ich überhaupt noch niemandem erzählt. Was würde mein Mann von mir denken, wenn er wüsste, was ich mir so ausmale.«

Ich weiß nicht, ob ich ihr früher als unerfahrener Psychotherapeut empfohlen hätte, ihre Sexualität mit einem anderen Mann auszuleben. Heute jedenfalls weiß ich, oft hat das Opfer selbst ein gewisses Maß an Mitschuld. Oft ist die Frau an der sexuellen Gleichgültigkeit oder Impotenz des Mannes mit beteiligt, ebenso wie bei der sexuellen Gehemmtheit oder Frigidität einer Frau der Mann eine wichtige Rolle spielt.

So war es auch bei diesem Ehepaar. Beide waren in Italien aufgewachsen. Sexualität war bei beiden von jung an heiß begehrt, wurde aber moralisch verurteilt und unterdrückt.

Die ersten Ehejahre waren sexuell stürmisch, aber gesprochen wurde kein Wort. Der Akt wurde vollzogen, um befriedigt zu sein. Es gab kein Verweilen und kein Auskosten der körperlichen Sinnesempfindungen, denn sie galten als unanständig. Dieses Ehepaar war in dieselbe Sackgasse geraten, in der die Sexualität der meisten endet.

Das kontrollierte, wortlose und ausdrucksarme sexuelle Verhalten, die moralische Gehemmtheit des einen Partners, selbst wenn sie nur noch im Hinterkopf steckt, hemmt den anderen. Dessen Hemmung wirkt zurück. Sie steckt die Grenzen ab, die sich nun keiner mehr zu durchbrechen getraut.

Weil man den anderen liebt, schätzt oder respektiert, hat man Angst, die vermeintlich unmoralischen Wünsche und Phantasien zu äußern und auszuleben.

Auch der scheinbar sexuell gleichgültige Ehegatte dieser depressiven Frau gab sich einer lebhaften Phantasiewelt mit Sexorgien hin, während er sich selbst befriedigte. Er genierte sich, seiner Frau auch nur die geringste Andeutung über seine sexuellen Wünsche zu machen. Er, aus Angst, von ihr verachtet zu werden, und sie, aus Angst, von ihm verachtet zu werden, blieben in ihrer moralischen Befangenheit stecken. Wie viele Generationen wird es noch brauchen, um sich vom konfessionellen Moralismus zu emanzipieren, um sich den sexuellen Körperempfindungen als Teil des ästhetischen Sinn-Verständnisses wirklich frei hingeben zu können?

Das praktische Sinn-Verständnis

Wenn man von einem Menschen sagt, dass er mit zwei linken Händen geboren sei, hält man ihn für ungeschickt. Für jede Art von Handwerk, vom Steinmetz bis zum Gehirnchirurgen, ist Geschicklichkeit erforderlich.

Das griechische Wort »praxein« heißt handeln, und »techne«, das unserem Begriff »Technik« zugrunde liegt, bedeutet die Geschicklichkeit oder Kunstfertigkeit des Handwerkers.

Ob wir einem Koch beim Zwiebelschneiden zusehen, ob wir die Hände eines Töpfers oder eines Klaviervirtuosen beobachten oder gar einem Zauberer auf die Finger sehen, immer wieder kann uns die Fingerfertigkeit von Menschen, die ihr Handwerk verstehen, in Erstaunen setzen. Was wir bewundern, ist ihre Technik. Sie zeugt von hohem Sinnesverständnis, das einer für das hat, womit er umgeht.

Einer der großen Pädagogen des 18. Jahrhunderts, der Schweizer Heinrich Pestalozzi, fand, dass »eine allseitige Entfaltung des Menschenwesens im lückenlosen, harmonischen Zusammenhang seiner Grundkräfte« nötig sei.

Viele Philosophen sind kopflastig. Darum sind ihre traditionellen Themen die Metaphysik, die Ethik, die Ästhetik und natürlich die Logik des Verstandes.

Pestalozzi aber lehrte, dass nicht nur Kopf und Herz, sondern auch die Hand in gleichem Maße zur Entfaltung gebracht werden soll.

Freilich geht es bei der technischen Geschicklichkeit nicht nur um die der Hand. Die Geschicklichkeit bezieht sich auf den ganzen Körper. Die Technik des Kunstturners oder der Balletttänzerin bewundern wir, weil sie ihren Körper vollkommen beherrschen.

Eine beispiellose Spitzenleistung an Körpertechnik sah ich vor langer Zeit in einem Zirkus. Es war die atemraubende Akrobatik eines neunjährigen Jungen. Er stellte drei gleich große Tischchen aufeinander und kletterte hinauf. Darauf türmte er drei gleich große Stühle. Auf den obersten stellte er einen Stab und auf diesen noch einen Stab. Dann schwang er sich hinauf und machte dort auf einer Hand den Handstand. Ich fühlte mich von der unerträglichen Nervenspannung erst erlöst, als er wieder auf dem obersten Stuhl stand.

Doch erst jetzt geschah das, was mir diesen jungen Akrobaten unvergesslich machte. Als er wieder auf dem obersten Stuhl stand und die beiden Stäbe nicht mehr brauchte, warf er sie nicht achtlos auf den Boden hinunter. Oben auf dem Stuhl legte er zuerst jeden Stab nieder, mit einer Behutsamkeit, als ob es gelte, die Stäbe wieder aufzubauen, um das halsbrecherische Kunststück vorzubereiten. Dann erst warf er sie wohlgezielt dem Gehilfen zu.

Eine unserer ersten Bemühungen als Kleinkind war es, eine virtuose Technik herauszufinden, wie wir auf zwei Beinen stehen und sogar gehen können, ohne das Gleichgewicht zu verlieren. Wer inzwischen vergessen hat, dass er damit eine besondere

Kunstfertigkeit besitzt, braucht nur ein paar Wochen krank im Bett gelegen zu haben. Will er einfach aufstehen und ein paar Schritte gehen, wird er gleich auf dem Boden liegen. Zuerst muss er wieder lernen, sich im Gleichgewicht zu halten.

Wir fordern uns immer mehr und immer größere technische Geschicklichkeit ab, wir lernen, ein Fahrrad zu beherrschen, Tennis zu spielen, Ski zu laufen und uns beim Tanzen in Harmonie mit dem Partner zu bewegen. Und immer erleben wir bei all diesem Üben genau das, was das Merkmal der Sinnerfüllung ist: die Freude an der harmonisch-rhythmischen Bewegung, an unserem virtuos-technischen, praktischen Können.

Meist bezeichnen wir dieses zweckfreie, aber sinnvolle Tun als Spiel. Auch aller Sport, selbst der Leistungssport, sollte zweckfreies Spiel sein. Immer geht es darum, die virtuose Technik, die Körperbeherrschung und Geschicklichkeit freudvoll zu erleben.

Selbst wenn man sich im Wettkampf mit dem anderen misst, dient es nur dem Ansporn und dem Training der Geschicklichkeit. Das dünkelhafte Rivalisieren ist darum unsportlich. Der professionelle und der vom Gruppen- und Nationalstolz gelenkte Sportbetrieb ist weitgehend dem sinnvollen Spiel entfremdet. Er ist industriell vermarktet, verzweckt und darum sinnwidrig.

In der östlichen Natur werden jahrelang Kampfspiele wie Judo, Karate, Schattenboxen, Bogenschießen, Schwertfechten geübt, nicht um den anderen, sondern um sich selbst zu meistern.

Eugen Herrigel beschreibt in »Zen in der Kunst des Bogenschießens«, wie er jahrelang üben musste, nur um den Bogen richtig anzusetzen und zu spannen. Aber die Reife, den Pfeil abschießen zu dürfen, hatte er immer noch nicht erlangt. Als er nach Jahren wieder einmal entmutigt fragte, wie man denn zielen und treffen lerne, führte ihn der Meister in die Schießanlage.

Der Meister schoss den ersten Pfeil ins Zentrum der Scheibe. Der zweite Pfeil traf den ersten.

So wie wir als Kleinkind das Gehen mühevoll lernen müssen, so lange, bis es uns in Fleisch und Blut übergegangen ist, so übt der Bogenschütze, der Golfspieler, der Pianist, bis er vollkommen mit dem verwachsen ist, was er tut, und bis es wie von selbst geschieht.

Beim Tischtennis spüre ich, dass ich nicht mehr mit einer bewussten Absicht spiele, sondern dass es aus mir spielt, wenn es gut läuft.

Wenn ich mich beim Skifahren dem Rhythmus der Bewegungen hingebe und sich die Körperbewegungen und die Bodenerhebungen des Schneegeländes harmonisch ergänzen, erlebe ich die Freude der spielerischen Körpertechnik.

So ist auch das Lächeln des Zirkusakrobaten Ausdruck der Freude am Spiel, obwohl jeder weiß, welch zähes Training hinter seiner Leistung steht.

Als ich die Meisterschützen unserer Nationalmannschaft psychologisch betreute, gab ich ihnen beim täglichen autogenen Training und für den Wettkampf den Leitsatz: »Ich bin zufrieden und das Ziel wird schön.« Die Analyse von Misserfolgen zeigte mir, dass gute Resultate nur bei Zufriedenheit und dem Gefühl von Harmonie erreicht werden.

Der Meisterschütze schießt nicht bewusst, sondern »es« schießt automatisch, und zwar treffsicher, sofern nicht irgendeine Irritation, irgendein störender Gedanke ihn beeinflussen. Darum sind das Zufriedensein und das Schönwerden des Zieles die Harmoniekriterien, die den Schuss auslösen.

Zugleich mussten sich die Schützen abgewöhnen, ständig ihre Trefferpunkte zusammenzuzählen. Der dranghafte Wunsch des Schützen, nach jedem Schuss wissen zu wollen, wie gut er steht, löst Rivalitätsgefühle aus und mindert seine Leistung. Er schadet sich in beiden Fällen: Hat er mehrere Volltreffer erzielt, sagt er sich, der nächste Schuss wird schlechter sein. Hat er einige schlechte Schüsse abgegeben, bildet er sich ein, heute zu versagen, und wird unsicher.

Auch wenn wir keine Meisterschützen sind, brauchen wir, besonders wenn's drauf ankommt, die Technik der Konzentration, um in diesem Augenblick, hier und jetzt, zu tun, was der Harmonie entspricht.

Einen Höhepunkt an virtuos-technischem Sinnverständnis erlebte ich vor einigen Jahren. Über das Fernsehen konnte man verfolgen, wie ein russischer und ein japanischer Kunstturner bei den Olympischen Spielen noch einmal zum Wettkampf antreten mussten, da beide gleich gut waren. Der russische Turner war im Endkampf vorsichtig und perfekt. Er gewann die Goldmedaille. Der Japaner hingegen ging wie beim täglichen Training ein Wagnis ein und verlor dadurch den Sieg. Aber schon in der Schlussposition strahlte er ein zufriedenes Lächeln aus und sein Lehrer nickte ihm bejahend zu.

Glücklicherweise hatte ich bald Gelegenheit, von zuständigen Japanern zu erfahren, was dieses mimische Zwiegespräch zu bedeuten hatte. Das Lächeln des Kunstturners besagte: »Die Übung und das Wagnis waren mir wichtiger als die Goldmedaille.« Das lächelnde Zunicken des Lehrers bedeutete: »Du hast es richtig gemacht. Nicht die Auszeichnung, sondern die Übung, die Verbesserung, das Wagnis sind das Ziel.« Darum kann man zuweilen die zunächst unverständliche Formulierung hören: »Der Weg ist das Ziel.«

Wenn eine Persönlichkeit wie Goethe findet: »Im Leben kommt es auf das Leben und nicht auf den Erfolg desselben an«, dann sieht auch er den Sinn darin, wie wir unseren Weg gehen.

Auf Bali ist die Kunstfertigkeit, beispielsweise die Holzschnitzerei, das Musizieren, die tänzerische Darstellung, ein wesentlicher Lebensinhalt vieler Menschen. Die ästhetische Sinnenfreudigkeit der Balinesen ist einer der Gründe für ihr liebenswürdig-strahlendes Lächeln. Es zeugt von einem sinnerfüllten Leben.

Das zweckhafte Leben, das uns so wichtig erscheint, ist nur die eine, das sinnvolle Leben hingegen ist die »andere Wirklichkeit«.

Bei uns wird nicht nur der Sport, sondern vielfach auch die Kunstfertigkeit zweckhaft vermarktet. Weil bei uns die Technik und das praktische Tun überwiegend der zweckhaften Nützlichkeit dienen, müssen wir die andere Seite, die zweckfreie Kunstfertigkeit, das sinnvolle Spielen, also die Freude am praktischen Sinnverständnis, wiederentdecken.

Das normale Selbstgefühl schafft normale Beziehungen

Besteht ein Zusammenhang zwischen den vier Selbstgefühlen (Selbstachtung, Selbstvertrauen, Zufriedenheit und innere Freiheit) und den vier Harmonie-Idealen?

Wenn das zutrifft, wenn das normale Selbstgefühl die Beziehung zum anderen Menschen verbessert und normalisiert, dann wissen wir, was wir tun müssen. Wir werden die vier Selbstgefühle ins normale Gleichgewicht bringen, um unsere Beziehungen harmonischer, freudvoller und erfolgreicher zu gestalten.

Das Selbstvertrauen und das praktische Sinn-Verständnis

Wer seine Geschicklichkeit übt, wer beim Autofahren, Skifahren, Schwimmen, Reiten, Tanzen, Musizieren, Reden, wer eine Fremdsprache oder seine beruflichen Erfordernisse so lange übt, bis er sie beherrscht, der schafft sich Selbstvertrauen. Wer hingegen nichts leistet, wer sich unterfordert, findet kein Selbstvertrauen.

Wer sich zu viel zumutet, wer sich überfordert, zerstört das vorhandene Selbstvertrauen.

Das Selbstvertrauen hängt somit vom Können ab.

Das schwache Selbstvertrauen kann gestärkt werden. Dazu muss man sich selbst fordern und sich durch zähes Üben mit Ausdauer das Vertrauen in die eigene Leistungsfähigkeit erwerben.

Ob man Sport treibt, eine Fremdsprache lernt oder sich gegenüber schlechten Gewohnheiten beherrschen lernt – immer wenn man sich fordert, stärkt man sein Selbstvertrauen.

Die Selbstachtung und das ethische Sinn-Verständnis

Im Zentrum einer Kleinstadt, mitten unter den Leuten, war eine ältere Frau hingefallen. Sie lag am Boden und ihr Mann stand hilflos daneben. Als ich sah, dass niemand half, dass die Fußgänger nur hinschauten und weitergingen, hielt ich mein Auto an, lud die Frau und ihren Mann in den Wagen und fuhr sie nach Hause. Sie hatte anscheinend nur einen momentanen Schwächeanfall.

Ein junger amerikanischer Theologe, den ich gerade vom Bahnhof abgeholt hatte, war mir dabei behilflich. Er besuchte mich, weil er an einer Dissertation über Ethik schrieb und meine Ansicht über ethisches Verhalten kennen lernen wollte.

Ich fragte den Theologen, worin er den Grund sehe, dass viele Menschen an der hilflosen Frau vorbeigingen, ohne etwas zu tun. »Gleichgültigkeit«, meinte er. Ich war anderer Ansicht. Ich bin der Meinung, dass wir alle, wenn wir einen Menschen in einer hilflosen oder leidenden Situation wahrnehmen, uns betroffen fühlen. Ich glaube nicht, dass wir in diesem Augenblick gleichgültig sein können, denn wir nehmen die Situation des anderen wahr und empfinden sie. Blitzschnell allerdings fallen uns Argumente ein, um uns der Situation und Verantwortung zu entziehen. Sofort haben wir Gründe, um unsere Verantwortungslosigkeit zu entschuldigen und uns scheinbar gleichgültig abzuwenden. »Ich hab' s eilig«, »Jetzt geht's beim besten Willen nicht« oder »Die wird zu viel getrunken haben. Die ist selber schuld« oder »Warum soll gerade ich helfen. Es sind doch andere da« oder »Der Mann steht doch dabei. Warum tut der nichts?« usw.

Angenommen, ich hätte die Situation dieser Frau mit einer Ausrede übergangen. Was wäre in mir vorgegangen? Ich hätte mich verantwortungslos gefühlt. Ich hätte gegen meine Überzeugung gehandelt und hätte meine Haltung verachtet. Ich hätte meiner Selbstachtung geschadet.

Wer nach seiner Überzeugung handelt und keine faulen Kompromisse macht, wer mit sich ehrlich ist, achtet seine Haltung. Er besitzt Selbstachtung.

Wer auch anderen gegenüber aufrichtig und verantwortungsvoll handelt, entspricht dem ethischen Sinnverständnis. Selbstachtung und eine ethisch verantwortungsvolle Haltung gehören zusammen.

Die innere Freiheit und das ästhetische Sinn-Verständnis

Wer sich von Sorgen bedrückt fühlt, ist innerlich nicht frei. Wer egozentrisch nur an sich denkt und nur die eigenen Interessen verfolgt, ist unfrei und für alles andere verschlossen. Ihm fehlt die wache Aufmerksamkeit. Sie ist unser Radarschirm. Mit ihr nehmen wir die Wirklichkeit wahr. Um für die ästhetischen Sinneswahrnehmungen aufgeschlossen zu sein, müssen wir uns ohne Sorgen, unbelastet und innerlich frei fühlen. Vor allem Kunstschaffende brauchen eine innere Freiheit.

Aber Künstler, die glauben, den Bohemien spielen zu müssen, um ihre Freiheit und Unabhängigkeit zu beweisen, sind innerlich nicht frei. Ihre Kunst ist darum oft Ausdruck ihrer egozentrischen Konflikte. Deshalb vermittelt sie uns wenig an ästhetischem Sinnverständnis. Der Kunsthandel allerdings versteht es, die Extravaganz in Originalität umzumünzen und mit gesellschaftlichem Prestige zu vermarkten. Einen Sonnenuntergang kann man, wie alle ästhetischen Empfindungen, nur erleben, aber nicht in Besitz nehmen und nicht im Kunsthandel verkaufen.

Durch die echte, innere Freiheit sind wir für die ästhetische Wahrnehmung aufgeschlossen. Immanuel Kant hat die treffende Formulierung gefunden für das beglückende ästhetische Erlebnis. Weil es nur eintreten kann, wenn man von egozentrischen Absichten und Interessen frei ist, darum beschrieb es Kant als »das interesselose Wohlgefallen«.

Die Zufriedenheit und das logische Sinn-Verständnis

Wir alle kennen das Gefühl, das sich einstellt, wenn wir ein Problem gelöst haben und von der Anspannung erlöst sind. Die Ruhe, die dann eintritt, erfüllt uns mit Zufriedenheit. Die Lösung des Problems besteht im Verstehen und vernunftgemäßen Einordnen der problematischen Fragen in den logischen Sinnzusammenhang.

Vorurteile und falsch gestellte Fragen schaffen Probleme. Es sind Scheinprobleme. Wer aber zufrieden ist, macht sich keine Scheinprobleme. Er versucht, eine Aufgabe, die sich ihm stellt, zu lösen und zu bewältigen, aber er macht kein Problem daraus. Wichtigtuer hingegen sagen nicht, sie haben eine Aufgabe, sondern sie hätten ein Problem zu lösen.

Der Unzufriedene tut sich wichtig, indem er möglichst viel zum Problem macht. Er hat ein Problem, wenn er auf der Speisekarte auswählen soll. Er hat ein Problem, weil er nicht weiß, was er anziehen muss oder wo er die Ferien verbringen soll oder warum eine Situation nicht so ist, wie er erwartet hat.

Seine Probleme entstehen aus seiner überspannten Anspruchshaltung. Er ist unzufrieden, weil er nicht sehen oder nicht akzeptieren will, was wirklich ist.

Der Zufriedene hingegen sieht »die Dinge, wie sie sind«. Er versteht den anderen, ohne ihn zu bewerten, ohne Noten auszuteilen. Er beurteilt eine Situation oder eine Frage nach dem »gesunden Menschenverstand«, also nach seinem logischen Sinnverständnis.

Die Wechselwirkung zwischen Selbstgefühlen und Beziehungen

Wenn wir die Wechselwirkung erkennen, die zwischen einem bestimmten Selbstgefühl und dem Verhalten besteht, dann sind wir in der Lage, beides zu verbessern. Das normale Selbstgefühl verbessert die Beziehung zu den anderen Menschen. Aber auch umgekehrt: Ein richtiges, angemessenes Verhalten erzeugt ein gutes Selbstgefühl.

Wir müssen es uns immer wieder klar machen: Depressionen und Ängste sind Selbstgefühle. Darum sollten wir uns abgewöhnen zu sagen: »Ich habe Angst« oder »Ich habe eine Depression«. So, wie wir richtig formulieren: »Ich freue mich« oder »Ich ärgere mich«, heißt es genau genommen auch: »Ich ängstige mich« oder »Ich deprimiere mich«.

Was immer wir empfinden, fühlen, erleben, es ist stets ein psychisches Tun. Darum sind die Substantive »Depression«, »Angst«, »Ärger« irreführend. Ich kann eine Depression, die Angst, den Ärger nicht haben, sondern nur selbst machen. Ich kann zwar ein Auto oder einen Hund besitzen. Aber eine Depression, Angst, Wut kann ich nicht wie einen Gegenstand in Besitz nehmen, sondern ich muss sie selbst erzeugen. Darum dauert sie auch nur so lange, wie ich sie – wenn auch nicht absichtlich – selbst erzeuge. Wie anders ist die Haltung, wenn ich am Morgen aufwache und mir einrede: »Ich habe heute wieder eine Depression« oder wenn ich mir sage: »Ich deprimiere mich heute wieder, aber das lasse ich jetzt nicht zu.«

Wenn wir unsere Gefühle beobachten, dann müssen wir es genau tun. Wir dürfen deshalb nicht sagen: »Ich habe Angst«, sondern »Ich mache mir Angst« oder »Ich ängstige mich selbst«, genauso, wie wir wissen: »Ich ärgere mich selbst.«

Da eine Wechselbeziehung besteht zwischen dem Selbstgefühl und der emotionalen Einstellung gegenüber den Menschen und Lebenssituationen, habe ich die Checkliste (S. 58–77) aufgestellt. Mit ihr können Sie überprüfen, ob ein Selbstgefühl oder die entsprechenden Beziehungen verbessert werden sollen. Die Empfehlungen zeigen Ihnen, was Sie in einem solchen Falle tun können. Sie erläutern, worauf es ankommt und was das Ziel ist.

Was Sie im Einzelnen tun, um die in der Empfehlung genau beschriebene Haltung zu erreichen, steht Ihnen frei. Wenn Sie sich beispielsweise öfter ärgern, werden Sie der Checkliste entnehmen können, dass Ihr Selbstvertrauen im Umgang mit anderen zu schwach ist. Um es zu stärken, ist es nötig, dass Sie von sich mehr Geduld und Verständnisbereitschaft fordern. Wenn Sie sich außerdem fragen, worin Sie sich speziell schwach oder unsicher fühlen oder in welcher Situation Sie befürchten zu versagen, dann wissen Sie, was Sie für sich persönlich üben müssen, um das nötige Selbstvertrauen zu erwerben.

Können Sie z. B. nicht zeichnen, nicht tanzen, nicht singen, nicht schwimmen oder beherrschen Sie eine für Sie wichtige Fremdsprache zu wenig? Oder sind Sie zu bequem, sich regelmäßig körperlich anzustrengen oder Sport zu treiben? Mit solchen Fragen erkennen Sie, worin Sie sich fordern sollen, um Ihr Selbstvertrauen zu stärken.

Ich war als Gymnasiast und junger Student außerordentlich gehemmt, wenn ich auch nur in einer kleinen Gruppe ein paar Sätze zu sprechen hatte. Um mir das Selbstvertrauen zu erwerben, begab ich mich zunächst in eine kleine Gruppe, in der ich zu referieren hatte. Dann veranstaltete ich öffentliche Vorträge. Bald waren es im Jahr etwa hundert Vorträge und Vorlesungen, die ich als junger Dozent zu halten hatte. Es machte mir schließlich Freude, denn ich wusste, dass ich es konnte, und darin besteht das Selbstvertrauen.

Durch meine Gehemmtheit fühlte ich mich aber auch unsicher und verlegen, wenn ich mit einer Frau tanzen sollte. Ich nahm einen Tanzkurs, um das schwache Selbstvertrauen zu stärken. Darum ging ich tanzen und wieder tanzen. Sehr schnell fühlte ich mich so frei, so unbekümmert und ausgelassen heiter, dass ich alles tat, was mir einfiel und was der Rhythmus und die körperliche Beweglichkeit hergaben. Zu meinem Erstaunen hieß es dann, ich sei ein guter Tänzer.

Die Entlastungstherapie

Es ist klar, dass sich unsere Selbstgefühle auf die Beziehung zu anderen Menschen auswirken und dass sie unser Verhalten in den jeweiligen Situationen maßgebend bestimmen. Es ist den meisten jedoch überhaupt nicht klar, wie sehr eine schwierige Situation oder ein schlimmes Ereignis durch unser Selbstgefühl zur Belastung wird. Treffend sagt deshalb Montaigne (1533–1592): »Der Mensch erleidet nicht so viel durch das, was ihm (als Ereignis) zustößt, wie durch die Art, wie er dieses Geschehen hinnimmt.«

Darum ist es wichtig, zu unterscheiden und zu trennen, was das objektive Ereignis ist und was dabei als persönliches, subjektives Erlebnis empfunden wird.

Hören wir, dass eine nützliche Krebstherapie entdeckt worden sei oder dass ein Erdbeben oder eine Feuersbrunst stattgefunden habe, dann erfahren wir Ereignisse. Für den am Ereignis beteiligten, für den betroffenen Menschen ist es jedoch viel mehr als nur ein Ereignis. Es ist zugleich auch ein emotionales Erlebnis.

Wird das »äußere« Ereignis zu einem negativen »inneren« Erlebnis, so löst es immer ein bestimmtes Selbstgefühl aus. Das Ereignis bewirkt, dass man sich ärgert oder sich enttäuscht oder beleidigt oder unzufrieden fühlt oder erschüttert ist. Diese negativen Selbstgefühle zerstören das Wohlbefinden und sind immer zugleich psychisch-somatische Stressbelastungen. Man schädigt sich jedes Mal, wenn man das vorgestellte Ereignis erneut zu einem »inneren« Erlebnis macht.

Man findet: Ich fühle mich durch das Ereignis

a) beleidigt. Man reagiert möglicherweise trotzig;
b) verärgert. Man reagiert möglicherweise aggressiv;
c) enttäuscht. Man reagiert z. B. mit Selbstbedauern;
d) unzufrieden und frustriert. Man reagiert z. B. mit suchtartigem Essen, Alkoholkonsum, Rauchen.

Die falsche Selbstbewertung prägt das »*innere*« Erlebnis. Dieses wird auf das »*äußere*« Ereignis projiziert. Dadurch wird das Ereignis falsch bewertet und dramatisiert. Jedes Mal, wenn man sich das negative Ereignis vorstellt, erzeugt man wieder das zerstörerische Erlebnis und denselben psychisch-somatischen Stress. Das Nervensystem wird überreizt und das Immunsystem geschwächt. Das schafft die Disposition zur Erkrankung.

Überblick: Eine Vorstellung (Erinnerung) ist

als emotionale, egozentrische Bewertung: ein »*inneres*« Erlebnis.		als sachgerechte, objektive Beurteilung: ein »*äußeres*« Ereignis.
Egozentrische Fehlhaltungen sind: sich ärgern, enttäuscht sein, beleidigt sein, unzufrieden sein.		Das Ergebnis objektiv beurteilen heißt: es in die Realität richtig einordnen.
z. B.: »Das kann ich nie verzeihen, denn ich wurde gedemütigt.«		z. B.: »Das war so und hat diese Gründe.«

Jedes reale Erleben findet immer nur in der Gegenwart statt, nie in der Vergangenheit und nie in der Zukunft. Vergangenes und Zukünftiges sind immer nur vorgestellte Bilder, die wir uns aus der Er-Innerung ein-bilden. Negative Erlebnisse erzeugen dieselben schädlichen Gefühle, als wären sie ein gegenwärtiges und reales Erlebnis.

Wer seine Vergangenheit idealisiert oder sie bedauert, projiziert nur seine Selbst-Gefühle in seine Vorstellung des Vergangenen. Wer seine Zukunft idealisiert oder als besorgniserregend bewertet, projiziert sein aktuelles Selbst-Gefühl auf seine Vorstellung der Zukunft.

So entstehen eingebildete Sorgen, Gehemmtheit und quälende Ängste oder melancholische Depressionen. Die Selbstüberbewertung erzeugt illusionäre Ansprüche und Erwartungen, die enttäuscht werden. Je intensiver solche Vorstellungen erlebt werden, z. B. als Hass, Eifersucht oder Angst, umso mehr hält man sie für realistische Urteile. Darum fällt es schwer, solche Meinungen als persönliche Bewertungen zu entlarven und einzusehen, dass sie durch die falsche Selbstbewertung verursacht worden sind.

Therapie-Strategie

Die falschen Selbstgefühle sind die Ursache z. B. von unangemessener Eifersucht, von Ärger, Unzufriedenheit, Beleidigtsein, Trotz oder Überheblichkeit und Illusionen. Die falschen Selbstgefühle lösen die falschen und belastenden Grübeleien und Vermutungen aus. »Es macht mir Sorgen, wenn ich daran denke, was alles passieren könnte.« »Es hat mich wieder aufgewühlt, als ich daran dachte.« »Eine solche Zumutung. Nein, mit mir nicht!« »Warum gerade ich?!« Solche Gedanken müssen als schädlich erkannt und vermieden werden. Die Entlastungstherapie muss die falschen Selbstgefühle aufdecken, um sie aufzuheben. Der psychisch-somatische Stress wird damit behoben. Die gegebene Situation, das Ereignis kann dann sachgerecht, »objektiv« beurteilt werden. Das Ereignis kann sachlich in die Realität eingeordnet werden. Man muss lernen, Ereignis und Erlebnis zu trennen und aus dem negativen Ereignis nicht ständig aufs Neue ein negatives Erlebnis zu machen.

III. TEIL

»Es gibt nichts Praktischeres
als eine gute Theorie.«

Immanuel Kant (1724–1804)

Die andere Wirklichkeit

Es geschieht nicht so häufig, dass ein Buch weitergelesen oder gar zu Ende gelesen wird. Ihr Interesse zeigt mir, dass Ihre eigenen Gedanken mit meinen Erfahrungen weitgehend übereinstimmen. Das ist erfreulich, und ich möchte Ihnen dafür danken, dass Sie bereit sind, nun die anderen Aspekte der Wirklichkeit und damit die Autoregulationspsychologie kennen zu lernen.

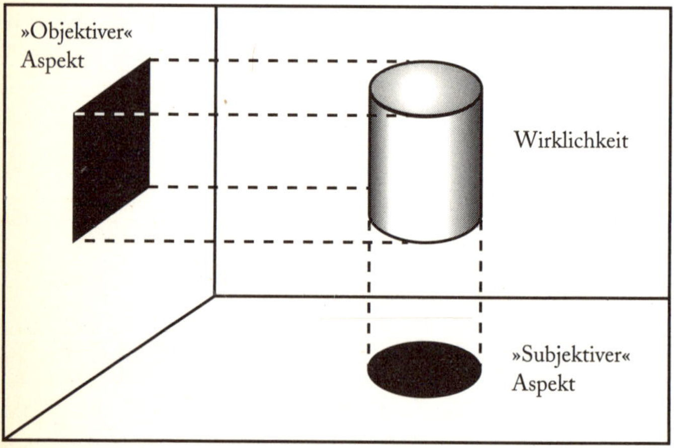

Mit dem Teppich-Gleichnis von Kette und Schuss sollten Sie schon gleich zu Anfang mit der Einsicht vertraut werden, dass wir die Wirklichkeit unter zwei gegensätzlichen Aspekten sehen. Beide ergänzen sich.

Wie gegensätzlich die Wirklichkeit unter zwei Aspekten gesehen werden kann, macht das Bild auf dieser Seite deutlich.

Betrachtet oder beleuchtet man den zylindrischen Körper in horizontaler Richtung, erscheint er als Rechteck. In vertikaler Richtung hält man ihn für einen Kreis.

Haben wir die Intelligenz, die Wirklichkeit unter beiden Aspekten (Kreis und Rechteck) zu sehen?

Besitzen wir die Weisheit, aufgrund der beiden gegensätzlichen Aspekte zu erkennen und zu verstehen, was die Wirklichkeit ist?

Die objektive und die subjektive Wahrheit

Wir alle haben die Schule durchlaufen und hier Physik, Chemie, Biologie und Mathematik als die objektiv gültigen Wahrheiten kennen gelernt. Ebenso wenig haben wir an der Richtigkeit der Geographie, Geologie oder an der Richtigkeit der Grammatik gezweifelt.

Alles, die physikalischen Gesetze ebenso wie die Literaturgeschichte, hatten wir auswendig zu lernen, um bei der Prüfung zu zeigen, ob wir das Richtige wussten. Das Richtige galt als das Wahre. Das Wissen über die Beschaffenheit der Objekte galt nicht nur als Wissenschaft, sondern auch als die Wahrheit.

Die Irreführung durch Schule, Studium und unsere naturwissenschaftlich-technisch orientierte Zivilisation besteht darin, dass das Wissen über die materiellen Objekte als die objektive Wahrheit und als die einzige und ganze Wahrheit hingestellt wird.

Die objektive Wahrheit ist aber nur der eine Aspekt der ganzen Wirklichkeit.

Durch unser Urteil unterteilen wir die Einheit der Wirklichkeit zum Beispiel in Raum und Zeit oder in Subjekt und Objekt. In Wirklichkeit gibt es aber das eine nie ohne das andere. Darum gibt es auch kein Objekt ohne Subjekt.

Jeder Aspekt, den wir von der Ganzheit der Wirklichkeit haben, der subjektive und der objektive, besitzt seine eigene Wahrheit. Welche Wahrheit meint Camus, wenn er von Galilei sagt, dass er »eine schwerwiegende wissenschaftliche Antwort besaß«, aber »diese Wahrheit war den Scheiterhaufen nicht wert«. Damit meint er die Wahrheit der naturwissenschaftlichen Erkenntnis, die wir gewohnt sind, als die »objektive Wahrheit« zu bezeichnen.

Der objektiven Wahrheit steht eine andere gegenüber, die subjektive Wahrheit. Unter dem objektiven, naturwissenschaftlichen Aspekt wird die Wirklichkeit quantitativ nach Zeit und Raum gemessen und beurteilt.

Müssen Zeit und Raum nicht auch unter dem subjektiven, unter dem qualitativen, psychologischen Aspekt beurteilt werden? Dieser radikal andere Aspekt führt zu radikal anderen Einsichten.

Die Psychologie und die Naturwissenschaft

Die Gliederung der Wirklichkeit in Subjekt und Objekt hilft uns zu unterscheiden, was die Aufgabe der Psychologie und was die Aufgabe der Naturwissenschaft ist.

Aufgabe der Naturwissenschaft ist es, die Objekte zu beobachten, zu analysieren, zu messen, zu definieren, also ihre Beschaffenheit immer besser zu erkennen. Die Fragen nach dem Sinn und wie das Leben zu gestalten sei und vor allem, wie ich mich selbst zu steuern habe, gehören nicht zu den Aufgaben der Naturwissenschaft und können von ihr auch nicht beantwortet werden.

Die Unwissenheit über die Rollenverteilung zwischen der subjektbezogenen Psychologie und der objektbezogenen Naturwissenschaft hat, zusammen mit der Überschätzung der naturwissenschaftlichen und technologischen Erfolge, in der Gegenwart generell zu einer Unterschätzung und Entwertung des Subjekts geführt. Mit dieser Entwertung wird das Subjekt, die Seele, »das moralische Gesetz in mir«, das nach Sinn und Harmonie strebende Wesen des Menschen, zur frustrierenden Sinnlosigkeit degradiert.

Um Missverständnisse auszuschließen, müssen wir uns darüber im Klaren sein, dass die Bedeutung von »subjektiv« nicht wie üblich als das Adjektiv von Subjekt verstanden werden darf, wie z. B. Italien und italienisch. Im Sprachgebrauch hat »nur subjektiv« die Bedeutung: rein persönlich, ohne ernst zu nehmende, objektive Bedeutung.

Die Feststellung, dass der Mensch ein Subjekt ist, bedeutet etwas radikal anderes als das, was wir als subjektives Verhalten bezeichnen. Das Gleichnis mit dem Uhrwerk und der Einstellung der Zeiger mag das anschaulich machen. Das Subjekt, die Psyche, ist mit dem Uhrwerk vergleichbar. Die Psyche, das Subjekt muss als höchst präzises Autoregulationssystem ernst genommen und verstanden werden. Genauso ernst genommen und verstanden werden muss auch das, was als »subjektiv« bezeichnet wird, nämlich die subjektive Einstellung, das Verhalten, das mit der Einstellung der Zeiger verglichen werden kann. Die Ursache des falschen Verhaltens sind die falschen Selbstgefühle. Sie erzeugen psychisch-somatische Erkrankungen. Dieses Missverständnis, dass das Subjekt »nur subjektiv« und daher nicht ernst zu nehmen sei, hat in der Medizin, die »streng objektiv« sein will, zur fatalen Ignoranz des Subjekts, der Psyche geführt.

Weil das Subjekt, die Seele, kein naturwissenschaftlich quantitativ messbares Objekt ist und weil nur das materielle Objekt für Realität gehalten wird und besonders weil objektiv mit »wirklich wahr« gleichgesetzt wird, wurde das Subjekt zur Illusion deklassiert. Damit ist das Streben des Subjekts nach sinnvoller Harmonie entwertet worden. Man hat dem modernen Menschen ein sinnentleertes Weltbild eingeredet. Weil ein sinnloses Leben unerträglich ist, verfiel er dem Irrtum, die raffinierten modernen Technologien, die wirtschaftliche Umsatzsteigerung, eine rücksichtslose Ausnutzung der Natur und das materialistische Konsumieren oder der Profit und die merkantile Übervorteilung des anderen könnten seinem Leben Sinn und Inhalt geben.

Konrad Lorenz hat als philosophisch denkender Naturwissenschaftler gleiche Erkenntnisse im Vorwort zu V. E. Frankls »Der Mensch vor der Frage nach dem Sinn« treffend formuliert:

»Eine zweite Wurzel der Sinnentleerung unserer Welt besteht in ihrer Ent-Wertung. Die Macht, die der Menschheit aus den so genannten exakten Naturwissenschaften und damit letzten Endes aus analytischer Mathematik erwuchs, lässt die Menschheit diese Wissensquellen über- und alle anderen unterschätzen. Ein echter Massenwahn der heutigen Menschheit besteht in dem Irrglauben, es habe nur dasjenige reale Existenz, was sich in der Sprache der exakten Naturwissenschaften ausdrücken und quantifizierend beweisen lässt. Damit wird die ganze Welt der Emotionen, werden menschliche Würde und Freiheit, kurzum alles, was einen wirklichen Wert darstellt, für Illusion erklärt.«

In der Zeitschrift »Spiegel« (Nr. 47/1980) sagt Konrad Lorenz noch eindringlicher, wohin uns die dogmatische Naturwissenschaft durch ihre Verleugnung des Subjekts als Seele geführt hat: »Der infolge des ›technomorphen Denkens‹ auftretende Irrglaube, dass nur physikalisch-chemisch Definierbares und quantitativ Verifizierbares reale Existenz habe, führt zu einer bedrohlichen Entmenschung des Verhaltens moderner Zivilisationsmenschen zu allem Lebendigen. Auch dieses wird ›technomorph‹ behandelt, nicht anders als eine Maschine. Seelisches wird grundsätzlich für irreal und damit für vernachlässigenswert erachtet.«

Weil der Mensch vielfach nur als Objekt beurteilt wird, ist eine seelenlose Einstellung im Umgang mit den Mitmenschen entstanden. Da man auf den eigenen Vorteil aus ist, manipuliert man den Mitmenschen wie einen Mechanismus. Statt einer echten seelischen Erziehung wird das Kind mit Verwöhnungen oder Drohungen manipuliert. Statt ein beruflich verantwortungsfreudiges Arbeitsteam anzustreben, versucht man die Mitarbeiter durch profit- und prämiengeschmierte Manipulationen zu motivieren.

Wie sind wir in die kulturelle Banalität, Verrohung und Kriminalität, also in den Verlust einer ethischen Überzeugung, geraten? Liegt die Ursache in dem, was Konrad Lorenz, einer der großen Naturforscher unserer Zeit, als »Irrglauben« bezeichnet? Wo hat das Umdenken stattgefunden, das dem Menschen sein subjektiv sinnvolles Tun ausgeredet und ihm ein objektives, rein naturwissenschaftlich bestimmbares, rein kausales, den Triebmechanismen unterworfenes Leben eingeredet hat?

Die von Freud geprägte Psychoanalyse, die das Denken breiter Kreise beeinflusst, kann daran maßgebend mitschuldig sein. Für sie ist der Mensch ein Objekt, das nur versucht, zwischen »Trieb- und Abwehrmechanismen« sein »Lust-Prinzip« zu befriedigen. Eine solche absichtlich als deterministischer Mechanismus konzipierte »naturwissenschaftliche Psychologie« ignoriert das Subjekt. Sie nimmt ihm seine Selbständigkeit, seine Selbstverantwortung, sein am Sinn orientiertes Gewissen und vor allem sein existentielles Motiv: das Streben nach Sinn und Harmonie.

Durch den überragenden Einfluss Sigmund Freuds, der der Philosophie abgeneigt war, ist eine sich naturwissenschaftlich gebende, psychologische Ideologie entstanden. Dass die fragwürdigen Begriffe der Psychoanalyse hypothetische Konstruktionen und keine Naturwissenschaft sind, wird zwar kaum mehr bestritten; dennoch, gerade mit diesen ideologischen Konstruktionen beansprucht der naturwissenschaftlich fixierte Psychologe oder Mediziner eine Kompetenz in der Wissenschaft von der Seele, obwohl er in diesem Bereich Laie ist.

Zwar finden heute schon viele Ärzte, dass bei Erkrankungen, deren Ursache sie nicht verstehen, die Psyche, die sie auch nicht verstehen, eine Rolle spielt. Es ist statistisch belegt, dass die Mehrzahl der Krankheiten psychische Ursachen hat. Daher bedeutet diese Ignoranz eine folgenschwere medizinische Kapitulation. Die Medizin, welche die »Psyche« – in Wirklichkeit die gestörten Selbstgefühle – als Ursache außer Acht lässt, hat die Kompetenz des psychischen Heilens dem psychotherapeutischen Wildwuchs und dem überbordenden Aberglauben überlassen.

Sie will die Symptome, die als Alarmzeichen auftreten, zum Schweigen bringen. Sie sollte aber die falschen Selbstgefühle, die schädlichen Ich-Bilder und Einbildungen beseitigen. Nur eine psychoregulative Medizin kann den Menschen von seinen sinnwidrigen, kränkenden und krank machenden Ich-Bildern und Projektionen befreien und ihn zu einer sinnvollen, harmonischen Einstellung führen.

Auch eine Psychiatrie, die nur Krankheitssymptome naturwissenschaftlich objektiv beschreibt und klassifiziert, die aber das Autoregulationssystem und das Harmoniestreben der Psyche nicht versteht, bietet keine sinnorientierte Therapie.

Es gehört zur Tragik unserer Kultur, dass die naturwissenschaftliche Psychologie und Psychiatrie, die unser soziales und geistiges Leben tausendfach beeinflussen, die Seele in ihrem Streben nach dem harmonischen Gleichgewicht nicht verstehen.

Psychiatrie und Psychologie erwähnen die Seele deshalb nicht, weil sie sie tatsächlich nicht kennen: Ihre beschreibenden Diagnosen und die fragwürdigen Klassifizierungsetiketten erklären weder die subjektive Ursache der Konflikte noch die Polarität der konflikthaften Selbstgefühle. Unter den psychiatrischen Sammelbegriff »Depression« fällt z. B., wenn jemand aus Trotz Selbstmordgedanken hat, aber auch, wenn jemand einen geliebten Menschen verloren hat, aber auch, wenn jemand von seinem sinnlosen Leben enttäuscht ist, aber auch, wenn sich jemand von eingebildeten Sorgen und Pflichten erschöpft fühlt und schließlich auch, wenn Stoffwechselstörungen eine depressive Stimmung verursachen.

Die Psychosomatik versucht zwar, die seelische Ursache von Organbeschwerden zu erkennen, doch solange sie das körperliche Geschehen bloß als Darstellung von Triebkräften (Sexualtriebe und Ich-Triebe oder Animus und Anima oder Eltern-Ich und Kind-Ich) deutet, so lange bleibt die Psychosomatik ein unreifes Stiefkind der Medizin. Die Psychosomatik muss den Konflikt erkennen zwischen dem stets gesunden Subjekt, das nach Harmonie strebt, und dem Ich, das krank ist. Es ist deshalb krank, weil es einen Irrweg verfolgt, welcher von der echten Harmonie wegführt.

Nach all den fruchtlosen Versuchen der einseitig objektivistischen Psychiatrie und Psychologie, die das Subjekt ignorieren, sollte das Verständnis für das Subjekt, für die Seele, allmählich durchbrechen. Das Subjekt des Menschen strebt nach dem harmonischen Gleichgewicht. Darum stellt die Autoregulationspsychologie folgende Grundforderung an jede diagnostische Beurteilung einer psychischen Störung:

Eine echte Diagnose einer psychischen Störung muss verstehen, wie das Subjekt versucht, mit einer bestimmten, aber konfliktverursachenden Gegenregulation ein kompensatorisches Gleichgewicht herzustellen.

Was ist das Subjekt? »Das unpersönliche Ich«

Hermann Hesse* weist in der folgenden Briefstelle eindringlich darauf hin, dass das Subjekt, das wir als Seele, als Autoregulationssystem verstehen, nicht mit dem Ich-Bild, dem Alltags-Ich verwechselt werden darf. Er schreibt:

> »Unser subjektives, empirisches, individuelles Ich, wenn wir es ein wenig beobachten, zeigt sich als sehr wechselnd, launisch, sehr abhängig von außen, Einflüssen sehr ausgesetzt … Dann ist aber das andere Ich da, im ersten Ich verborgen, mit ihm vermischt, keineswegs aber mit ihm zu verwechseln. Dies zweite, hohe, heilige Ich (der Atman der Inder, den sie dem Brahma gleichstellen) ist nicht persönlich, sondern ist unser Anteil an Gott, am Leben, am Ganzen, am Un- und Überpersönlichen. Diesem Ich nachzugehen und zu folgen lohnt sich schon eher, nur ist es schwer, dies ewige Ich ist still und geduldig, während das andere Ich so laut und ungeduldig ist.«

Um Verwechslungen zu vermeiden, werden wir das Subjekt nie als Ich bezeichnen und streng von all den fiktiven Ich-Bildern, die man sich von sich selbst macht, trennen.

Wegen dieser Verwechslung hat die dogmatische Richtung der Naturwissenschaft das Subjekt als »nur subjektiv« verächtlich gemacht, statt nur die fiktiven Ich-Bilder in Frage zu stellen. Es ist mir ein wichtiges Anliegen, dass wir dem Subjekt seinen Wert zuerkennen und ihm seine Würde zurückgeben; denn das menschliche Subjekt will sinnvoll leben. Es will eine sinngemäße Ordnung und Harmonie. Damit ist es Glied des Kosmos. Darum ist das Subjekt »unser Anteil an Gott«, wie Hermann Hesse es formuliert.

---

* (Ausgewählte Briefe Nr. 100, Suhrkamp-Taschenbuch 240)

Wer in der Harmonie das Göttliche sieht, versteht, dass es nach dem Markus-Evangelium für die Seele (das Subjekt) »das vornehmste Gebot« ist, Gott zu lieben, oder autoregulationspsychologisch gesagt: die Harmonie zu wollen.

Markus, Kapitel 12, Vers 30: »Und du sollst Gott deinen Herrn lieben von ganzem Herzen, von ganzer Seele, von ganzem Gemüte und von all deinen Kräften. Das ist das vornehmste Gebot.«

»Gott« steht für ordnende Harmonie. »Dein Herr« bedeutet: dein Gewissen. Das Gewissen ist tatsächlich – wie wir gesehen haben – das unbedingte Wissen um die sinngemäße Ordnung und Harmonie.

Gleich anschließend im Vers 31 fährt Markus fort: »Und das andere ist ihm gleich: ›Du sollst deinen Nächsten lieben wie dich selbst‹.«

Subjekt sein bedeutet »Harmonie wollen«. Dieses heißt »lieben«. Darum bedeutet das Gebot: Wenn du liebst, verstehst du deinen Nächsten als Subjekt, das wie du selbst auch Harmonie will. Sein Subjekt ist ebenso wie meines »Anteil an Gott«, ist ebenso Wille zur Harmonie.

Was also ist Subjekt?

Es ist im Gegensatz zum Ich nie Objekt. Das Subjekt ist das subiectum, das Darunter-Liegende. Es liegt dem, was wir uns als Ich, genauer: als Ich-Bilder, vorstellen, zugrunde. Das Subjekt ist das Lebende, sich spontan Bewegende, das steuernde Tun. Es ist mit der Bewegung eines laufenden Filmes vergleichbar. Die einzelnen Bilder hingegen, aus denen der Film zusammengesetzt ist, zeigen die Ich-Bilder, die man sich von sich selbst macht. Diese Ich-Bilder entstammen der Vorstellung. Sie sind Erinnerungsbilder oder bloß Einbildungen. Aber als Subjekt existieren wir als Teil der Welt und nach ihrer Ordnung. Als

Subjekt sind wir Glied der kosmischen Harmonie. *Darum ist Harmonie-Wollen das Wesen des Subjekts.*

Das sind keine irrealen Spekulationen; denn jeder weiß, dass er die kosmische Ordnung in den Naturgesetzen der Physik, Chemie, Biologie, Physiologie von Geburt bis Tod unabänderlich mitvollzieht.

Gilt das nur für die materielle Erscheinung des Subjekts, nur für unseren Körper? Oder gilt es auch für seine geistigen Äußerungen? Wie verhält sich das Subjekt im Denken, im Erleben, kurz: in all den abstrakten Urteilsfunktionen?

Gerade deshalb, weil das Subjekt nach Harmonie strebt, entwickelt es Geist und Verstand. Es braucht ihn, um in der Vielzahl von Sinnesreizen, um in der chaotischen Vielfalt die Ordnung und Einheit, um die Harmonie zu erkennen. Gerade die Vernunft bringt das Verständnis für die Harmonie in die chaotische Vielfalt der Sinnesreize.

Immanuel Kant hat in seinem Hauptwerk »Die Kritik der reinen Vernunft« (1781) untersucht, wie die chaotischen Sinnesreize vom Verstand ausgewählt und dann zu den harmonischen Beziehungen geordnet werden, die wir als Vernunft bezeichnen. Nach Kant sind Raum und Zeit keine wahrgenommenen Dinge. Der Verstand ordnet die Vielfalt der Empfindungen in räumliche oder zeitliche Wahrnehmungen.

Die beiden Formen der Wahrnehmung, Raum und Zeit, sind Voraussetzung für jede geordnete Erfahrung. Dies gilt »a priori«, also von vornherein und unter allen Umständen, genauso wie auch die Gesetze der Mathematik unter allen Umständen gelten.

Der Verstand ordnet die Erfahrungen mit Begriffen wie zum Beispiel Einheit und Vielfalt oder wie Ursache und Wirkung oder wie Möglichkeit und Notwendigkeit. Dieses Ordnen der

Erfahrungen in gegensätzliche, sich harmonisch ergänzende Kategorien ist nach Kant das, was unser Verstand tut.

Warum also entwickeln wir Menschen unseren Verstand? Wozu brauchen wir ihn? Weil wir nach Harmonie streben.

Wir wollen die harmonische Ordnung der Wirklichkeit erkennen. Wir wollen die Beziehung von Raum und Zeit oder die Beziehung von Subjekt und Objekt, also letztlich die Harmonie der Gegensätze verstehen. Sie ist als »Coincidentia oppositorum« (als Ergänzung durch Gegensätze) bereits von Nicolaus Cusanus (1401–1464) erkannt und erläutert worden.

Stellvertretend für viele andere möchte ich noch einen weiteren Denker, Spinoza (1632–1677), zitieren. Er sagt in »Die Vervollkommnung des Verstandes«: »Als höchstes Gut gilt aber eine Geistesverfassung..., die die Erkenntnisse der Einheit, in der sich die Seele mit der ganzen Natur zusammenschließt, vermittelt. Je mehr der Verstand erkennt, umso besser begreift er die eigenen Kräfte und die Ordnung der Natur.«

Nachdem wir abstrakte Denker befragt haben, wozu das Subjekt den Geist und Verstand braucht, wäre es aufschlussreich, vom Subjekt eines Nicht-Denkers, eines Säuglings, zu erfahren, was sein Schreien, sein Strampeln, sein Festhalten bezweckt. Er kann es uns nicht erklären. Aber sie scheinen Ausdruck der Hilflosigkeit, Unsicherheit und oft der Angst und Verzweiflung zu sein. Warum? Weil ihm die Hilfsmittel zum Umgang mit der Welt, weil ihm Verstand, Sprache und körperliche Geschicklichkeit fehlen. Sein Schreien, Strampeln, seine Anklammerung sind instinktive Versuche, zur Umwelt eine Beziehung herzustellen, die ihm Sicherheit und Befriedigung gewährt und ihm eine geordnete Harmonie gewährleistet.

Jedes Subjekt will durch den naturgegebenen Instinkt oder durch Vernunft dasselbe wie sein in der kosmischen Natur eingeordneter Körper: der ordnenden Harmonie entsprechen.

Wer irgendetwas, wer auch nur einen kleinen Bruchteil der ganzen Wirklichkeit, wer nur einen Satz, nur eine Geste verständlich findet, anerkennt dadurch, dass die rätselhafte Wirklichkeit als Ordnungsgefüge, d. h. als Harmonie besteht. *Dieses Wissen von der Ordnung und Harmonie ist das Wissen vom Sinn.*

Dieses Wissen, dass jedes Subjekt stets nur Harmonie wollen kann, ist die Voraussetzung für jedes psychologische Verstehen. Es ist die Voraussetzung für jede verstehende Diagnose (im Gegensatz zu den bloß beschreibenden und benennenden Diagnosen). Insbesondere ist es aber die Voraussetzung für jede Pädagogik und Psychotherapie.

Das Subjekt als Individuum oder warum das Individuum kein Körper ist

Ich möchte an einigen Beispielen zeigen, dass Subjekt der Name für die Selbststeuerung ist.

Wenn ein Mann und eine Frau zusammen Kinder haben, heißen sie Eltern. Eltern erziehen ihre Kinder. Das setzt voraus, dass Mann und Frau darin zur Übereinstimmung, zur Harmonie der Meinungen kommen, wie die Kinder zu erziehen sind. Nicht die Mutter oder der Vater als Einzelperson, sondern die gemeinsame Absicht, die steuernde Funktion, die sie durch ihre Übereinstimmung, durch ihren Handlungskonsens gefunden haben, das macht sie zu echten Eltern. Als Eltern bilden sie zusammen das steuernde Subjekt, als solches sind sie ungeteilt, also Individuum. Nur Körperhaftes, nur Konkretes ist teilbar. Unteilbar, also In-dividuum ist nicht das Körperhafte, sondern die steuernde Funktion.

So wie nur Vater und Mutter zusammen Eltern sein können, so ist auch bei jedem Aufsichtsrat, jedem Organisationskomitee und jedem Beratungsausschuss nie ein einzelnes Mitglied beschluss- und funktionsfähig. Die erforderliche Mehrheit bildet das funktionsfähige Subjekt, also dasjenige Subjekt, das die Entscheidungen trifft. Nicht die einzelnen Körper der Mitglieder, sondern die Übereinstimmung der Meinungen, der Konsens, ist das ungeteilte Individuum.

Die moderne Mikrobiologie ist in der Lage, gewisse Zellen zu öffnen und die Zellkerne von verschiedenartigen Individuen einzupflanzen. In den Fällen, wo die Zellkerne miteinander verschmelzen, verbinden sich zwei Individuen zu einem neuartigen Individuum (z. B. die Tomaten-Kartoffel). Auch hier ist nicht der konkrete Zellkern, sondern die Steuerungsfunktion das unteilbare Individuum.

Ob Beratungsausschuss, ob Eltern, ob eine Verschmelzung von verschiedenartigen Zellkernen oder ein einzelner Mensch, immer ist es die Selbststeuerung, die das Subjekt ausmacht. Daher: Die Selbststeuerung kann gleichbedeutend Subjekt oder individuelle Seele heißen.

Das Subjekt funktioniert so lange als Individuum, wie es sein System der Selbststeuerung aufrechterhält.

Das Wissen vom Sinn oder das Gewissen und die Gesinnung

Der Mensch ist das Wesen, das sein Tun bewertet, bejaht oder verneint, also lenkt. Lenkt er seine Handlungen nach seinem Sinnverständnis, nach seinem »besten Wissen«, dann handelt er nach seinem Gewissen: Ob jemand seine Handlungen nach seinem Sinnverständnis, nach seinem »besten Wissen und Gewissen« richtet, das ist seine Ge-sinn-ung.

Für jeden Menschen ist das, was nach seinem Wissen und seiner Überzeugung als Realität gilt, unbedingt maßgebend. Dieser unbedingte Maßstab ist das Gewissen. Es bestimmt, was ich tun soll. Wenn das, was ich tun will, und das, was ich nach meiner Überzeugung tun soll, sich widersprechen, dann habe ich ein »schlechtes Gewissen«. Darum handelt jeder gegen seine eigene Überzeugung, wenn er der Harmonie von Wollen und Sollen, also von zweckhaftem Eigennutz und harmonischem Sinnverständnis, von »Trieb und Geist« zuwiderhandelt, sich also sinnwidrig verhält.

Wer sich sinnwidrig verhält, wer gegen seine Überzeugung handelt, muss sich kritisch beurteilen oder verurteilen. Weil sich kein Mensch dieser Selbstkritik, d. h. dem Urteil seines Gewissens, den »Gewissensbissen«, entziehen kann, darum gehört die Gesinnung, die Orientierung am Sinn, zum Wesen des Menschen.

Weil das Wissen vom Sinn ein existentielles Lebensbedürfnis ist, gibt es offensichtlich keine stärkere menschliche Motivation als die, nach der eigenen Überzeugung, nach dem eigenen Wissen vom Sinn, also nach dem eigenen Gewissen zu handeln.

Das Subjekt als Steuerkompass, das die unbedingte harmonische Ordnung will, ist der Grund dafür, dass wir ein unerbittliches Gewissen spüren und dass wir Gewissensbisse haben, wenn wir vom Kurs der Harmonie abweichen.

(Das echte Gewissen ist der Psychoanalyse nicht bekannt. Darum glaubt sie, der Grund für das »Gewissen«, für das »Über-Ich«, liege in der fragwürdigen väterlichen Autorität oder Morallehre. Unter den Irreführungen, die Freud leider verursacht hat, sind das die schwerwiegendsten.)

Das Gewissen registriert, ob das, was ich will, von dem, was ich soll, abweicht. Spürt das Gewissen eine Abweichung, zum Beispiel, dass ich mich durch Angeberei überbewerte, dann korrigiert es die Übertreibung. Sie äußert sich darin, dass ich fürchte, meine Prahlerei könne entdeckt werden. Die Prahlerei erzeugt Unsicherheit.

Die unbedingte Strenge, mit der das Gewissen stets den funktionalen Ausgleich fordert, beweist die Gesetzmäßigkeit des psychischen Regulationssystems.

Auf die Frage, was denn die Ursache und was das vehemente Motiv für das Streben nach dem harmonischen Ausgleich sei, lautet die Antwort: das Gewissen. Es wird nur selten, nur als schlechtes Gewissen, bewusst wahrgenommen, dennoch ist es unser ständiges Autoregulationssystem.

Mit dem Gewissen ist hier nicht der Inhalt irgendeiner Morallehre gemeint, sondern das Autoregulationssystem, das nach dem harmonischen Ausgleich in allen Bereichen und allen Lebenslagen strebt. Dem Gewissen geht es um nichts weniger als um die Harmonie des inneren Gleichgewichts.

Die gewohnte Haltung, die ein Mensch gegenüber sich und gegenüber anderen einnimmt, also die Art, wie er sich am Sinn orientiert, ist seine Ge-sinnung. Die Gesinnung gegenüber sich und der Welt macht die »Identität« seiner Persönlichkeit aus. Identität ist der moderne Begriff für Gesinnung. Wer aber die Orientierung am Sinn und das Gewissen als Gesinnungswächter dauernd ignoriert, kann die Sinn-Leere und den Mangel an »Identität« oder an Persönlichkeit in keinem Fall in irgendeiner Weise ersetzen, weder durch die Befriedigung von Kontakt- oder Konsumbedürfnissen noch durch sexuelle Betäubung, weder durch Selbstbestätigung mit Besitz noch durch gesellschaftliches Prestige.

Wünsche sind unechte »Ideale«

Die Aufgabe, vom Drehpunkt aus sinngemäß zu steuern, also der Wirklichkeit sinn-voll zu entsprechen, ist ein Ideal. Es darf nicht verwechselt werden mit den Wünschen zur Befriedigung eigener Vorteile. Das sind Wünsche, aber keine Ideale.

Wenn einer sagt: »Mein Ideal ist, so viel zu verdienen, dass ich nicht mehr arbeiten muss«, dann ist das ein Wunsch. Wunsch-»Ideale« stehen zu den echten Idealen oft im Widerspruch.

Die katastrophale Verwechslung von echten Idealen, wie zum Beispiel Liebe, Wahrhaftigkeit, Gerechtigkeit, verständnisvolle Toleranz, mit den unechten Zweck-»Idealen«, also den Wünschen, den egoistischen Interessen und Ideologien, hat die Menschheitsgeschichte gebrandmarkt.

Die Zweck-»Ideale«, die Ideologien, erzeugen eine Flut von Intoleranz. Sie reicht vom alltäglichen persönlichen Meinungszwist bis zu den verheerenden religiösen und politischen Ideologiekämpfen ganzer Nationen. In die Liste dieser verlogenen Tragödien gehören die Kreuzzüge, der Dreißigjährige Krieg, die Inquisition, der Nationalsozialismus, aber auch ein Großteil der heutigen Pressemeldungen.

Die objektive und die subjektive Zeit oder Die Kunst, in der Gegenwart zu leben

Die Naturwissenschaft misst die Zeit quantitativ in Stunden, in Millisekunden, in Lichtjahren. Im Rennsport entscheidet eine Hundertstelsekunde, wer sich als Sieger fühlen soll.

Wenn es bei dieser Art der Zeitmessung überhaupt eine Gegenwart gibt, dann würde sie weniger als eine Hundertstelsekunde dauern.

Verschiedenartige experimentelle Untersuchungen am Institut für medizinische Psychologie der Universität München haben ergeben, dass die Aufmerksamkeit für einen »Reiz«, etwa für die Länge einer Verszeile oder den Abschnitt einer Melodie, jeweils zwei bis drei Sekunden dauern kann.

Ist das die Dauer der Gegenwart?

Die objektive Zeit ist die von der Gestirnsumdrehung abgeleitete siderische Zeit. Nach ihr sind unsere Uhren gerichtet. Sie verläuft als Linie von der Vergangenheit über die Gegenwart in die

Zukunft. Vergangenheit und Zukunft scheinen unendlich groß zu sein. Aber die Gegenwart der Uhr-Zeit ist genau genommen kürzer als eine Hundertstelsekunde. Sie ist nur ein Messpunkt. Er trennt die Vergangenheit von der Zukunft.

Ganz anders die wirkliche Gegenwart: Sie ist die subjektive Zeit, die wir erleben. Die Qualität der erlebten Zeit kann mit keiner Uhr und mit keiner Zeiteinteilung gemessen werden.

Wer von sich und seinem Partner sagen kann: »Wir lieben uns, seit wir uns kennen gelernt haben«, dessen Liebe ist dauernde Gegenwart. Diese Gegenwart kann Jahrzehnte umfassen.

Die Stunde, die ein Mensch in seinen Freuden oder Ängsten, in seiner Glückseligkeit oder Langeweile als subjektive Gegenwart erlebt, ist mit der Stunde eines Jahrmillionen alten Steines eigentlich nicht vergleichbar.

Das subjektive, psychische Erleben ist immer nur Gegenwart. Wir können die Gegenwart nicht verlassen. Wir können uns Vergangenes oder Künftiges zwar vorstellen. Aber selbst das, was wir uns als Vergangenes oder als Künftiges vorstellen, erleben wir jetzt in der Gegenwart.

Wenn sich jemand an den gestrigen Tag oder an seine Kindheit erinnert, dann denkt er zwar an jene Zeit und stellt sich Erinnerungsbilder vor. Er erlebt sie aber jetzt in der Gegenwart.

Auch über die Zukunft können wir uns nur in der Gegenwart Vorstellungen machen. »Was geschieht in einem Jahr?« »Was wird sein, wenn ich alt bin?« Wir wissen zwar, dass wir die Zukunft nicht im Voraus erleben können, aber es sollte uns ebenso bewusst sein, dass wir alle Gefühle, die wir auf Vergangenes beziehen, jetzt in der Gegenwart erleben.

Wer Kindheitserlebnisse analysiert, muss daher wissen, dass er eine Erinnerungsszenerie benützt, um Gefühle zu erzeugen, die jetzt, gegenwärtig gültig sind. Wer seine Gefühle allerdings zu häufig an die Vorstellungen seiner Vergangenheit verliert oder an der Zukunft entzündet, gefährdet sich. Wer sich in solchen Vorstellungen tummelt und diese Einbildungen so erlebt, als ob sie reale Gegenwart wären, entzieht sich der Wirklichkeit und wird zum Phantasten.

Er lebt in weltfremden Phantasien oder entwickelt Ängste. All die Ängste und Sorgen, die wir uns im Voraus machen, bevor das Befürchtete eingetreten ist, belasten uns zu Unrecht. Oft sind es kleine Sorgen (»Warum ist er noch nicht nach Hause gekommen?« »Wird wohl alles gut gehen?«). Manchmal sind es schwerere Sorgen (»Wenn ich bloß nicht krank werde«, »Wenn ich nur nicht einsam sein werde«, »Wie wird es sein, wenn ich sterben muss?«).

Aber solch pessimistische Ängste gegenüber der Zukunft muss man sich, auch wenn es mühsam ist, wegtrainieren. Oft gelingt es nur mit großer Anstrengung, sich immer wieder in die Wirklichkeit der Gegenwart zurückzurufen.

In Paris lernte ich durch einen Bekannten Mary B. kennen. Sie war einige Jahre zuvor zur »Miss America« gewählt worden. Sie strahlte Lebensfreude und eine selbstbewusste Offenheit aus. Ich fragte sie, ob sie bei der Misswahl nicht Lampenfieber und Angst gehabt habe? Als Antwort verriet sie mir eine Lebensregel, die ich für mich inzwischen oft anwenden konnte: »Man soll den Schirm nicht aufspannen, bevor es regnet.« Damit lernte ich, aus pessimistischen Zukunftsvisionen in meine zufriedene Gegenwart zurückzukehren. Auch wenn's oft mühsam ist, wir müssen es uns zu eigen machen: Nur die Gegenwart ist unsere Wirklichkeit.

Erinnern Sie sich noch an den Alkoholiker Theodor W.?

Als er mir schuldbewusst eingestand: »Ich habe wieder getrunken«, antwortete ich: »Sie sind mir keine Rechenschaft schuldig. Ich bin weder ein Moralprediger noch Ihr Beichtvater.«

In dem Augenblick öffneten sich seine verschränkten Arme.

Er beugte sich zu mir und sagte in feierlich ergriffenem Ton: »Jetzt haben Sie etwas Wichtiges gesagt.«

Was in diesem Augenblick geschah und den 42-jährigen Alkoholiker zu einem gesunden Menschen machte, dieses Aha-Selbsterlebnis, diese tief erlebte Wirklichkeit, kann mit keinem naturwissenschaftlichen Zeitmaß erfasst werden. Sein Aha-Erlebnis war erlebte Gegenwart.

Aber wie lange dauert diese Gegenwart? Nur eine Sekunde, nur eine Minute oder so lange, wie das Aha-Selbsterlebnis wirksam ist? Das sind bei ihm inzwischen etwa vier Jahre.

Die Kunst, sinnvoll zu leben, besteht darin, keinerlei belastende, quälende Gefühle aus der vorgestellten Vergangenheit oder vermeintlichen Zukunft in die Harmonie der wirklichen Gegenwart eindringen zu lassen.

Wir müssen lernen, die objektive Uhrzeit nur zu benützen, um Termine zu vereinbaren und einzuhalten. Sie ist nützlich, um in der Uhrzeit übereinzustimmen, um zu einer bestimmten Zeit Freunde zu treffen, den Zug zu erreichen, eine Besprechung anzusetzen.

Bedenklich aber ist, was viele von uns tun, ständig Vorstellungen aus der Vergangenheit oder über die Zukunft im Kopf zu haben. (»Werde ich versagen?« oder »Werde ich leiden?«) Sie wissen nicht, dass sie sich damit um ihr Leben in der Gegenwart betrügen. Wer findet: »Das sagt mir meine Erfahrung«, muss sich bewusst sein, dass er damit seine Vergangenheit in die Zukunft trägt und sich dadurch um seine Zukunft bringt.

Einer, der es tat und sogar wusste, dass er nicht mehr in der Gegenwart lebt, ist mir vor wenigen Tagen begegnet. Er sagte wörtlich: »Die Zukunft ist für mich schon Vergangenheit.« Dieser Mann gehört zu den großen, weltbekannten Stars. Darum möchte ich seinen Namen verschweigen und ihn als Mr. Star bezeichnen. Er ist 42 Jahre alt und hat den Gipfel seiner Karriere erreicht. Er bat mich, mit ihm den Farben-Test zu machen. Als ich seine Farbwahl sah (er bevorzugte Schwarz, Grau und Braun und lehnte Gelb und Grün ab), sagte ich vorsichtig, aber deutlich genug: »Sie sind in einer Sackgasse. Sie sollten Ihre Situation von Grund auf ändern.«

»Ja«, gab er mir zur Antwort. »Es ist noch eine Frage von Stunden oder Tagen, wie lange ich lebe.«

Und nun sprach er die Worte, die ich nicht vergessen werde: »Ich stecke in einer Sackgasse, aus der es keinen Ausweg gibt. Die Zukunft ist für mich schon Vergangenheit.« Damit wollte er sagen, dass seine Mutter ihn zum Weltstar getrieben habe, aber zugleich sein eigenes Leben und seine Ehe zerstöre.

Ich erklärte ihm, dass er weder seine Mutter noch die Vergangenheit beschuldigen kann. Erstens ist nicht die Umwelt, sondern er selbst die Ursache seiner Gefühle. Zweitens ist er für die Gegenwart, die er selbst gestaltet, auch selbst verantwortlich.

Als wir uns spätnachts trennten, sagte mein neuer Freund: »Ich hab's begriffen. Ich bin wieder im Lot. Jetzt musst du nur noch meiner Frau helfen. Sie liegt seit Monaten mit psychosomatischen Rückenschmerzen im Bett.«

Ich spürte, dass er aus der verzweifelten Zukunft in die Gegenwart zurückgekehrt war.

Er hatte begriffen, dass er für seine Gefühle selbst verantwortlich ist. Er war entschlossen, sich durch die unberechtigten Vorwürfe der Mutter künftig nicht mehr demütigen zu lassen. Er hat sich von der Vorstellung einer vergifteten Zukunft befreit und beginnt, die wirkliche Gegenwart sinnvoll und freudvoll zu gestalten.

Was ist »Zeit«?

Die wirkliche, die erlebte Zeit ist immer Gegenwart. Die Zeit ist keine Linie von der Vergangenheit zur Zukunft. Selbst die Uhr läuft nicht auf einer Zeit-Linie. Die Zeiger drehen sich ständig im Kreise. Aber das Uhrwerk ändert sich nicht. Die Uhr ist ein Ebenbild der Realität. Wirkliches Leben und Erleben findet nur als Gegenwart statt. Das meint auch das Sprichwort: »Dem Glücklichen schlägt keine Stunde.« Im Zustand der vorbehaltlosen Hingabe und völligen Übereinstimmung, ob in der Liebe, ob bei musischen oder sportlichen Höchstleistungen, sind Gedanken an die Zeit störend und zerstörend. Wer an die Zeit denkt, steigt aus der Gegenwart aus. Er verlässt die Wirklichkeit. Er entweicht auf eine vorgestellte Zeit-Linie und spekuliert auf ihr vorwärts in eine vorgestellte Zukunft oder rückwärts in eine vorgestellte, meist mit Gefühlen interpretierte Vergangenheit.

Wir machen den Fehler, dass wir uns von der Zeit eine Vorstellung machen wollen. Vorstellungen sind räumliche Bilder. Wenn wir uns die Zeit als Linie, als Strecke von der Vergangenheit zur Zukunft vorstellen, verfälschen wir die Zeit und machen sie zu einer räumlichen Distanz. Aus der Zeit eine Strecke zu machen, das ist so falsch, wie wenn man die Geschwindigkeit statt als km/h (Kilometer pro Stunde) mit km/km (Kilometer pro Kilometer) angäbe. Die Vorstellung einer räumlichen, linearen Zeit steht im Widerspruch zur wirklichen, zur erlebten, gegenwärtigen Zeit, in der wir uns erleben.

Wenn wir an unsere Vergangenheit denken, erleben wir das Vergangene jetzt, in diesem Augenblick. Die Erinnerungsbilder erscheinen wie auf einem Bildschirm. Sie stehen nebeneinander und nicht wie auf einem Filmstreifen hintereinander. Was wir uns als Vergangenheit vorstellen, erleben wir jetzt in der Gegenwart. Auf einer Zeit-Linie wäre die Gegenwart kein erlebtes Verhalten, sondern genau genommen nur ein Zeitpunkt. Das ist nicht nur eine falsche, sondern vor allem eine schädliche Auffassung der Gegenwart. Durch sie wird unser Denken und auch unser Verhalten irregeführt. Die lineare Vorstellung von der Zeit, wie sie auch der Terminkalender darstellt, erzeugt oft einen solchen Zeitdruck, dass man für die Gegenwart »keine Zeit« hat.

Weil stets wir selbst die Ursache des Verhaltens sind – heute wie »damals« –, ist es eine der psychoanalytischen Absurditäten, die Ursache falschen Tuns in der Vergangenheit zu suchen. (Die Verlagerung der Ursache, die wir selbst sind, in äußere Bedingungen, z. B. in frühere Lebensabschnitte, ist einer der besonders schädlichen Irrtümer der Psychoanalyse. Die Interpretation früherer vermeintlicher Umstände aus der gegenwärtigen Sicht ist ohnehin fragwürdig und darf nicht als Entschuldigung für die eigene Verantwortung dienen.)

Wenn die erfüllte, befriedigende Gegenwart fehlt, fühlen wir, dass wir etwas verpassen: das eigentliche Leben. Dieses Gefühl, im Leben zu kurz zu kommen, ist die Ursache von zahllosen illusionären Erwartungen, von sinnlosen Ansprüchen und der Gier zu konsumieren. Das sind Versuche, die Leere zu kompensieren. Solche Fluchtwege sind nicht nur Ausflüchte, die letztlich enttäuschen, sondern sie verhindern den Zugang zu benötigten echten, emotionalen Beziehungen. Wirklich leben ist:

die gegenwärtige Wirklichkeit mit spontaner Achtsamkeit erleben.

»Yesterday is history
Tomorrow is mystery
Today is a gift«

Die missverstandene Zeit und die missverstandene Ursache

Dass man Vergangenes, zum Beispiel Kindheitserlebnisse oder eine gescheiterte Ehe, wie die reale Gegenwart erlebt, dieser Gefahr unterliegt man leicht, besonders aber bei der Psychoanalyse von solchen Erinnerungen. Darum bewirken manche Psychotherapeuten, dass die Neurosen, die sie heilen wollen, erhalten bleiben oder sich verstärken. Das hat lang andauernde Behandlungen ohne eine wirkliche Besserung zur Folge.

Das psychologische Missverständnis verstärkt sich, wenn außerdem äußere Bedingungen, schwierige Verhältnisse in der frühen Kindheit oder die Familiensituation für die Ursache einer Neurose gehalten werden. Die wirkliche Ursache liegt nicht in irgendwelchen ungünstigen äußeren Bedingungen. Eine gleiche Situation kann bei einem anderen ohne Folgen sein. Die Ursache einer Neurose liegt im Ich selbst, in der konflikthaften Einstellung des Patienten.

Ein Kind kann sich nicht bewusst korrigieren. Wir Erwachsenen aber müssen wissen, dass die Ursache immer in der eigenen konflikthaften Reaktion besteht. Sie liegt nicht in der äußeren Bedingung. Der Therapeut, der hier die Ursache sucht, lenkt den Patienten von seiner konflikthaften Haltung ab und verhindert die Heilung.

Freilich kann ein Patient seine konflikthafte Haltung seit seiner Kindheit beibehalten haben.

Die subjektive, psychische Zeit ist immer und nur Gegenwart. Nur die objektive, die vorgestellte und gemessene Zeit verläuft vorwärts von der Vergangenheit in die Zukunft. Sie ist linear. Die subjektive Zeit dagegen ist zyklisch. Weil uns die polaren Gegensätze auffallen, z. B. Tag und Nacht, Sommer und Winter, schlafen und wach sein, erscheinen uns Abläufe als rhythmisch, obwohl sie in Wirklichkeit zyklisch sind.

Wenn man eine Kreisbewegung nicht von oben, sondern von der Seite betrachtet, sieht man eine Pendelbewegung zwischen zwei Polen. Darum sind auch die im Autoregulationssystem dargestellten psychischen Polaritäten von direktiv-rezeptiv, konstant-variabel und integrativ-separativ in Wirklichkeit zyklisch. Sie müssten deshalb in einer Kugel dargestellt werden. Mit der Reduktion der Kugel auf einen Würfel sind jedoch die Polaritäten als Würfel-Ecken besser darstellbar.

Ebenso fruchtbar und notwendig wie die Unterscheidung der subjektiven und der objektiven Zeit ist die Unterscheidung des subjektiven und des objektiven Raumes.

Der objektive und der subjektive Raum oder Die Kunst, Gefühle zu erleben

Der objektive Raum der Naturwissenschaft ist ein geometrischer Raum. Dessen Körper werden nach Höhe, Länge und Breite gemessen. Mit diesen drei Dimensionen können zwar konkrete Körper beurteilt oder beschrieben werden. Um den subjektiven, psychischen Zustand zu beurteilen, sind sie aber völlig ungeeignet. Die Psyche ist kein dreidimensionaler Körper.

Wenn die bisherige Psychologie gleichwohl räumliche Begriffe wie »innen, außen, Introversion, Extraversion, Regression, oben-unten, Über-Ich, Unterbewusstsein« usw. gebraucht, dann sind sie irreführend und bestenfalls stellvertretend für das, was wirklich gemeint ist.

Im Gegensatz zum konkreten Körper des objektiven Raumes ist das subjektive Erlebnis einer Melodie oder des Geschmacks auf der Zunge oder der Eindruck, den wir von einer Stimme haben, eine Erlebnis-Struktur. Die Erlebnis-Struktur kann man, wie auch die Gestaltpsychologie, auch als Gestalt bezeichnen. Sie ist aber nicht der materielle Körper, sondern das, was man dabei erlebt, z. B. bei einer bestimmten Farbe oder Form. Erlebnis-Strukturen oder Erlebnis-Gestalten sind auch die Geschmacksempfindungen wie süß, sauer, bitter oder das Landschaftserlebnis wie beispielsweise lieblich, eintönig oder beeindruckend.

Eine Erlebnis-Gestalt ist das, was man als ein »bestimmtes Gefühl« oder als eine »bestimmte Stimmung« oder als einen »bestimmten Eindruck« erlebt.

Darum hat man das Gefühl des »déjà vu«, dass man etwas

schon einmal erlebt hat, immer dann, wenn durch eine bestimmte Umweltsituation, etwa bei einer Landschaft, bei einem Innenraum oder beim Zusammentreffen mit Menschen, eine bereits vertraute Erlebnis-Gestalt angesprochen wird.

Woran liegt es, dass wir eine bekannte Melodie schon nach wenigen Tönen erkennen? Weil jede Melodie eine ganz bestimmte, eigene Erlebnis-Gestalt vermittelt.

Warum erkennen wir am Telefon die Stimme eines Bekannten schon nach wenigen Worten? Weil sie für uns eine ganz bestimmte Erlebnis-Struktur hat, die wir wiedererkennen. Ob die Stimme fröhlich oder bedrückt klingt, das sagt uns die Erlebnis-Struktur, die wir empfinden. Auch unser eigenes Befinden, ob wir uns frisch oder müde fühlen, erfahren wir als verschiedenartige Erlebnis-Gestalten.

Mit den Worten »Ich habe den Eindruck« sagen wir nichts anderes als: Ich habe eine Erlebnis-Gestalt.

»Ich habe den Eindruck, diese beiden Farben passen besser zusammen« bedeutet, dass bei diesen beiden Farben meine Erlebnis-Gestalt harmonischer ist.

Überall, wo wir Empfindungen wahrnehmen, die uns bewusst werden, haben wir Erlebnis-Strukturen. Kreative Menschen haben die Fähigkeit, sich ihre Empfindungen bewusst zu machen und ihre Erlebnis-Gestalten so geschickt zu verwenden wie der Handwerker sein Werkzeug: Sie nützen ihre Intuition.

Der Kunstschaffende teilt uns seine Erlebnis-Gestalten durch Farben, Formen, Bewegungen, Töne oder Worte mit.

Der kreative Manager trifft seine wichtigen Entscheidungen, die Beurteilung von Mitarbeitern und Geschäftspartnern aufgrund seiner intuitiven Erlebnis-Gestalten (»Ich habe den Eindruck, er ist ehrlich«, »Ich habe den Eindruck, hier stimmt etwas nicht«).

Anders als Erlebnis-Gestalten sind Vorstellungs-Gestalten. Alles, was wir uns jetzt in der Gegenwart vorstellen, ohne es wirklich zu sehen, sind Vorstellungs-Gestalten. All das, was wir denken, die Denkprozesse, Gedanken und Träume, sind Vorstellungs-Gestalten.

Je besser eine Vorstellungs-Gestalt mit der Wirklichkeit übereinstimmt, desto richtiger ist der Gedanke.

Was bedeutet: »Ich denke . . .«?

Was denkt wohl der Spatz, der auf unserem Esstisch landet?

»Er säet nicht, er erntet nicht und er ernährt sich doch.«

Denkt er: »Ich fresse nur, bis ich satt bin; als Vogel kann ich mir ein Übergewicht nicht leisten.«?

Welches Denken fehlt den Spatzen, dass sie keine Spatzenkriege zu führen brauchen?

Warum erklärt Friedrich Schiller dem »Homo sapiens«:
«Gegen Dummheit kämpfen Götter selbst vergebens.«?

Was also bedeutet Denken?

Im theoretischen IV. Teil werden die Kategorien der Autoregulations-Psychologie erläutert. Mit ihnen kann auch die Art des Denkens unterschieden werden.

Das Denken ist
rezeptiv (1–4) oder direktiv (2–3)
und
integrativ (1–3) oder separativ (4–2)
und
konstant (1–2) oder variabel (4–3).

Denk-Kategorien

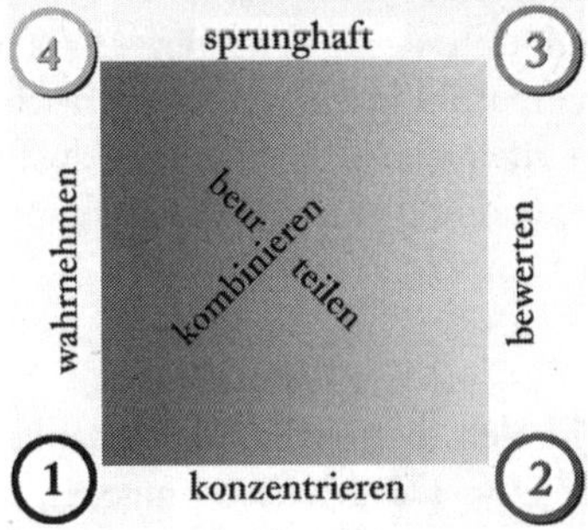

Das Wahrnehmen

Der Mensch und der Spatz denken: Das ist ein Teller und das ist Brot.

Beide nehmen dasselbe wahr.

Wahrnehmungen sind Sinnesempfindungen (im Gegensatz zu Gefühlen). Wahrnehmen ist ein rezeptives Empfinden.

Das Beurteilen

Der Mensch und der Spatz, beide denken: Das Brot kann man essen, den Teller nicht. Beide unterscheiden und unterteilen durch Beurteilen.

Beurteilen ist ein separatives Denken.

Das Bewerten

Der Mensch denkt: Ich esse noch kein Brot, nachher kommt etwas Besseres. Der Spatz hingegen bewertet nicht. Er frisst, was da ist.

Was wir als Wert »empfinden«, ist nur unsere Meinung. Bewertungen sind daher keine objektiven, mit den Sinnen wahrgenommene Empfindungen, sondern Gefühle. Der Spatz kommt ohne Gefühle aus. Darum kann er sich auch weder enttäuscht noch unzufrieden noch beleidigt fühlen.

Wir Menschen hingegen bewerten etwas als besser oder schlechter, als sympathisch oder unsympathisch, als schön oder liebenswert. Wir fügen dem Objekt einen selbst gewählten Wert zu und fühlen uns dadurch glücklich oder unglücklich. Bewerten ist ein direktives Denken.

Das Kombinieren

Der Spatz macht sich darüber keine Gedanken, wie was mit wem zusammenhängt. Der Mensch hingegen liebt es, ›wie mit was‹ und ›wer mit wem‹ zu kombinieren, um Zusammenhänge zu verstehen oder sich solche einzubilden. Kombinieren ist ein integratives Denken.

Die Arten des Denkens können sich verbinden. Jede kann entweder aktiviert (+) sein oder sie kann fehlen (–).

verstehen	+ wahrnehmen	+ kombinieren	+ beurteilen	– bewerten
begutachten	+ wahrnehmen	+ bewerten	+ beurteilen	– kombinieren
vermuten	+ wahrnehmen	+ kombinieren	+ bewerten	– beurteilen
spekulieren	+ bewerten	+ kombinieren	+ beurteilen	– wahrnehmen
erleben	+ wahrnehmen	+ bewerten	– kombinieren	– beurteilen
erkennen	+ wahrnehmen	+ kombinieren	– beurteilen	– bewerten
erfassen	+ wahrnehmen	+ beurteilen	– kombinieren	– bewerten
erfahren	+ bewerten	+ kombinieren	– beurteilen	– wahrnehmen
behaupten	+ bewerten	+ beurteilen	– kombinieren	– wahrnehmen
begreifen	+ beurteilen	+ kombinieren	– bewerten	– wahrnehmen
staunen	+ wahrnehmen	– kombinieren	– beurteilen	– bewerten
ignorieren	+ bewerten	– wahrnehmen	– beurteilen	– kombinieren
kritisieren	+ beurteilen	– wahrnehmen	– bewerten	– kombinieren
phantasieren	+ kombinieren	– wahrnehmen	– bewerten	– beurteilen

Dabei bedeutet

verstehen: etwas ohne subjektive Auslegung verstehen.

begutachten: etwas auf Grund der Tatsachen begutachten.

vermuten: etwas ohne sichere Begründung vermuten.

spekulieren: über etwas spekulieren, ohne es gesehen zu haben.

erleben: Wahrgenommenes empfinden (Blume) und als Gefühl erleben.

erkennen: Wahrgenommenes als das Bestimmte erkennen (Fundbüro).

erfassen: etwas mit dem Wissen, das man erworben hat, erfassen.

erfahren: etwas auf Grund von Erlebnissen als Erfahrung bewerten.

behaupten: etwas ohne die notwendigen Kenntnisse behaupten.

begreifen: Gegebenes im Zusammenhang begreifen.

staunen: etwas wahrnehmen, ohne es zu verstehen.

ignorieren: etwas bewerten, wovon man keine Ahnung hat.

kritisieren: den bestehenden Unterschied geltend machen.

phantasieren: sich etwas ohne die Kenntnis von Tatsachen ausmalen.

grübeln: konstant über dasselbe nachdenken.

zerstreut sein: Das Thema ständig variabel wechseln.

Geistvoll, vernünftig, sinnvoll bedeutet:

mit der Realität übereinstimmend.

Geistlos, unvernünftig, unsinnig ist ein Denken, das im Widerspruch zur Realität steht. Solches Denken ist meist nicht nur unvernünftig, sondern auch stur. Darum ist es tröstlich zu wissen: »Gegen Dummheit kämpfen Götter selbst vergebens.«

Die Intuition oder die Erleuchtung

Es ist erstrebenswert, sowohl deutliche Erlebnis-Gestalten als auch richtige Vorstellungs-Gestalten zu haben, also über deutliche Eindrücke und auch über richtige Gedanken und Begriffe zu verfügen.

So wie der Zen-Buddhist sich jahrelang bemüht, um Satori, die Erleuchtung, zu erlangen, so können wir uns üben, Intuitionen zu haben.

Ist Intuition lernbar?

Die Antwort ist wichtig, weil jeder kreative Mensch, ob Kunstschaffender, Erfinder, Theoretiker oder Manager, viele Erfolge seiner Intuition verdankt. Erfolgreiche Manager und Forscher wissen, dass sie viele wesentliche Erkenntnisse und Entscheide nicht allein mit rational-analytischen Methoden, sondern auch mit Hilfe intuitiver Einsichten treffen. Führungskräfte benützen die Intuition vor allem dann,

- wenn es um Menschenbeurteilung geht oder
- wenn ein Problem rasch behandelt werden muss oder
- wenn sie sich aufgrund von Teilinformationen ein Gesamtbild machen müssen und
- wenn neue Lösungen für organisatorische Konzepte, für Marketingstrategien oder für technische Innovationen gesucht werden.

Doch was ist Intuition?

Goethe kannte den Begriff der »scientia intuitiva« von Spinoza. Er selbst bezeichnete die Intuition als »exakte Phantasie«. Kant beschreibt sie in der »Kritik der Urteilskraft« als »die ungesuchte, freie Übereinstimmung der Einbildungskraft mit den Gesetzen des Verstandes«. Demnach ist es erstrebenswert, nicht nur über richtige Gedanken, sondern auch über deutliche Eindrücke zu verfügen. Beide, die Empfindungen der Wirklichkeit und die richtigen Vorstellungen von der Wirklichkeit, sind wichtige Informationsquellen für die Intuition.

Wer deutlich empfindet und klar denkt, hat die Chance, dass beide Fähigkeiten zusammentreffen und dass, wie bei zwei elektrischen Polen, der Funke zündet.

Die unbewussten Empfindungen

Um zu verstehen, was eine Intuition ist und wie sie unbewusst entsteht, muss man wissen, dass – im Gegensatz zu den bewertenden Gefühlen – Empfindungen objektiv wahrgenommene und im Prinzip auch messbare Sinnesempfindungen sind. Sie entstehen durch unterschiedliche Sinnesreize. Die Reiz-Unterschiede werden durch Vergleichen wahrgenommen, zum Beispiel: größer – kleiner, schwerer – leichter, heller – dunkler, schneller – langsamer, demzufolge auch mehr – weniger, komplexer – einfacher usw. Es wird vermutet, dass jede Sekunde mindestens 10 Millionen Bit durch unsere Sinne aufgenommen werden (80 % davon allein visuell als Sehen von Farben und Formen). Von dieser gigantischen unbewussten Reizaufnahme werden uns nur 20 bis 40 Bit bewusst, also etwa ein Dreihunderttausendstel (0,00003).

Da die Empfindungen immer in unbewussten Vergleichen aufgenommen werden, erzeugen sie vergleichende Urteile. Die vielfache Wiederholung führt zu unbewussten Erfahrungen: zu Erlebnis-Gestalten. (Mit »Gestalt« ist im Sinne der Gestaltpsychologie stets die Struktur zum Beispiel einer Melodie gemeint. Gestalt ist also nichts »Körperhaftes«.) Die meisten Erlebnis-Gestalten bleiben unbewusst, zum Beispiel psychosomatische Körperempfindungen, solange sie keinen Schmerz erzeugen, und auch die meisten Geräusche, zum Beispiel der Stundenschlag einer Uhr im Gegensatz zum Läuten des Telefons. Eher bewusst wird hingegen die Erlebnis-Gestalt einer bestimmten

Melodie, eines bestimmten Landschaftseindrucks oder das Gesicht, der Körper und die Haltung eines Menschen.

Die unbewussten Empfindungen bilden ihre Gestalt nach dem strukturell einfachen, aber unermesslich differenzierten System (von psychischen Relationen: konstant – variabel, direktiv – rezeptiv).

Die Blockierung durch Gefühle

Etwas völlig anderes als Sinnesempfindungen sind die Gefühle (sympathisch – unsympathisch, heiter – ernst, lustig – traurig usw.). Solche Gefühle sind persönliche Bewertungen (»Ich finde Sie sympathisch«; »Das finde ich unangenehm«; »Das ist hässlich«). Weil bewertende Gefühle stets subjektiv sind, stören sie die objektiven Empfindungen und blockieren die Erlebnis-Gestalten. Sie verhindern damit die Bereitschaft zur Intuition. Zwar besitzt jeder ein unermessliches Archiv an Erlebnis-Gestalten, aber dieses Archiv als Quelle der Intuition bleibt unzugänglich, solange bewertende, tendenziöse Gefühle auf Irrwege führen.

Nicht nur die bewertenden Gefühle über eine Sache oder Person, sondern vor allem die falschen (neurotischen) Selbstgefühle blockieren den Zugang zu den Erlebnis-Gestalten.

Die Bereitschaft zur Intuition

Intuition setzt Aufmerksamkeit und Aufgeschlossenheit voraus. Damit wir dazu fähig sind, müssen wir unbelastet und selbstsicher sein.

Doch wie kann ein kreativer Mensch, ein Kunstschaffender, ein Politiker, ein Manager oder eine kreative Hausfrau und Mutter, unbelastet und selbstsicher sein?

Trotz aller Aufgaben, die zu erfüllen sind, wird man sich *unbelastet* fühlen, solange man vom Gefühl der inneren Freiheit und Zufriedenheit erfüllt ist.

Trotz aller Unsicherheit, die in der Umwelt herrscht, wird

man sich *selbstsicher* fühlen, wenn man sich Selbstvertrauen erworben hat und sich die Selbstachtung erhält.

Intuition ist lernbar, wenn man lernt, sich der kreativen Aufgabe völlig hinzugeben und alle Selbstüberbewertungen (Selbstbewunderung oder Arroganz) und alle Selbstunterbewertungen (Selbstzweifel und Minderwertigkeitsgefühle) auszuschalten. Die vier normalen Selbstgefühle,

die Selbstachtung,
das Selbstvertrauen,
die Zufriedenheit,
die innere Freiheit,

sind kein dauerhafter Besitz. Sie sind unbewusste Erfahrungen, die aus dem adäquaten Umgang mit den Umweltbeziehungen resultieren. Die normalen Selbstgefühle stehen in einem ständigen dynamischen Prozess. Sie verändern sich in negative »Attributierungen«, wenn statt des Selbstvertrauens eine »angelernte Hilflosigkeit« und Depression entsteht oder wenn sich statt der Selbstachtung ein angelerntes Minderwertigkeitsgefühl fixiert. (Attributionstheorie: Kelley, H. H.: Attribution in Social Interaction. Morristown, N. I.: General Learning Press 1971, und Seligman, M.: Helplessness: On Depression, Development and Death. San Francisco: Freeman, 1975.)

Da die Intuition durch falsche Selbstgefühle blockiert wird, müssen sie vermieden werden. Die vier normalen Selbstgefühle müssen als unabdingbare Voraussetzung für die Intuition erworben und im Gleichgewicht gehalten werden. Viele geniale Menschen (Kleist, van Gogh, Monet, Tschaikowsky usw.) werden zu außerordentlichen Leistungen gerade deshalb getrieben, weil sie ihren unerträglichen Selbstgefühlen (Selbstzweifel und Größengefühle) entfliehen müssen und in der Welt der Intuition und Harmonie Zuflucht suchen; denn während des kreativen Gestaltens bleiben die neurotischen Selbstgefühle ausgeschaltet. Darum fühlt sich jeder – nicht nur das Genie – wohl, wenn er »ganz bei der Sache« ist.

Wenn neurotische Selbstgefühle ausgeschaltet sind und der Zustand des inneren Gleichgewichtes gewährleistet ist, dann ist der Zugang zu den unbewussten Erlebnis-Gestalten offen. Jetzt kann durch eine vage Such-Haltung unvermittelt bewusst werden, dass eine unbewusste Erlebnis-Gestalt mit einer Vorstellungs-Gestalt (einem Denkmuster) übereinstimmt. Diesen Kongruenzfall nennen wir »Einfall« oder »Eingebung« oder, weil er wie ein Blitz zündet und aufleuchtet, »Erleuchtung« oder Intuition.

Die Arten der Intuition

Es gibt verschiedene Arten der Intuition. Der Schachmeister hat andere Intuitionen als der Komponist, der Manager andere als der Erfinder. Jeder besitzt ein andersartiges Archiv an unbewussten Erfahrungen und auch sein Denken besteht aus verschiedenartigen Vorstellungs-Gestalten.

Der in Begriffen Denkende kann *theoretische Intuitionen* haben. Wenn sich Vorstellungs-Gestalten intuitiv zu einem ganzheitlichen Bezugssystem zusammenfügen, entsteht eine theoretische Erkenntnis, wie die Eingebung des Kohlenstoffringes, den Kekule in einem tranceähnlichen Ermüdungszustand fand, oder eine gültige Theorie wie Newtons Gravitationsgesetz.

Wer sich beim Vollziehen einer Tätigkeit anschaulich Gedanken macht, kann *praktische Intuitionen* haben. Die technischen Erfindungen – vom Hammer bis zum Computer – entspringen dem Wunsch, den Vollzug einer Tätigkeit oder eines Geschehens zu vereinfachen oder wirksamer zu machen. Weil solche Innovationen Gewinn abwerfen, werden die Methoden zur Förderung intuitiver Einfälle vom Brainstorming bis zur Synektik besonders im Bereich der Technik und des Marketings eingesetzt.

Wer sich einfühlende Gedanken macht, kann *psychologische*

Intuitionen haben. Menschenkenntnis, die Beurteilung und das Verstehen anderer, setzt ein differenziertes Verständnis seiner selbst voraus. Durch eine reiche, wahrheitswillige Selbsterfahrung und eine unvoreingenommene Aufgeschlossenheit erleben wir den anderen intuitiv. Rationale Menschenkenntnis gibt es nicht. Tests sind entweder intuitive Verständnisbrücken oder Hilfsmittel zu empirischen Vergleichen.

Wer zu imaginativem Denken fähig ist und seine Phantasie bildnerisch oder musikalisch ausdrücken kann, hat *künstlerische Intuitionen.* Jeder künstlerisch Gestaltende, ob Maler, Komponist, Architekt oder Schriftsteller, schöpft das Werk aus seinem Reichtum an Erlebnis-Gestalten. Sie stellen sich ihm zur Verfügung, wenn er seine intentionale Such-Haltung mit stimulierter Beharrlichkeit aufrechterhält. Wer in einem ständig kreativen Prozess lebt, kann darum mit Picasso sagen: »Ich suche nicht, ich finde.«

Je nachdem, welches Denken für eine Tätigkeit erforderlich ist, treten andere Intuitionen auf, wenn die entsprechenden Erlebnis-Gestalten gespeichert sind.

Bei einem Schriftsteller können sich die künstlerische und die psychologische mit der theoretischen Intuition verbinden. Ein Manager kann praktische und psychologische Intuitionen haben, je nachdem, ob er sein Marketing konzipiert oder ob er Einsichten in die Unternehmenskultur und in Personalfragen gewinnt.

Erfahrung, der Nährboden der Intuition

Reiche Erfahrungen gehören zu den Voraussetzungen jeder Intuition. Der Mangel an Erfahrung und eine geringe Vergleichsbasis können nur zu einem riskanten Ratespiel, aber niemals zu einer Intuition führen.

Genies wie Mozart verfügen über ein außerordentliches Maß an differenzierten Erlebnis-Gestalten. Albert Einstein besaß besonders klare Vorstellungs-Gestalten. Er hat sie in einem privaten Gespräch selbst einmal als ästhetische Bilder bezeichnet.

Ein guter Schachspieler der Klasse A verfügt – nach Professor Herbert Simon vom Carnegie Institute of Technology – über etwa 2000 Muster (Vorstellungs-Gestalten) von Schachsituationen mit den nachfolgenden Zügen. Ein Schachmeister jedoch hat etwa 50 000 Schachmuster im Kopf.

Erfahrene Ärzte stellen eine Diagnose viel häufiger, als es ihnen bewusst ist, intuitiv. Die medizinischen Tests, die ja auch interpretiert werden müssen, sind oft nur noch eine rationale Bestätigung der Intuition.

Eine ähnliche Erfahrung machte ich als junger Psychotherapeut. Ich begann die Patienten das zu fragen, was mir scheinbar grundlos plötzlich einfiel. Immer wieder hat es sich gezeigt, dass ich mit solchen Einfällen den Kern des Problems traf.

Je mehr wir uns von persönlichen Befangenheiten und von bewertenden Gefühlen befreien, je aufmerksamer und aufgeschlossener wir werden, desto deutlicher nehmen wir unsere Erlebnis-Gestalten wahr. Je klarer zugleich unsere Vorstellungs-Gestalten sind, desto leichter entzünden diese beiden Pole den Funken der Intuition. Wer sich ständig um beides bemüht, trägt – wie Goethe sagt – das Holz zusammen, in das der zündende Blitz – wie ich meine – gerade dann einschlägt, wenn genug beisammen ist.

Der objektive und der subjektive Wert oder der Austausch als harmonische Ergänzung

In der Natur ist uns der Austausch von Wärme und Kälte bekannt. Wir wissen, dass der Kühlschrank durch Wärme Kälte erzeugt. Wir wissen, dass die Energie, die es braucht, um ein Gewicht hochzuheben, sich beim Herunterfallen in die entsprechende kinetische Energie umwandelt. Ein objektiver Wert wird gegen einen anderen ausgetauscht.

Auf dem Grundgesetz des Austausches oder der harmonischen Ergänzung beruht das Naturgesetz von Ursache und Wirkung. (Z. B.: Je stärker ich bremse, desto schneller hält das Auto an.) Auf dem Austausch basiert auch das Gesetz von der Erhaltung der Energie und das Gesetz der Gravitation. Es bestimmt die Harmonie der Umlaufbahn aller Planeten.

Ähnlich wie in der naturwissenschaftlichen objektiven Wirklichkeit gilt das Gesetz vom Austausch und von der harmonischen Ergänzung auch in der anderen, der subjektiven, menschlichen Wirklichkeit.

Auch das Wirtschaftsleben beruht auf dem harmonischen Austausch von Nehmen und Geben, von Angebot und Nachfrage. Nehmen, ohne zu geben, empfinden wir als Betrug oder als Raub. Es widerspricht unserem Empfinden für Gerechtigkeit. Mit dem Strafrecht soll durch eine »angemessene Strafe« die Gerechtigkeit, das moralische Harmonieverhältnis wiederhergestellt werden.

»Der bestirnte Himmel über mir« ist die unbedingte, harmonische Ordnung der äußeren Welt. Mit ihr befasst sich die Naturwissenschaft.

»Das moralische Gesetz in mir«, das Gewissen, beweist die unbedingte Ordnung, das Harmonie-Gesetz der inneren Welt. Mit ihm befasst sich die Autoregulationspsychologie.

Jede psychologische Theorie, die den Menschen ohne sein Streben nach dem Sinn, nach Harmonie, verstehen will, sieht nur Teilaspekte. Ihr fehlt die notwendige Sinn-Ordnung, die a priori zum Wesen des Menschen gehört. Darum führt eine echte Psychotherapie den Menschen in all seinen vielartigen Beziehungen zum Erlebnis der Harmonie. Sie bringt ihn zur Einsicht, dass er selbst den Sinn verwirklichen muss, wenn er gesund bleiben oder gesund werden will.

Die Autoregulation oder die »innere« Waage

In der Psychologie geht es nicht um die Harmoniegesetze des »äußeren« Naturgeschehens. Die Autoregulationspsychologie will den Sinn, die Harmonie und Ordnung der »inneren« Gegensätze verstehen. Es geht darum, die Gegensätze innerhalb der eigenen Interessen, also von Sympathie und Antipathie, von Zuwendung und Abwendung, von Aufwertung und Abwertung, von dranghaftem Begehren und Ängsten zu begreifen.

Wir alle erfahren, dass es – ähnlich wie in der »äußeren«, konkreten Welt – auch in der »inneren« Welt der Emotionen bestimmbare Zusammenhänge gibt. Auch sie stehen in einer gesetzmäßigen Abhängigkeit zueinander. So ist der dranghafte Anspruch nach Geltung und Bestätigung abhängig vom Gefühl, nicht zu genügen oder minderwertig zu sein. Ebenso ist die Aggressivität eines Menschen abhängig von seinem Gefühl, frustriert zu sein. Stets ist also eine bestimmte Emotion von einer bestimmten anderen Emotion abhängig: Die eine Be-Wertung ist von einer anderen Be-Wertung abhängig.

Ein einfaches Bild, das ich mir für die Harmonie der Gegensätze jeweils vorstelle und das mir zum Leitbild aller regulationspsychologischen Überlegungen geworden ist, besteht in einer Waage mit zwei Waagschalen. Um so viel, wie die eine Waagschale sinkt, um so viel steigt die andere. Noch einfacher und anschaulicher ist der Vergleich mit jenen langen Balken auf Kinderspielplätzen, die in der Mitte, beim Drehpunkt, aufliegen und Kindern als Wippe dienen. Wer unten sitzt, will hinauf. Wer oben sitzt, will hinunter. Wenn sich der eine am Boden festhält, zappelt der andere in der Luft. Er kann nicht hinunter, solange der andere unten nicht loslässt.

Die Balkenwippe ist ein Bild für die Harmonie. Harmonie ist aber nicht nur als Symmetrie anschaubar. Sie ist auch hörbar und sie ist auch messbar. Wenn wir anstelle der auf- und abschwingenden Waagschale die schwingende D-Saite nehmen und denjenigen höheren Ton suchen, der ihr so harmonisch wie möglich entspricht, dann wird jedermann auf den Millimeter genau diejenige Saitenlänge bezeichnen, die halb so lang ist. Wenn er statt des Längenmaßes das Zeitmaß angibt, dann wird er denjenigen Ton als den harmonisch entsprechenden empfinden, der genau doppelt so schnell schwingt. In beiden Fällen ist es das um eine Oktave höhere D.

Die Harmonie ist, wie es die großen Lehrer der Harmonik Pythagoras, Johannes Kepler, Hans Kayser gelehrt haben, als Weltgesetz im Makro- und Mikrokosmos quantitativ messbar und für uns qualitativ mit unseren Sinnesempfindungen wahrnehmbar.

Der Balken der Waage kann im Gleichgewicht sein und sich nicht bewegen, was bei Emotionen nie zutrifft. Oder er kann nicht im Gleichgewicht sein und sich schaukelnd bewegen. Oder aber er kann völlig aus dem Gleichgewicht geraten, so dass das eine Ende unten und das andere oben fixiert bleibt. Fixiert und nicht im Gleichgewicht sind jene Menschen, die übertriebene oder keine spontanen Reaktionen haben, die also durch übersteigerte oder fehlende Reaktionen auffallen. So kann das Gefühl, ständig unterlegen und hilflos zu sein, einerseits spontane Reaktionen unterbinden und andererseits eine dauernde aggressive Haltung bewirken. Diese gereizt-aggressive Haltung wird benötigt, um sich trotz der Hilflosigkeit überlegen zu zeigen und damit die unerträgliche Hilflosigkeit zu überspielen. Das ist z. B. bei manchen durch ihr Alter oder unter Beschwerden leidenden Menschen auffällig.

Wird die eine Seite des Balkens unten festgehalten, ist die andere oben ebenfalls fixiert. Die emotionale Fixierung, ob oben oder unten, ist die so genannte »Neurose«. Neurosen sind fixierte Einstellungen, die immer zugleich Überbewertungen als auch Unterbewertungen sind.

Die Überbewertung äußert sich als übersteigerter Anspruch. Die Unterbewertung erscheint als Abwehr, Verleugnung, Angst oder Hemmung. Darum erzeugt der übersteigerte Anspruch, beliebt zu sein, beim Verliebten Hemmungen oder bei öffentlichem Auftreten Lampenfieber.

Manche Wippen können nicht nur vertikal auf- und abwärts schaukeln, sondern auch horizontal um den Drehpunkt kreisen.

Schaukeln die Balken extrem stark bis ganz oben und ganz unten im Kreis herum, dann umfassen sie den geometrischen Raum einer Kugel. Darum ist die Kugel mit ihrem stabilen Zentrum, dem Drehpunkt, und all den möglichen Stellungen des Waagebalkens ein Bild, an dem wir uns emotionale Situationen leicht anschaulich machen können.

Heftige Ausschläge, die bis in die Kugelkuppe und in die Tiefe reichen, entsprechen den heftigen Affekten. Sie führen in die illusionären, fiktiven, neurotischen Bereiche. Hier wird besonders deutlich, wie der eine starke Affekt (die eine Seite des Balkens) von einem bestimmten anderen Affekt (auf der anderen Seite) funktional abhängig ist.

Der Himmel ist im oberen und die Hölle im unteren Teil der Kugel. Hier oben und unten finden die affektgeladenen Auf- und Abbewegungen statt. In diesem Himmel oben und in dieser Hölle unten befinden sich jene Selbstgefühle, die bei neurotischen Konflikten so extrem und wechselhaft sind, wie Selbstbewunderung und Selbstbedauern oder wie Selbstzwang und Selbstflucht usw.

Im Bereich der Realität und Normalität hingegen bewegt sich der Waagebalken um die Gleichgewichtslage wie bei einer harmlosen Kinderschaukel.

Wenn also die eine Seite des Balkens stark hochgeht, ist die andere tief unten.

Einer Wut scheint immer ein Gefühl der Enttäuschung vorauszugehen; Trotz scheint nach einem Gefühl der Zurückweisung aufzutreten; heftige Aggressionen sind ohne vorangehende Frustrationsgefühle nicht denkbar. Wer sich als Angeber aufspielt, mit dessen Selbstsicherheit kann es nicht weit her sein. Mehr noch: Je größer das heimliche Gefühl der eigenen Bedeutungslosigkeit, der geistigen und gesellschaftlichen Wertlosigkeit ist, desto größer, desto provozierender oder arroganter ist die Angeberei oder Wichtigtuerei. Also: Je mehr einer übertreibt, umso unsicherer ist er.

Das Gleichnis des Waagebalkens zeigt sich nicht nur als Verhalten nach außen, sondern es beschreibt vor allem die inneren Gefühle sich selbst gegenüber, die Selbstgefühle.

Es besteht ein Gleichgewichtsverhältnis zwischen dem Defizit, das jemand empfindet, und der Übertreibung, zu der er dadurch neigt. Diese Abhängigkeit der Überbewertung von der Unterbewertung, aber auch umgekehrt die Abhängigkeit der Unterbewertung von der Überbewertung, diese komplementäre Abhängigkeit habe ich mit dem Begriff *»Autoregulation«* benannt.

Als Autoregulationspsychologie bezeichnen wir die gesetzmäßige Abhängigkeit einer Emotion von einer bestimmten anderen Emotion.

Das Verständnis der Autoregulation ist die Grundlage und der Ausgangspunkt für das psychologische Verstehen. So wie die Kausalität von Ursache und Wirkung ein Grundgesetz der Naturwissenschaft ist, so bildet die Autoregulation ein Grundgesetz der Psychologie.

Ein paar Beispiele sollen zeigen, wie die eine emotionale Haltung von einer bestimmten anderen autoregulativ abhängig ist.

Wann beispielsweise greift jemand zur Zigarette? Was ist das Motiv, was veranlasst ihn, »instinktiv« nach dem Päckchen zu greifen? Was geht voraus? Wie fühlt sich ein Mensch, der sich im Kaffeehaus niedersetzt und nach der Zigarette greift oder eine Zigarette anzündet, wenn das Telefon läutet oder bevor er eine Telefonnummer wählt oder bei der Begegnung mit einem Geschäftspartner oder mit Partygästen oder im Auto vor einer Bahnschranke, vor einem Stopplicht oder überhaupt, wenn er warten muss, »automatisch« nach der Zigarette greift?

Weil wir autoregulationspsychologisch beobachten, erkennen wir, dass der Griff nach der Zigarette der zweite Akt ist und dass ihm ein erster Akt als Motiv vorausgeht. Der unsichtbare erste Akt ist die Unsicherheit, also der Zustand des Unbehagens. Er ist der motivierende Beweggrund.

Der zweite Akt, der »automatische« Griff nach der Zigarette, hat den Zweck, einen Zustand des Behagens herzustellen. Solche »automatischen«, »instinktiven« Handlungen haben also ein meist unbewusstes, unauffälliges Motiv. Das unbewusste Motiv entspricht der einen Seite des Waagebalkens. Am anderen Ende des Waagebalkens steht das beabsichtigte Ziel oder der Zweck.

Wir wollen die Autoregulation zwischen dem vorangehenden Motiv und der nachfolgenden Zielhandlung jetzt genau klären. Dabei sind die beiden Begriffe Zuwendung und Abwendung wichtig.

Angenommen, ein Ehepaar fährt im Auto über Land. Die entspannte Atmosphäre scheint der Frau geeignet, mit ihrem Mann ein heikles Thema zu besprechen, auf das er meist gereizt reagiert. Während er am Steuer sitzt und geradeaus schaut, sagt sie in sanftem Ton: »Liebling, ich glaube, wir sollten meine Mutter wieder einmal zu uns einladen.« Bevor der Mann antwortet, wendet er automatisch seinen Blick ab, schaut seitlich aus dem Fenster und sieht irgendetwas, einen Menschen, ein

Haus, einen Baum, der ihm »zufällig« auffällt. Er wendet zwar diesem Gegenstand seine Aufmerksamkeit zu, aber nur deshalb, weil er sich von seiner Frau, die ihn mit ihrer Frage stört, abwenden will. Die Abwendung kann also der Grund sein für die Zuwendung zu einem vordergründigen Interesse. Solche Interessen, die aus einer Abwendung resultieren, wollen wir als Flucht-Interessen bezeichnen. Flucht-Interessen werden oft zur Sucht (Arbeitssucht, Politisieren, Vereinsmeierei).

Psychologisch beobachten heißt, die Zusammenhänge autoregulationspsychologisch verstehen. Das bedeutet, dass Kontakthunger, Konsumiersucht usw. als Regulation eines Defizits, einer Leere, einer Depression oder Langeweile, verstanden werden müssen.

Die vier Aspekte der objektiven Welt

Es ist das besondere Anliegen dieses Buches, die subjektive Wirklichkeit und die Selbstgefühle verständlich zu machen. Wo aber ordnen wir diese subjektive »andere Wirklichkeit« ein, wenn wir die ganze, also auch die objektive Wirklichkeit betrachten?

Die so genannte objektive Wirklichkeit nehmen wir mit unseren Sinnen wahr. Wir erfahren sie als unsere »äußeren« Lebensbedingungen. Wir versuchen, sie mit der objektiven Wissenschaft zu analysieren und zu erkennen.

Die objektive Wirklichkeit kann zunächst nach zwei Gesichtspunkten unterschieden werden. Der eine Aspekt fragt, ob das Objekt körperlich konkret existiert oder ob das Objekt eine abstrakte Vorstellung ist. Konkret oder abstrakt ist die eine Frage, die wir an die objektive Wirklichkeit stellen.

Die zweite Frage, die uns bei der Beurteilung eines Objektes ebenfalls wichtig ist, heißt: Inwiefern ist das Objekt mit mir gleichartig? Was hat es mit mir persönlich zu tun? Oder ist das Objekt für mich fremdartig? Habe ich nur eine sachliche Beziehung zu ihm?

Die zweite Frage unterscheidet also zwischen gleichartig und fremdartig. Meist lautet die Unterscheidung: »Ist das sachlich oder persönlich?« oder: »Ist das rein theoretisch oder hat das (für mich) einen praktischen Nutzen?« Die populäre Kurzfassung dieser Fragen heißt: »Was nützt es mir?« »Profitiere ich dabei?« Für das Fremdartige, Sachliche, »rein Objektive«, »rein Theoretische« haben die meisten kein Interesse. Ihre Welt ist vorwiegend egozentrisch.

Wenn wir Konkretes und Abstraktes unterscheiden und beides nach den Gesichtspunkten fremdartig-sachlich oder gleichartig-persönlich unterteilen, dann gibt es vier Hauptaspekte der objektiven Wirklichkeit.

	konkret	*abstrakt*
fremdartig (sachlich)	Physisches z. B. Stein	Theoretisches z. B. Mathematik
gleichartig (persönlich)	Leibliches z. B. Psychosomatik	Psychisches z. B. Selbstgefühle

Der Wissenschaftstheoretiker Karl Popper hat eine Drei-Welten-Theorie beschrieben. Sie scheint mit drei von unseren vier Aspekten übereinzustimmen.

Popper unterscheidet die Welt der physikalischen Körper: ein Stein, ein Metall etwa. Sie ist konkret und fremdartig, sachlich.

Dann nennt er die Welt des Subjekts, der Gefühle und all dessen, was die Psychologie angeht. Sie ist abstrakt und betrifft das Gleichartige, Persönliche.

Eine dritte Welt hat die Theorien und Geisteswissenschaften zum Inhalt. Sie ist ebenfalls abstrakt, betrifft aber das Unpersönliche, Fremdartige, Sachliche.

Neben dieser Übereinstimmung mit den drei Welten von Karl Popper drängt sich uns aber die Frage auf, ob es nicht auch einen vierten Aspekt gebe? Gibt es etwas, was zum Gleichartigen, Persönlichen gehört, aber zugleich körperhaft konkret ist?

Diesen vierten Aspekt oder diese vierte »Welt« gibt es tatsächlich, wenn man den lebenden Körper, den »beseelten Leib« und damit den ganzen Bereich der Psychosomatik für wichtig hält. Ich bin der Meinung, dass meine Hand, die diese Zeilen schreibt, die Schmerz und Zärtlichkeit empfinden kann, etwas wesentlich anderes ist als eine Hand, die als fremder Körper im Anatomiesaal seziert wird.

Die »Psycho-Somatik« oder das Leib-Seele-Problem

»Es gibt keine echten Probleme, sondern nur falsch gestellte Fragen«, pflegte mein Philosophielehrer zu sagen.

Die Realität ist letztlich wohl ein und dieselbe, auch wenn wir sie unter zwei so verschiedenen Aspekten wie Seele und Körper oder mit Descartes als res cogitans und res extensa betrachten.

Cartesius hat in spekulativer Konsequenz die res extensa, die ausgedehnte Welt, quantitativ und mechanistisch interpretiert. Diesem an sich nützlichen Verfahren ist die Naturwissenschaft und auch deren Medizin gefolgt. Demgegenüber haben Anaximandros (620 v. Chr.) und Empedokles (495 v. Chr.), welche die Systemlehre der vier Elemente aufgestellt haben, oder Aristoteles, der die »Entelecheia« lehrte, all die zahllosen einsichtigen Praktiker den »qualitativen« Aspekt, der als »Psyche« oder »Geist« gesehen wird, für nicht weniger wichtig gehalten. Samuel Hahnemann, der Begründer der Homöopathie, betont in seinem »Organon der Heilkunst« (1833) eindringlich, dass das Gemüt und der Geist dafür maßgebend seien, ob Krankheitserreger wirksam werden können. Hahnemann hat auch schon vor Robert Kochs Impfmethode das Prinzip »Similia similibus curentur« als autoregulatives Prinzip in die medizinische Therapie eingeführt.

Die Einheit von Seele und Körper wird bekanntlich unter der Etikette »Psycho-Somatik« gefordert. Aber schon diese zwiespältige Bezeichnung zeigt die Hilflosigkeit, wie Psychisches und Somatisches als Einheit zu begreifen seien. Ich schlage deshalb vor, dass unter »Psyche« die Steuerung der Energie und unter »Körper« der Zustand der Energie zu verstehen sind. Der Zustand der Energie erscheint dem Beobachter als Struktur, als objektives Bild, als ausgedehnter Körper, dessen Gewicht gemessen werden kann. Die Steuerung der Energie hingegen, die man auch als »psychische« Information bezeichnen kann, ist nicht körperhaft und hat kein Gewicht. Zum Vergleich: Wird ein Tonband mit Informationen, zum Beispiel einer Symphonie, bespielt, bleibt es dennoch gleich schwer und gleich groß.

Weil die »Psyche« die Energie steuert, haben Suggestion, Hypnose, Amulett- oder Placebotherapie, die alle als »Geistheilung« verstanden werden können, ihre zuweilen eindrucksvolle Wirkung.

Die Resultate von falsch gesteuerter Energie kennen wir als funktionelle Erkrankungen, als Immunschwäche durch Stress, als Haltungsschäden und schließlich als physikalisch messbare oder sichtbare organische Erkrankungen.

Die gleichzeitigen Messungen der physiologischen Funktionen und des psychischen Zustandes mit dem Lüscher-Farb-Test haben erstmals die psychische und physiologische Korrelation statistisch signifikant nachgewiesen (z. B. mit dem Elektroenzephalogramm, mit den vegetativen Messungen oder mit der Blutanalyse; Dissertation von M. Austin, Psychiatric Institute Medical School, Yale University, USA, sowie in zahlreichen medizinischen Untersuchungen, wie zum Beispiel bei Hypertonie, Ulcus duodeni, Neurodermitis, Psoriasis, Anomalien der Zahnstellung, Bruxismus u. a.).

Damit ist der Brückenschlag zwischen »Leib und Seele« für eine »psychosomatische« Medizin, wie sie seit einem Jahrhundert mit immer größerer Intensität gefordert wird, vollzogen. Dennoch ist die Schulmedizin bisher oft bei banalen Feststellungen wie »psychosozialer Stress« stehen geblieben.

Der Grund dieses Stagnierens liegt nicht in erster Linie bei der einseitigen Ausbildung der Ärzte, sondern in den für die »Psychosomatik« wenig tauglichen verbalen Methoden der psychoanalytischen und tiefenpsychologischen Konstrukte.

Trotz der realen Einheit von Seele und Leib erscheinen sie uns unter verschiedenen Aspekten: Es ist die Aufgabe der objektiven Wissenschaften, die vier Aspekte in ihre einzelnen Bereiche zu gliedern. Die nachfolgende Übersichtstabelle soll zeigen, wie der objektive Aspekt der Wirklichkeit gegliedert werden kann.

Die Härte von Eisen hat direkt nichts mit der Härte eines Menschen zu tun. Darum gibt es nur Analogiebeziehungen zwischen den vier Aspekten. Besonders falsch können Schlüsse sein von einem objektiven Aspekt, z. B. vom Körperbau, auf einen subjektiven Aspekt, nämlich auf die Gefühle der betreffenden Person, z. B.:

objektiv:		*subjektiv:*
dicke Menschen	seien	gemütlich
kleine Menschen	seien	ehrgeizig
schwarzhaarige	seien	leidenschaftlich
vollbusige	seien	sinnlich
	usw.	

Solch magisches Analogie-Denken ist im Aberglauben und in fiktiven »Wissenschaften« verbreitet.

Was ist ein Symbol?

Die Gefahr ist groß, dass man unter dem Begriff »Symbol« nicht das versteht, was wirklich gemeint ist. Darum ist es nötig zu wissen, dass das Wort »Symbol« zwei radikal verschiedene Bedeutungen hat. Man muss unterscheiden zwischen den assoziativen und den emotionalen Symbolen. Das lässt sich am Beispiel der Farben leicht erklären. Die Farbe Weiß wird in Indien und China im Zusammenhang mit dem Tod verwendet. Dass man beim Tod Weiß verwendet, ist eine angelernte Konvention. Man lernt, dass man mit dieser Farbe den Tod assoziiert. Darum möchte ich diese Art von Symbolen als assoziative Symbole bezeichnen.

Das assoziative Symbol:

Die Nationalfarben von Italien sind rot, weiß, grün, die von Frankreich blau, weiß, rot. Diese Farbzusammenstellungen sind die Symbolfarben der beiden Nationen. Es gibt zahlreiche Symbolfarben, z. B. von Benzinmarken oder Zigarettenmarken, und ebenso auch Symbolformen, z. B. $ für Geld oder für das Kennzeichen der Automarke. Meist wird beides verwendet, Farben und Formen. Der Zweck ist es, mit solchen Formen und Farben auf einfache Weise eine Firma, ein Produkt, eine Einrichtung oder ein Verkehrsschild mit einem bekannten Zeichen, mit einem Logo zu kennzeichnen.

Das emotionale Symbol:

Dasselbe Wort Symbol hat aber noch eine zweite, eine radikal andere Bedeutung. Dieses andere, emotionale Symbol ist nicht konventionell begründet und muss nicht assoziativ gelernt werden. Das emotionale Symbol erzeugt spontan und unwillkürlich eine bestimmte Empfindung. Diese Empfindung ist nicht willkürlich, sondern entsteht spontan und wird physiologisch verursacht. Deshalb bedeutet das emotionale Symbol für jedermann genau dasselbe. Es ist objektiv und universell gültig. Am Beispiel der Farben wird die Bedeutung von emotionalen Symbolen leicht verständlich. Die Farbe Dunkelblau wird überall genau gleich wahrgenommen. Genauso wird auch die Farbe Orangerot allgemein als Orangerot empfunden. Die Empfindung einer Farbe ist daher ein genau bestimmbares, allgemein gültiges, objektives, emotionales Symbol. Genauso sind ein Kreis, ein Quadrat, ein Dreieck, ein Kreuz oder andere Grundformen universell gültige, emotionale Symbole, die von jedermann in ihrer Bedeutung genau gleich empfunden werden. Das wird in grafischen Darstellungen nicht selten missbraucht, indem an sich Zusammenhangloses als Kreis oder Dreieck dargestellt wird.

Bestimmte Gegenstände und Bilder, die in den Träumen entstehen, besitzen die objektive Bedeutung eines emotionalen Symbols. Diese Symbole haben ihre objektive, universell gültige Bedeutung. Mit den Kategorien und Strukturen (1, 2, 3, 4) der Autoregulationspsychologie können diese Symbole allgemeingültig definiert und verstanden werden. Dadurch kann die willkürliche Symboldeuterei kritisch überprüft werden, zum Beispiel die Schlange müsse ein Penissymbol sein oder die Schlange bedeute die Materie, weil sie auf dem Boden kriecht, wie C. G. Jung behauptet. Die emotionalen Symbole dürfen nicht mit anderen, mit willkürlichen oder zufälligen Bildern verwechselt werden. Emotionale Symbole sind eine emotionale Darstellung mit einer universell gültigen Bedeutung. Als das treten sie auch in den Träumen auf. Sie zeigen die emotionalen Eigenschaften des Menschen, seine unbewussten Motivationen, seine Absichten, sein Verhalten, seine Arbeitsweise und seine Disposition zu Krankheiten.

Aus diesem Grunde benützen Homöopathen die Träume des Patienten, um dessen Zustand zu verstehen. Da mit der Farb-Diagnostik die Korrelation zwischen den psychischen Strukturen und den homöopathischen Mitteln erforscht ist, führt das Traumsymbol direkt zum erforderlichen Mittel.

Träumt jemand, er gehe nach Hause, so geht er an den Ort, wo er sich in Ruhe geborgen und zufrieden fühlt. Das entspricht der Struktur + 1. Da das Zuhause zugleich Stabilität vermittelt, kommt die Struktur + 2 dazu. »Nach Hause gehen« bedeutet zugleich, dass man sich von der Außenwelt, von allem sich ändernden Betrieb abwendet, was durch die Struktur 4 mit dem Vorzeichen – für die Abwendung definiert ist. Der objektive Code für das Symbol »nach Hause« lautet somit: + 1 + 2 – 4. In der nachfolgenden Tabelle sind einige Beispiele aufgeführt, wie die Struktur als Farbe, als Emotion, als Funktion und als Situation objektiv definiert werden kann.

Beispiele der emotionalen Symbole sind in der nachfolgenden Tabelle den Farbziffern der Lüscher-Color-Diagnostik und den entsprechenden homöopathischen Mitteln zugeordnet.

Farbziffer	**Emotion**	**Funktion**	**Objekt, Situation**
+ 1 Lü-Blau	ruhig	verweilen, bleiben	Wasser, See
− 1 Lü-Blau	unruhig	eilig	Fluss, fahren, Zeitnot
+ 2 Lü-Blaugrün	stabil	begrenzen, pünktlich	Fels, Berg, Uniform, Titel
− 2 Lü-Blaugrün	beengt	ausweichen	wendige Schlange
+ 3 Lü-Gelbrot	aktiv	vorwärts bewegen	Feuer, Sex, Sport
− 3 Lü-Gelbrot	erschöpft	zurücksinken	Schlaf, Krankheit, Tod
+ 4 Lü-Gelb	befreit	ausweiten	Luft, Flugzeug, Vogel
− 4 Lü-Gelb	ängstlich	einengen	Tunnel, enger Raum

+ / − und Farbe			**Zeile**	**emotionales Symbol**	**homöopathisches Mittel**
+ 1	+ 2	− 4	blau	zu Hause	Pulsatilla
+ 1	+ 3	− 4	blau	Umarmung	Magnesium carbonicum
+ 2	+ 1	− 4	grün	Baum	Natrium muriaticum
+ 2	+ 3	− 1	rot	ein Auto lenken	Bryonia
+ 2	+ 3	− 4	gelb	Manager, Direktor	Arsenicum album
+ 3	+ 2	− 1	rot	Pferd, Lokomotive	Nux comica

Tabelle der vier Aspekte der objektiven Welt

fremdartig (objekthaft) oder gleichartig (subjekthaft)	konkret (körperlich) oder abstrakt (vorstellungshaft)

	konkret	abstrakt
fremdartig (sachbezogen) (»außen«)	*fremde Körper* • Naturwissenschaften, z. B. Physik, Chemie, Biologie	*fremdbezogene Vorstellungen* • Philosophie, z. B. Logik, Mathematik, theoretische Ästhetik, theoretische Ethik
gleichartig (persönlich) (»innen«)	*eigener Leib* • Psychosomatik a. Sinnesempfindungen, Farbe, Form, Töne, Geruch b. psychovegetative und innere Leibempfindungen c. Motorik, Gestik d. psychosomatische Erkrankungen	*selbstbezogene Vorstellungen* (imaginär) • Psychologie Selbsteinschätzung, Stimmung, Gefühle • Psychopathologie • Soziologie a. Gemeinschaft, Intimpartner b. Ideologien, Religion c. Gesellschaft, Politik

Die Autoregulationspsychologie

Wir sind gewohnt, mit Gegenständen und ihren objektiven Werten umzugehen. Genau festgelegt sind die Maßwerte des Kilogramms, des Liters, des Meters. Es gibt auch bestimmte Gold- und Geldwerte. Es gibt den Tageskurs für den Dollar, den Euro, den Yen.

Im Gegensatz zu den objektiven, für eine Allgemeinheit gültigen Werten sind subjektive Bewertungen immer solche, die ein Mensch aus sich heraus trifft. Er bewertet eine Situation oder einen anderen Menschen als positiv oder negativ oder als gleichgültig. Meist heißt das Urteil »sympathisch« oder »unsympathisch«.

Wir sind gewohnt, feine Unterschiede aus Bewertungen herauszuhören. Sagt jemand: »Es sind ganz nette Leute«, so nehmen wir an, dass es sich um freundliche, aber uninteressante Menschen handle.

Diese Äußerung enthält somit zwei Bewertungen. Eine positive, dass es freundliche Leute seien, und eine negative, dass sie aber langweilig sind.

Wir sollten aber nicht nur die beiden Pole positiv und negativ, nicht nur sympathisch und unsympathisch unterscheiden. Wir sollten hellhörig sein und genau beobachten, ob die Zustimmung und Sympathie in angemessener Weise geäußert wird oder ob sie übertrieben und übersteigert ist.

Findet jemand etwas »sehr schön«, können wir es ihm glauben. Sagt er aber, es sei »wahnsinnig schön«, zeigt die Übersteigerung, dass es ihm weniger um die Sache geht, sondern darum, das Gefühl der eigenen Begeisterung zu zeigen.

In »Signale der Persönlichkeit« habe ich fünf verschiedene Stufen der Bejahung und der Verneinung unterschieden und auch die entsprechenden Ausdrücke in einer Liste aufgeführt.

Eine sachlich geäußerte Stellungnahme heißt ja oder nein. Sachliche Beurteilungen sind affektfrei, ohne Sympathie oder Antipathie. Die Frage: »Hast du die Haustür zugeschlossen?« kann mit einem emotionslosen Ja oder Nein beantwortet werden. Diese gefühlsneutrale Haltung, die einen Zustand sachlich beurteilt, bezeichnen wir in der Autoregulationspsychologie als emotionale Indifferenz und markieren sie mit dem Gleichheitszeichen =.

Eine ausdrückliche Bejahung heißt beispielsweise »jawohl, genau, richtig, in Ordnung, einverstanden, o. k., klar«. Eine Verneinung und Kritik auf derselben Stufe lautet entsprechend »auf keinen Fall, kommt nicht in Frage, ausgeschlossen, niemals«.

Obwohl solche Worte eine persönliche Gefühlshaltung ausdrücken, kann die Bewertung dennoch sachbezogen und angemessen sein. Die emotionsfreie und ebenso die angemessene positive oder negative Bewertung bezeichnen wir als angemessen, als adäquat.

Positive adäquate Bewertungen sind: »Schau, wie schön die Blumen sind.« »Diesen Wein mag ich besonders gern.« »Mir gefällt's, wenn einer sagt, was er denkt.«

Und hier einige Beispiele für negative adäquate Bewertungen: »Ich finde es viel zu heiß in diesem Raum.« »Es stört mich, wenn Sie rauchen, während ich esse.« »Ich habe es nicht gern, wenn während des Essens über geschäftliche Angelegenheiten verhandelt wird.« »Das werde ich niemals unterschreiben.«

Obwohl sich in solchen Bewertungen entweder positive oder negative persönliche Gefühlshaltungen ausdrücken, sind sie zugleich sachbezogen. Sie zeigen entweder eine Zuwendung oder eine Abwendung.

In der Autoregulationspsychologie markieren wir die positive *Zuwendung* mit dem Zeichen +. Die negative *Abwendung* erhält das Zeichen –.

Die beiden Abnormitäten: die Überbewertung und die Unterbewertung

Es ist für uns alle wichtig und nützlich, hellhörig zu sein für die dritte Stufe der positiven oder negativen Bewertungen. Es muss uns bewusst sein, dass Bewertungen wie »Es ist wahnsinnig schön«, »Er ist unheimlich lieb« oder »Ich finde es zum Kotzen«, »Es ist alles Quatsch« nichts über die Sache, aber viel über die persönliche Haltung aussagen.

Solche Bewertungen beschreiben nur den egozentrischen Gefühlszustand. Sie beurteilen aber nicht die Sache und nicht die Situation oder die Menschen, um die es geht. Derart übersteigert positive oder übersteigert negative Bewertungen sind der Realität nicht angemessen. Sie sind weder eine adäquate Zuwendung zur Wirklichkeit noch eine adäquate Abwendung von ihr.

Hinter nichts sagenden Urteilen wie: »Der Film war unheimlich gut« oder »Mein Freund ist irrsinnig toll«, die das egozentrische Gefühl dramatisiert darstellen, steht nur die Bewertung der eigenen Gefühle. Die Selbstbewertung ist entweder *positiv übersteigert*: »Ich bin es wert, einen irrsinnig tollen Freund zu besitzen«, oder sie ist *negativ übersteigert*, z. B.: »Ich kann machen, was ich will, es misslingt mir immer.«

Die egozentrische Überbewertung kann sich direkt als Selbsteinschätzung, zum Beispiel als angeberische Selbstbewunderung oder als wichtigtuerische, arrogante Selbstüberschätzung, äußern oder sie kann in illusionären Wünschen, Erwartungen oder Forderungen zum Ausdruck kommen.

Dem Pol der egozentrischen Selbstüberbewertung steht die Selbstunterbewertung gegenüber. Wir kennen den egozentrischen Teufelskreis aus der früheren ausführlichen Darstellung und wissen, dass jede Selbstüberbewertung die autoregulative Kehrseite einer Selbstunterbewertung ist. Darum sind alle positiven Übersteigerungen immer zugleich von negativen Übersteigerungen abhängig.

Die Kehrseite ist nur deshalb oft nicht auffällig, weil sie zum bewussten Ich-Bild nicht passt und darum verleugnet wird. Wer zum Beispiel sein schwaches Selbstvertrauen in einer Uniform versteckt oder wer sich für bedeutend hält, weil er in einer renommierten Firma arbeitet, verleugnet damit sein Gefühl der Schwäche. Sie kommt aber zum Vorschein, wenn sich diese Menschen wegen Kleinigkeiten ärgern, leicht ungeduldig oder gereizt sind, häufig schimpfen und dadurch ihre ängstliche Unsicherheit verraten.

Weil es nützlich ist, diese Zusammenhänge so gut zu verstehen, dass man sie im Alltag sofort anwenden kann, möchte ich sie hier erläutern und anhand der folgenden Grafik (S. 202–203) anschaulich zeigen.

Auf der linken Seite stehen oben die ego-zentrische Selbstüberschätzung und unten die ego-zentrische Selbstunterschätzung. Beide sind die Ursache von konflikthaftem Verhalten. Sie verursachen auch die unzweckmäßigen Körperhaltungen, die zu körperlichen Beschwerden und schließlich zu Krankheitssymptomen führen können.

Die Selbstüberschätzung mit ihren übersteigerten Ansprüchen wird mit ++ markiert. Die ego-zentrischen, übersteigerten Ansprüche scheitern an der Realität.

Die Realität ist »das Maß aller Dinge«. Sie gilt unbedingt und ohne Kompromisse. Die Realität gilt sowohl als physische und psychische als auch als gesellschaftlich-ideologische Wirklichkeit. Wer der physischen Realität zuwiderhandelt, geht zugrunde. Wer von einer gesellschaftlichen, politischen oder konfessionellen Institution abhängig ist und den Allüren ihrer Diktatur zuwiderhandelt, wird von ihr zugrunde gerichtet.

Weil sich alles in der Realität bewähren muss, darum verursacht jede realitätswidrige, ego-zentrische Haltung ein bestimmtes konflikthaftes Verhalten gegenüber den anderen und den Aufgaben. So entstehen das Enttäuschtsein, das Verärgertsein, das Beleidigtsein, das Unzufriedensein und ebenso der Misserfolg.

Wer einen übersteigerten Anspruch an die Realität stellt (zum Beispiel: Du musst mich lieben; Ich will bewundert werden; Ich will der Beste sein; Ich will schöner sein usw.), findet es unerträglich und frustrierend, oft sogar deprimierend und ängstigend, dass es in Wirklichkeit nicht so ist. (Solche Zustände können an den abgelehnten Testfarben erkannt werden. Zugleich entsprechen solche frustrierende Zustände dem psychoanalytischen Begriff des »ES«. Allerdings missversteht die »Psychoanalyse« das »ES«, wenn sie es auf eine sexualistische Verallgemeinerung reduziert. Die gleiche Beschränktheit wäre es, wollte man unter Sport nichts anderes als Boxen verstehen.)

Konflikthaltungen, welche von der Selbstüberschätzung verursacht werden, verlaufen in der grafischen Darstellung als Diagonale von links oben nach rechts unten. Die gegenläufige Diagonale von links unten (−−) nach rechts oben (++) zeigt die umgekehrte Konflikthaltung: Wer, statt die reale Leistung und die wirkliche Situation zu beurteilen, sich ego-zentrisch unterschätzt und sich als unfähig, als ungenügend, als Versager einschätzt, hat das dringende Bedürfnis, diesem beklemmenden Gefühl der Minderwertigkeit zu entfliehen. Solch einem Drang bieten sich zahllose Fluchtwege an. Die schlechten Wegweiser heißen: Kompensieren, Imponieren, Konsumieren. Die erstrebten Mittel sind Geld, Macht, Liebeshunger, gesellschaftliche, politische, religiöse Ideologien und die zahllosen Wahngebilde der kleinen und großen »Projektionen«. Sie verschlingen nicht nur Zeit, sondern ein gigantisches Maß an psychischen und ökologischen Energien.

URSACHE UN

Ego-zentrische Ursache

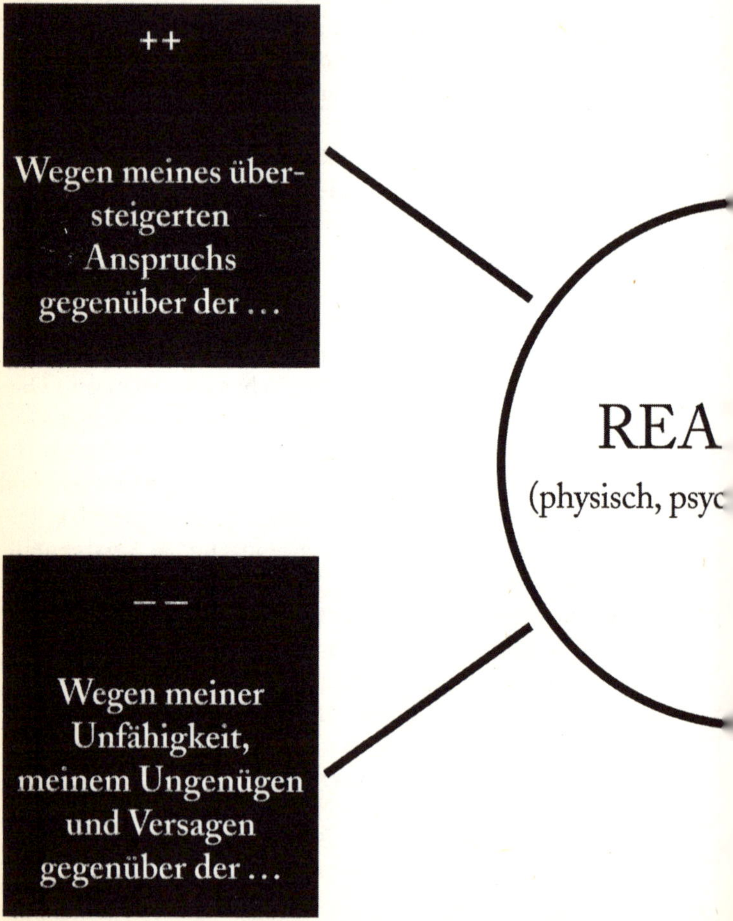

VERHALTEN

konflikthaftes Verhalten

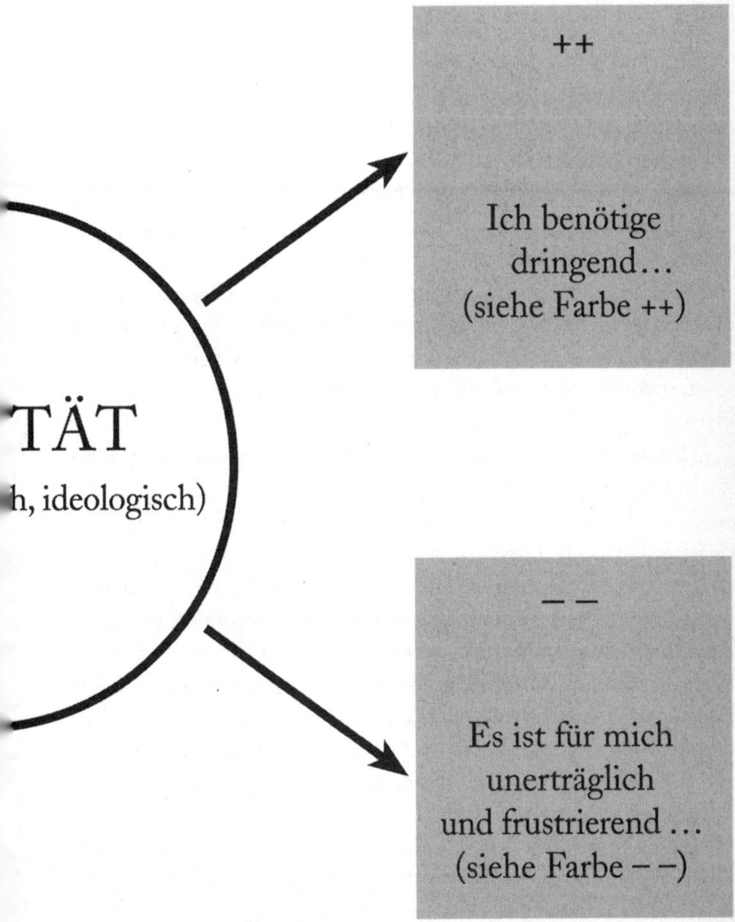

Das Bewerten, das Beurteilen, das Verstehen

Wir könnten harmonischer und besser leben, wir könnten uns befreien von Illusionen und Enttäuschungen, von Ärger und Depressionen, sogar von Angst und Einsamkeit könnten wir frei sein, wenn wir fähig wären, das als erlebte Einsicht zu verstehen, worüber ich jetzt mit Ihnen reden möchte.

Um die Freiheit zu erlangen, müssen wir uns zuerst darüber klar werden, worin der Unterschied zwischen dem persönlichen Bewerten, dem objektiven Beurteilen und dem autoregulativen Verstehen besteht.

Beim persönlichen *Bewerten* kann uns besonders das abschätzige Bewerten (»Ich hasse es, wenn …«) das Leben schwer und verdrießlich machen.

Das objektive *Beurteilen* hingegen kann uns vieles erleichtern. (»Der Motor macht ein ungewöhnliches Geräusch. Es ist besser, wenn ich in die Reparaturwerkstatt fahre.«) Aber erst das autoregulative *Verstehen* macht unser Leben sinnvoll und harmonisch.

Ich möchte es mir bei dieser wichtigen Unterscheidung nicht leicht machen und nicht einfach ein paar abstrakte Definitionen angeben. Darum möchte ich meine Überlegungen an Beispielen erläutern, die ich selbst erlebt habe.

Vor längerer Zeit lernte ich den Unternehmer einer pharmazeutischen Firma kennen. Er war an einer wissenschaftlichen Zusammenarbeit mit mir interessiert. Sehr schnell entstand auch eine freundschaftliche Beziehung zwischen uns. Einige Jahre später wiederholte sich eine gleichartige Situation. Mit dem Leiter eines anderen medizinischen Unternehmens entstand eine langfristige gemeinsame Forschungsarbeit und eine erfreuliche private Beziehung.

Nach einiger Zeit war ich überzeugt, dass diese beiden Menschen nicht nur gleichartige berufliche Interessen haben, sondern auch in ihrem Charakter sehr ähnlich sind.

In der Annahme, dass sich beide gut verstehen, machte ich sie miteinander bekannt. Was ich erhoffte, trat ein. Sehr rasch entstand zwischen den beiden eine breit gefächerte, interessante berufliche Zusammenarbeit und auch eine starke private Beziehung, die nun schon viele Jahre dauert.

Bald stellte ich aber fest, dass in dem Maße, in dem sich beide näher kamen, ihr Interesse an mir immer kleiner wurde. Was würden Sie empfinden, wenn die beiden Menschen, die Sie zusammengebracht haben, dadurch das Interesse an Ihnen verlieren?

Sie wissen, dass Ähnliches recht häufig passiert. Ein Mann lernt die Freundin seiner Freundin kennen und diese wird seine neue Partnerin. Was wird die frühere Freundin empfinden? Wird es Eifersucht oder Hass sein?

Oder ist es möglich, solche Situationen unter einem ganz anderen Aspekt zu beurteilen? Gibt es ein Verstehen, das eine Enttäuschung, ein Gefühl der Benachteiligung gar nicht erst entstehen lässt?

In meiner damaligen Situation empfand ich zwar eine Zurücksetzung. Es hat mich aber viel stärker beeindruckt, dass sich meine Erwartung erfüllt hat und wie gut sich die beiden beruflich und persönlich verstehen.

Bei dieser Gelegenheit konnte ich gut an mir beobachten, worin der Unterschied besteht zwischen dem persönlichen Bewerten, dem objektiven Beurteilen und dem autoregulativen Verstehen.

Hätte ich Eifersucht empfunden, wäre das eine negative persönliche Wertung der Situation gewesen. Ich wäre durch meine persönliche negative Bewertung gekränkt, verärgert und enttäuscht gewesen.

Ich empfand aber ein Gefühl der Befriedigung, dass sich meine objektive Beurteilung als richtig erwiesen hat. Beide haben tatsächlich gut zusammengepasst.

Aber es gibt noch einen dritten Aspekt. Man kann schwierige und konflikthafte Situationen auch autoregulativ verstehen. Das autoregulative Verstehen lässt uns die sinnvolle Harmonie der Zusammenhänge zu sehen und zu erkennen. Das macht uns fähig, persönliche Bewertungen, Enttäuschungen und Ärger zu überwinden und auch schwierige Situationen zu bejahen.

Die Einsicht, dass sich die beiden so gut ergänzen, dass ich als Dritter nicht mehr nötig bin, habe ich als autoregulierende Entwicklung verstanden. Nur durch das autoregulative Verstehen erkennen wir, wie sich Zusammenhänge und auch scheinbare Gegensätze harmonisch ergänzen. Es vermittelt uns die Einsicht, dass sogar in dem Harmonie besteht, was uns persönlich als unangenehm oder als negativ erscheinen mag.

Es ist offensichtlich: Die negative persönliche Bewertung aus Eifersucht oder verletzter Eitelkeit hätte mich unglücklich gemacht.

Die objektive Beurteilung, die richtige Einschätzung der Interessen und die der beiden Charaktere hat mich befriedigt.

Das autoregulative Verstehen, wie sich diese beiden Menschen harmonisch ergänzen, hat mich mit Freude erfüllt.

Ist das möglich?

Wenn Sie meinen, das sei unmöglich, denn so leicht werde man Neid und Eifersucht nicht los, dann haben Sie darin Recht, dass es nicht leicht ist. Sie haben aber Unrecht, wenn Sie glauben, mit unseren negativen Bewertungen würden wir der Wirklichkeit gerecht.

Ich bin davon überzeugt, dass wir bei allen negativen Bewertungen egozentrisch befangen sind und dabei die Wirklichkeit verkennen. Ich bin auch davon überzeugt, dass wir durch eine objektive Beurteilung die Egozentrizität überwinden. Ich glaube aber auch, dass wir durch das autoregulative Verstehen der Zusammenhänge die überpersönliche Harmonie des Geschehens erkennen und bejahen können.

Früher war ich gewohnt, alles und vor allem die Menschen, denen ich begegnete, in wenigen Augenblicken zu bewerten: »Die gefällt mir«, »Den find ich gut«, »Eine klasse Frau«, »Ist die geschmacklos.«

Das sind keine Urteile, sondern Vorurteile. Vorurteile sind genau genommen überhaupt keine objektiven Urteile, sondern nur persönliche Bewertungen.

Wie stark ich durch meine Vorurteile in egozentrischen Bewertungen befangen sein kann, habe ich in Paris kurz nach Beendigung meines Philosophiestudiums erlebt. Ich besuchte einen Bildhauer in seinem Atelier. Der graue Steinstaub überdeckte das Chaos des Wohn- und Arbeitsraumes. Ich war froh, dass er mich nicht bat, Platz zu nehmen. Rundherum Schmutz. Braungraue Ölflecken waren in den Zementboden eingedrungen. Von den Wänden war der Verputz teilweise abgeblättert. Bei einem der späteren Besuche, nachdem mir das Chaos und der Schmutz allmählich vertrauter geworden waren, fragte ich ihn, welche Farben er am liebsten habe. Er wies auf die Wand: »Diese Grautöne dort, wo der Verputz fehlt.« Verweilend schaute er sich um. Dann blieben seine Augen am Boden haften. »Dieses Braun hier beim Ölfleck mag ich auch sehr gern.«

Genau das, was mir als ungepflegt und schmutzig vorgekommen war, bedeutete für ihn Schönheit. Zum ersten Mal in meinem Leben betrachtete ich die Farben »des Schmutzes«, und ich sah, dass sie schön sind. Sie waren stiller, tiefer und reicher als die Tausende von künstlich hergestellten Farben, die ich in den Jahren zuvor in psychologischen Experimenten untersucht hatte.

In den folgenden Tagen schaute ich überall hin, wo ich »Schmutz« entdeckte. Die unverputzten Seitenwände der hohen Häuser, die die kleineren überragen, empfand ich am Tag zuvor noch als hässliche Schlamperei. Ab jetzt bedeutete mir das braungraue Farbenspiel dieser rohen Wände ein starkes ästhetisches Erlebnis. Verwitterte Ziegeldächer, altes Holz, alles enthüllte mir nun seinen natürlichen Farbenzauber.

In dem Maße, in dem ich begann, die Vorurteile meiner egozentrischen Bewertungen abzulegen, öffnete ich mich für die objektive Wirklichkeit. Ich lernte vieles bejahen, was ich vorher verurteilt hätte.

Weil abschätzende Bewertungen Vorurteile sind, weisen sie uns stets auf unsere egozentrische Befangenheit hin. Darum ist es gerade dann fruchtbar, eine objektive Beurteilung zu suchen und, wenn möglich, ein autoregulatives Verstehen zu erlangen.

Der erste Schritt ist stets, unser Egozentrieren in ein Objektivieren umzupolen: Ich frage nicht mehr, wie es für mich ist, sondern, wie es an sich ist.

Weil ich mich bei meinen abschätzenden Bewertungen ertappen möchte, habe ich eine innere Alarmglocke. Sie läutet, wenn ich etwas als Dummheit, als Gemeinheit oder als Geschmacklosigkeit bewerte. Gerade in diesen Fällen möchte ich meine egozentrische Bewertung überwinden und mich im Objektivieren und im autoregulativen Verstehen üben.

Dazu zunächst ein einfaches Beispiel. Am Nebentisch eines luxuriösen Restaurants saß eine etwa 40-jährige Dame. Sie trug eine Bluse, die mit großen und ganz kleinen stilisierten Blumen und Blättern dicht übersät war. Auf weißem Grund wirbelten alle erdenklichen Rottöne durcheinander. »Mein Gott, wie geschmacklos!«, dachte ich, worauf meine Glocke unverzüglich Alarm schlug.

Da die Seidenbluse absichtlich so ausgewählt worden sein musste, überlegte ich, wie das objektive Urteil lauten muss. Zunächst stellte ich fest, dass die Fülle an vielen großen und kleinen Formen und die vielen verschiedenfarbigen Rottöne auffällig waren. Das machte auf mich den Eindruck von vielen gegensätzlichen Reizen, von einer hektischen Reizflut.

Während ich mit der Bewertung »geschmacklos« nur eine zurückweisende Haltung einnahm und mich dadurch isolierte, verstand ich durch das objektive Beobachten und Beurteilen, was die Bluse ausdrückte.

Nun wollte ich diese Frau auch autoregulativ verstehen. Ich überlegte, was das Gegenteil von der hektischen Reizflut sein muss. Was ist der Gegenpol zu den hektischen, provozierenden Reizen?

Der Gegenpol ist die Ruhe, die Zufriedenheit, Verbundenheit und Geborgenheit. Das Fehlen von Bindung und Geborgenheit wird kompensatorisch autoreguliert durch das provokative Begehren.

Nun schaute ich mir die Dame genauer an. Sie rauchte fast unablässig, hatte die Beine übereinander geschlagen und wippte mit der Fußspitze. Ihre Fingerspitzen der linken Hand trommelten oder rieben auf dem Tischtuch. Sie hatte stark gefärbte Haare. Unter den Augen lagen Schatten, die von feinen, nervösen Fältchen durchzogen waren. Sie war allein und schien trotz der Unruhe niemanden zu erwarten.

Wenn ich jeweils auf diese Weise das autoregulative Verständnis gefunden habe und dann an mein Vorurteil und meine egozentrische Bewertung »geschmacklos« oder »dumm« zurückdenke, dann fühle ich mich jedes Mal sehr betroffen.

Dann aber, wenn mich eine Situation wie im nächsten Beispiel selbst angeht und mich ärgert, kränkt oder enttäuscht, dann führt das autoregulative Verstehen zu einem Aha-Selbsterlebnis.

Ich hatte mich während längerer Zeit über etwas geärgert. Dann dachte ich an das Möwenbeispiel und sagte zu mir: »Hör jetzt endlich auf, dich zu ärgern. Was hast du selbst falsch gemacht, dass du in diese Situation gekommen bist? Versuch doch einmal, das Ganze im autoregulativen Zusammenhang zu verstehen.«

Anlass zu diesem Ärger war eine Talkshow innerhalb eines sehr populären Unterhaltungsprogramms im Fernsehen. Ich wurde eingeladen, nützliche Wege zur Selbsterkenntnis zu zeigen und über deren praktische Anwendung im menschlichen Zusammenleben zu sprechen.

Die Vorbereitung der Sendung erforderte mehrere Reisen ins Ausland und zwölf Tage für Besprechungen. Da es eine Live-Sendung war, hatte ich für die Zuschauer einige Spiele entwickelt, an denen sie selbst teilnehmen und dadurch ihre Selbsterfahrungen machen konnten. Auch das Interview-Gespräch wurde genau festgelegt, damit der Zuschauer erkennen konnte, wie er sein inneres Gleichgewicht findet. Der ganze Aufwand schien mir lohnend. Ich war begeistert und hatte die Hoffnung, leicht verständlich zeigen zu können, wie man Ärger und Enttäuschungen vermeiden kann.

Bei der Sendung ließ der Interviewer zwar all die attraktiven Spiele zur Unterhaltung des Publikums machen, aber das Gespräch über die Selbsterfahrung und über die Verbesserung der menschlichen Beziehungen versuchte er zu unterdrücken.

Ihm lag nur daran, reizvolle Spiele zu zeigen und für die Zuschauer ein unterhaltsamer Showmaster zu sein. Er benutzte sogar unredliche Irreführungen, damit er beim Publikum gut ankam. Nach Sendeschluss lautete das Urteil: »Es war interessant, lebhaft und attraktiv. Es ist sehr gut angekommen.« Ich aber fühlte mich betrogen.

Die ersten drei Anrufe, die ich bekam, lauteten übereinstimmend: »Es war interessant und gut, aber ich hatte eine Wut, weil er jeden guten Gedanken unterbrochen oder abgewürgt hat.«

Als ich das Wort Wut zum dritten Mal hörte, fiel mir ein: »Ich könnte eigentlich ebenfalls eine Wut haben.« Mich hatten der nutzlose große Aufwand und besonders die unredliche Irreführung geärgert. Vor allem hatte ich bedauert, dass ich nichts über die Wege zur Selbsterkenntnis und zum inneren Gleichgewicht sagen konnte.

Um das Ärgernis endlich loszuwerden, stellte ich mir die zwei Fragen: Wie ist die Situation, wenn ich sie unter meinem Aspekt subjektiv bewerte, und wie ist die Situation, wenn ich sie objektiv beurteile?

Auf diese zwei Fragen fand ich auch zwei unterschiedliche Antworten.

Dadurch trat an die Stelle des Ärgers das beruhigende Verstehen.

Ich beantwortete die zwei Fragen in folgender Weise: Wenn ich die Sendung objektiv beurteile, war sie für das Publikum eine gute Unterhaltung.

Da ich die Sendung objektiv beurteilte, ohne sie subjektiv zu bewerten, bestand kein Grund zur Wut.

Dann stellte ich mir die schwierige der beiden Fragen: Was habe ich selbst falsch gemacht, dass ich mich geärgert habe?

Zunächst erkannte ich, dass der Showmaster und ich gegensätzliche Interessen hatten. Er war auf Sensationen und attraktive Unterhaltung aus. Ich hingegen wollte den Zuschauern den Weg zur Selbsterkenntnis vermitteln.

Amüsante Unterhaltung hat ihre Berechtigung. Selbsterkenntnis und Sinnverständnis haben auch ihre Berechtigung. Aber das eine hat mit dem anderen nichts zu tun.

Warum sah ich das vorher nicht klar genug? Warum war ich so blind für die Realität?

Die Antwort ist wie immer dieselbe: wegen meiner egozentrischen Befangenheit. Damit war der Ärger endgültig behoben.

Dieses Aha-Selbsterlebnis ist für mich inzwischen für viele Entscheidungen und Handlungen maßgebend geworden.

Es ist wichtig zu wissen, dass jeder Ärger, jede Enttäuschung, jede Unzufriedenheit als Schlüssel zur Selbsterkenntnis und damit zur eigenen Reifung dienen kann.

Die I. Dimension: die Konstellation

Beziehungen sind Konstellationen: Zusammen-Stellungen von Einstellungen. Sie können rezeptiv oder direktiv sein.

Die rezeptive Einstellung

Am Anfang hat jeder, der irgendetwas gestaltet, eine Anregung oder einen Einfall, also ein rezeptives Erlebnis.

Platon sagt sogar, dass das Nachdenken und Philosophieren damit beginnt, dass wir über etwas erstaunt sind.

Jede Anregung, jeder Eindruck, jeder Einfall ist etwas, was wir rezeptiv aufnehmen. Picasso sagte: »Ich suche nicht, ich finde.«

Das Aufnehmen oder Annehmen nennen wir in der Autoregulationspsychologie: *rezeptiv.*

Die direktive Einstellung

Dem rezeptiven Annehmen entgegengesetzt ist das Anordnen, das Bestimmen, Organisieren, das Disponieren und Dirigieren. Wer in irgendeiner Weise Anordnungen trifft, verhält sich *direktiv.*

Die beiden Positionen, die rezeptive und die direktive, sind polare Gegensätze.

Wenn wir miteinander reden, müssen wir ständig unsere Position wechseln. Hören wir zu und nehmen wir auf, sind wir rezeptiv. Vertreten wir aber unsere Meinung, verhalten wir uns direktiv. Wenn wir beobachten, sind wir rezeptiv, wenn wir entscheiden und handeln, sind wir direktiv.

Die psychische Gestalt ist nur erlebbar. Sie ist kein konkreter Körper, der zum Beispiel gesehen und betastet werden kann. Der konkrete Körper ist ein Gefüge aus Länge, Höhe und Breite.

Die Landschaft, die wir sehen, ist körperhaft. Der Eindruck, den wir dabei erleben, ist hingegen gestalthaft. Akustische Vibrationen, die wir hören, sind körperhaft und physikalisch messbar. Die Melodie, die wir dabei erleben, ist eine Gestalt, d. h. eine psychische Struktur. Sie ist nur psychisch erfahrbar. Wenn wir einem Menschen begegnen, sehen wir seinen Körper. Wir nehmen sein Gesicht, die Augen, den Mund und auch die Bewegungen des Körpers wahr. Das hingegen, was wir dabei als Eindruck erleben, kann man als Erlebnis-Gestalt, als Struktur oder als »Image« bezeichnen.

Wenn wir den Eindruck haben, dass jemand mit Bestimmtheit und Festigkeit auftritt, dann erleben wir eine direktive Struktur. Spüren wir bei ihm hingegen Selbstunsicherheit, Verlegenheit oder das Bedürfnis nach Zuneigung oder eine Abhängigkeit von der Meinung des anderen, dann vermittelt uns dieser Mensch eine rezeptive Erlebnis-Gestalt.

Aber auch Farben und Formen oder Geschmacksempfindungen machen auf uns einen bestimmten Eindruck und erzeugen eine bestimmte Erlebnis-Gestalt.

Die Farbe Signalrot, die Form eines spitzen Dreiecks oder der Geschmack von Pfeffer wirken kraftvoll und machen auf uns einen direktiven Eindruck. Hellblau, eine sanft geschwungene Wellenlinie oder Vanillegeschmack wirken jedoch zart und lieblich. Sie vermitteln uns eine rezeptive Erlebnis-Gestalt. Die meisten Erlebnis-Gestalten sind entweder mehr direktiv oder mehr rezeptiv.

In einer normalen menschlichen Beziehung besteht ein ständiger Positionswechsel zwischen Rezipieren und Dirigieren, und zwar auch dann, wenn die Position vordergründig nur direktiv zu sein scheint, so wie beispielsweise beim Lehrer, Regisseur, Dirigenten, Direktor oder Politiker. Auch diese Menschen müssen zugleich rezeptiv sein. Ständig haben sie die Situation, die aktuellen Bedingungen, die Erfordernisse und Möglichkeiten rezeptiv wahrzunehmen. Sie müssen beobachten, Informationen sammeln und emotionale Eindrücke richtig erfassen, um zweckmäßig handeln zu können. Andernfalls entstehen Konflikte zwischen den Leitenden und den Beteiligten. Die Führung würde scheitern. Es würden Revolten und Revolutionen entstehen.

Wenn der Maler einen Entwurf gestaltet, wenn er Farben und Formen bestimmt und anordnet, verhält er sich autonom direktiv. Wenn er aber anschließend das Ganze betrachtet, es auf sich wirken lässt und die Eindrücke aufnimmt, verhält er sich rezeptiv.

Meist veranlasst ihn der gewonnene Eindruck dazu, Änderungen und Verbesserungen vorzunehmen. Beim Umgestalten und Umformen nimmt er wieder eine direktive Haltung ein. Diese beiden Positionen, das Anordnen und das Aufnehmen, das direktive und das rezeptive Verhalten, wechseln sich so lange ab, bis der Maler findet, jetzt stelle das Bild dar, was er ausdrücken will.

Wenn alle Gestaltungselemente, die Farben und Formen, zusammenstimmen, wenn im Wechselspiel von rezeptivem Auffassen und direktivem Gestalten sich alles zur Übereinstimmung zusammenfügt, dann bezeichnen wir diese Erlebnis-Gestalt als *harmonisch.*

Am wichtigsten ist natürlich die Harmonie in menschlichen Beziehungen, besonders gegenüber dem Partner, den Nahestehenden und Mitarbeitern.

Hier muss jeder, der das Anordnen zu einem autoritären Verhalten übertreibt, sich üben, rezeptiv zu werden. Er muss lernen, aufzunehmen und anzunehmen, was andere meinen.

Menschen hingegen, die gewohnt sind, sich in übertriebener Weise rezeptiv beeinflussen zu lassen und sich entweder überschwänglich zu begeistern oder sich unterwürfig anzupassen, müssen sich eine direktive Selbständigkeit erwerben.

Anstelle der unkritischen Schwärmerei oder der leichtgläubigen Unterordnung muss sich eine begründete eigene Meinung bilden, die dem anderen gegenüber im harmonischen, konstruktiven Dialog vertreten werden muss. Anders ist eine echte Harmonie nicht zu erreichen.

die autoritäre und die suggestible Haltung.

Ist die direktive Haltung übertrieben, dann wird sie *autoritär*. Das autoritäre Verhalten ist eine Kompensation von Schwäche, von Unsicherheit oder von Unzufriedenheit.

Die autoritäre Haltung darf nicht mit dem Begriff »Autorität« verwechselt werden. Als Autorität wird ein Mensch bezeichnet, der in einer bestimmten Hinsicht als zuständig gilt. Wer eine Autorität ist, hat keinen Grund, sich autoritär zu benehmen.

Wenn jemand die rezeptive Haltung so sehr übersteigert, dass er vor lauter Faszination und Begeisterung zum kritiklosen Schwärmer wird oder dass er leichtgläubig, unterwürfig oder hörig wird, dann bezeichnen wir diese abnorme Haltung als suggestibel, als *beeinflussbar*.

Statistische Untersuchungen mit dem Farbtest an psychiatrischen Kliniken haben gezeigt, dass die übersteigert rezeptive Haltung als Unselbständigkeit und Beeinflussbarkeit besonders bei Suchtkranken anzutreffen ist. Sie versuchen, die Unzufriedenheit mit Beruhigungsmitteln wie Drogen, Schlafmitteln, Alkohol, übermäßigem Essen und Rauchen zu befriedigen. Die Unselbständigkeit wird zur Abhängigkeit.

Wenn hingegen die Aggressivität unterdrückt und verleugnet wird, entstehen häufig Körperbeschwerden mit psychischer Ursache, wie z. B. Kopf- und Rückenschmerzen, Magen-, Galle-, Darmstörungen oder Herz-Kreislauf-Beschwerden, Asthma oder allergische Empfindlichkeiten. Darin kommt die gespannte Abwehr- und Verteidigungshaltung zum Ausdruck.

Die aggressive Gloria B., die ihren Mann in den Selbstmord trieb, hatte Angst, wenn sie auf hartem Boden ging. Nur auf weichem Boden fühlte sie sich wohl. Wegen ihres autoritären Anspruchs ertrug sie keinen harten Boden, der ihr Widerstand bot.

Die II. Dimension: die Sukzession, die Änderung

Die Konstellation verändert sich ständig. Die Änderung der Konstellation ist die subjektive, psychische Zeit, die erlebte Gegenwart. Man sagt zwar: »Die Zeiten ändern sich.« In Wirklichkeit ist aber die Änderung das, was wir als Zeit erleben. Ob und wie sehr sich unsere Beziehungen zu uns selbst, zu anderen und zur Welt ändern, dieses Maß an Veränderung nennen wir Zeit.

Die subjektive Zeit, die Veränderung, spielt sich zwischen zwei Polen ab. Der eine Pol ist die Konstanz, der andere ist der Wechsel, die Variabilität.

Die Konstanz

Eine verhältnismäßig *konstante* Beziehung haben wir zu dem, was wir als Ich erleben. Konstant jeden Morgen weiß ich, dass ich es bin, der jetzt aufwacht. Konstant ist auch das Wissen, dass wir Mann oder Frau sind und wie wir heißen.

Vieles andere in unserem Leben ist auch vorwiegend konstant: die Beziehung zu den Angehörigen und Freunden, zur beruflichen Aufgabe und zu dem, was wir besitzen.

Konstant bedeutet nicht, dass die Beziehung ständig aktuell sein muss. Es kann sein, dass wir einen Freund lange Zeit nicht mehr sehen. Die Beziehung und unsere Gefühle für ihn bleiben dennoch konstant dieselben.

Die Variabilität

Der Gegenpol zur konstanten Beziehung sind die stark wechselnden Kontakte.

Völlig *variabel* sind alle Begegnungen, die uns nicht stark oder nur aktuell interessieren. Die Beziehungen zur Verkäuferin oder zum Kellner, die uns bedienen, zum Schalterbeamten oder Taxifahrer sind rasch wechselnde, variable Begegnungen.

Zwischen der Variabilität und der Konstanz stehen die vielen Beziehungen zu Menschen, denen wir im Alltag und in der Öffentlichkeit begegnen. Vielleicht kennen wir deren Namen, haben aber keine emotionale Beziehung zu ihnen. Es sind Menschen oder Gegenstände, die für uns keine ausgeprägte Erlebnis-Gestalt besitzen.

Um normal zu sein, brauchen wir ein bestimmtes Maß an Konstanz (das Zuhause, die Angehörigen etc.), aber auch an Veränderung (neue Begegnungen). Durch Konstanz und Variabilität unterscheiden sich auch Kunstgattungen. Bilder, Plastiken und Architektur sind konstant. Musik und Tanz hingegen äußern sich durch die Variabilität der Bewegung.

Der Rhythmus

Die harmonische Ergänzung von Konstanz und Variabilität, der regelmäßige, konstante Wechsel, heißt *Rhythmus*. Die psychische Zeit, die erlebte Gegenwart, verläuft rhythmisch wie der Atem, wie der Puls, wie Schlafen und Wachen und die Tagesrhythmen des Körpers.

Auch psychisch brauchen wir die Veränderung, die Abwechslung innerhalb der Konstanz. Und wir suchen die Konstanz innerhalb des Wechselnden. Unsere Augen sehen einen Gegenstand einmal links und einmal rechts, wenn wir den Kopf hin- und herbewegen. Dennoch wissen wir, dass es konstant derselbe Gegenstand ist. Ebenfalls nur durch unsere Erfahrung sehen wir einen Apfel bei Tageslicht und am Abend mit der konstant gleichen roten Farbe.

Ich weiß, dass ich konstant derselbe bin. Aber innerhalb meiner Konstanz möchte ich mich verändern, entfalten und mich durch neue Erfahrungen entwickeln.

Umgekehrt suche ich in allem Neuen, das mir begegnet, das mir verständliche, vertraute Konstante zu erkennen. Wir sind daran interessiert, andere Menschen kennen zu lernen. Das entspringt unserem Bedürfnis nach Variabilität.

Wenn wir ihnen begegnen, suchen wir gleich nach Gemeinsamkeiten (gleiche Herkunft, gleiche Bekannte, gleiche Ausbildung oder Kenntnisse, übereinstimmende Meinungen und eine gegenseitige Vertrauenswürdigkeit). Dadurch befriedigen wir unser Bedürfnis nach Konstanz.

Besuche ich fremdartige Völker, deren Sprache ich nicht kenne, bestätigt mir ein freundliches Lächeln oder eine Geste, die ich verstehe, dass ich sogar hier das mir Vertraute, Konstante im anderen Menschen gefunden habe.

Die beiden Abnormitäten

fixiert und unstet.

Ist jemand aus dem Gleichgewicht geraten, dann kann er übertrieben konstant oder übertrieben variabel sein.

Wer übermäßig konstant ist, den bezeichnen wir als *fixiert*. Es mag sein, dass er an das Haus, an einen Menschen, an ein bestimmtes Interesse oder an eine »fixe« Idee fixiert ist. Alle Fixierungen sind Abhängigkeitsbeziehungen.

Wer den Drang zu ständigem Wechsel hat, wer ruhelos, hektisch getrieben alle Beziehungen abbricht und gegen andere Kontakte austauscht, den bezeichnen wir als *unstet*.

Er ist aktiv um der Aktivität willen. Er hat kein konstantes Ziel. Unstet ist z. B. ein Mensch, der am Fernsehapparat alle Augenblicke von einem Programm zu einem anderen springt. Unstet, hektisch und zerfahren sind die Menschen, die sich in Zerstreuungen stürzen, um sich von ihrem unbefriedigenden oder unerträglichen Zustand abzulenken, die aber unfähig sind, konstante Beziehungen einzugehen.

Der Unstete muss die beruhigende Konstanz finden. Der Fixierte muss den Reichtum entdecken, der im Wechsel liegt.

Die III. Dimension: die emotionale Kommunikation

Die Kommunikation ist uns als soziale Relation geläufig. Ihre beiden Pole sind die Integration, also die Vereinigung, und die Differenzierung, also die Distanzierung oder Separierung.

Viele von uns machen die Erfahrung, dass sich die Menschen auf zwei Arten unterscheiden, die in der Psychologie bisher kaum beachtet worden sind. Die einen bemühen sich bei jedem Streit, sich zu verständigen und wieder in Harmonie zusammenzufinden. Dieses Bestreben bezeichnen wir als *Integration*.

Es gibt aber auch andere, die jeden Streit verstärken und die Kluft vertiefen. Es sind die Rechthaber, die sich stolz über den anderen erheben, um ihn zu demütigen. Sie betreiben den Kampf wie zwei verfeindete Mafiosisippen, die nie mehr Frieden schließen, sondern ständig auf Rache sinnen. Oder sie strafen den anderen mit Verachtung, mit verletzender Gleichgültigkeit oder betont freundlicher Kälte. Sie behandeln ihn als »Luft«.

Diese Menschen gehen darauf aus, den Unterschied zwischen sich und dem anderen, also die Differenz, zu betonen. Das Bestreben, die Differenz, die Distanz zwischen sich und dem anderen zu verstärken, sich zu separieren und die eigene Individualität herauszustellen, bezeichnen wir als *Differenzierung*. Sie dient zur Separierung und zur Individualisation.

Die Integration

Es gibt zwei Wege, die zur vereinigenden Integration führen. Der eine ist der blaue Weg, die Hingabe. Die fürsorgliche, treue, liebevolle Zuwendung. Der Hingabe und treuen Liebe geht es um die Integration. Ihre Haltung ist rezeptiv und zugleich konstant (Blau). Genau entgegengesetzt, direktiv und variabel, ist der andere, der rote Weg zur Integration: das Erobern (Rot).

Wer einen Menschen oder einen größeren Marktanteil oder neues Territorium erobern will, verhält sich direktiv gegenüber allen variablen, neuen Situationen. Er will sie »fressen« und integrieren.

Die beiden Wege zur Integration, die Hingabe und das Erfolgsstreben, empfiehlt das Sprichwort »Bete und arbeite« (ora et labora).

Die Differenzierung, die Separation

Wer konstant direktiv ist (Grün), will seine Ich-Haftigkeit profilieren. Bei Kindern im Trotzalter und Jugendlichen in der Pubertät ist dieses Bestreben auffällig. Das Streben nach Geltung kann sich in verschiedenen Formen des Besitzes äußern, im Besitz materieller Güter oder im Besitz der Eigentümlichkeit, die den Besitzer auszeichnet, wie eine besondere Kleidung, ein besonderer Titel oder eine Sammlung von etwas Besonderem. Mit diesen Mitteln werden die Ich-Haftigkeit und das eigene materielle oder geistige Revier gegenüber allen anderen abgegrenzt: »Ich weiß, wer ich bin und was ich habe.«

Der entgegengesetzte Weg, um eine soziale Differenzierung und Distanz zu erreichen, ist die stete Veränderung, die rezeptive Variabilität (Gelb). Wer die neue Mode trägt, wer die neue Richtung in irgendeiner Hinsicht vertritt, sei es eine neue Ernährungsmethode, eine neue Kunstrichtung oder ein neuer politischer Trend, wer sich irgendwie zur Avantgarde zählt, differenziert und distanziert sich von den anderen, von den »gewöhnlichen Menschen«.

Die Kommunikation

Was besonders Not tut, ist eine echte, eine emotionale Kommunikation. Sie ist dann möglich, wenn in einer menschlichen Beziehung ein ausgleichender Wechsel von Integration und Differenzierung, also von Bindung und Eigenständigkeit besteht. Die echte Kommunikation kann nur erreicht werden, wenn die Integration nicht zum Wunsch nach völliger Verschmelzung und Identifikation ausartet und wenn die Differenzierung zu keiner Entfremdung, zu keiner oppositionellen »Emanzipation« und keiner Isoliertheit führt.

Ziel der sozialen Relation ist die echte, emotionale Kommunikation. In ihr ergänzen sich die verständnisvolle und verantwortungsvolle Bindung und die respektvolle und tolerante Eigenständigkeit der Partner.

Die beiden Abnormitäten

die Identifikation und die Isolation.

Wer das Bedürfnis nach Integration übersteigert, will mehr als nur eine normale, harmonische Beziehung. Er will eine völlige Übereinstimmung mit dem anderen. Bei Verliebten, zuweilen aber auch zwischen Mutter und Sohn oder Vater und Tochter, besteht oft der sehnliche Wunsch nach einer unbeschränkten, grenzenlosen Übereinstimmung, nach einer völligen *Identifikation.* Dabei sollen beide das Gleiche schön finden, gleichartige Gefühle haben, immer das Gleiche wollen und dasselbe denken. Ein derart egoistischer Anspruch auf Sympathie gefährdet die Liebe. Echte Liebe ist vor allem eine Vertrauensbeziehung voll Verantwortung und tolerantem Verständnis für die Eigenart des anderen. Sie ist nicht egoistisch und nicht egozentrisch.

Wenn hingegen der Wunsch entsteht, beide Partner müssten alles in gleicher Weise erleben und beurteilen, dann überbordet die Sympathie zu einem Identifikationsanspruch. Er ist egoistisch, lieblos und führt in eine Sackgasse.

Damit eine volle Übereinstimmung, eine Identifikation überhaupt funktionieren kann, müsste der eine zur Kopie des anderen werden. Er müsste sich dem anderen völlig anpassen und sich masochistisch unterwerfen. Der andere würde absolut dominieren. Darum führen alle anfänglichen Sympathiebeziehungen, wenn sie zu einem Identifikationsanspruch ausarten, zu einem autoritären Besitzverhältnis und damit zur Eifersucht.

Eifersucht ist kein Beweis von Liebe, sondern von egoistischem Besitzanspruch.

Wegen der gegenseitigen Abhängigkeit und wegen des Verlusts der inneren Freiheit, der Selbständigkeit und der Selbstachtung schlägt diese Art der »Liebe« in Hass um. Aus Sympathie wird Feindschaft. Die Identifikation schlägt um in Isolation.

Sympathie und Engagement sind fruchtbar und sinnvoll. Sinnwidrig und zerstörerisch werden sie erst, wenn sie zum Enthusiasmus ausarten.

Der Enthusiasmus ist nur scheinbar selbstlos. In der enthusiastischen Selbstaufopferung (»Ich tue alles nur für meine Kinder«; »Ich opfere mich auf für den Sieg der guten Sache«) steckt der egozentrische Anspruch, die eigene Absicht (Idee, Ideologie) unbedingt durchsetzen zu wollen. Darum sind viele bereit, für ihren Glauben, selbst wenn er ein Aberglaube ist, in den Tod zu gehen. Dieser masochistische Enthusiasmus für eine Überzeugung ist die rezeptiv-konstante Form der Identifikation (Blau).

Sehr viel offensichtlicher ist der Enthusiasmus bei der direktiv-variablen Identifikation. Hier herrscht der Grundsatz: Erfolg um des Erfolges willen (Rot).

Wer mehr erobern will, als er braucht, ist erfolgssüchtig. Ein Tier frisst so viel, wie es braucht, um den Hunger zu stillen. Wir Menschen essen meist mehr als nötig, trinken mehr als nötig, wollen immer mehr verdienen und mehr besitzen. Der Erfolg wird zum Selbstzweck. Doch was bedeutet hier »Selbstzweck«?

Was sind das für Menschen, die einen solchen Aufwand treiben, nur um ihren Erfolg zu erleben? Warum rivalisieren sie ständig und wollen beweisen, dass sie besser sind, mehr können, mehr besitzen? Warum will der Tennisspieler der Beste im Club, der Beste der Region, des Landes oder der Welt sein? Warum setzt jemand sein Leben aufs Spiel, um einen schwierigen Berg als Erster zu besteigen? Warum wird ein Eroberer zum rücksichtslosen, aggressiven Unterwerfer, ein Liebhaber zum Don Juan oder Macho, ein Wettkämpfer zum Schläger oder Foulspieler, ein Kaufmann zum Ausbeuter, ein Wissenschaftler zum Rechthaber?

Es ist fruchtbar zu verstehen, wie dieses erfolgssüchtige Rivalisieren, wie die zerstörerische Aggressivität, der Neid und die Missgunst zustande kommen.

Wer eine gute Leistung vollbringen will, ist normal. Es geht ihm um die Sache, die Aufgabe. Er strebt nach einer angemessenen, harmonischen Gestaltung.

Wer aber der Beste sein will, rivalisiert und sucht den persönlichen Erfolg. Er braucht den Beifall. Er braucht den Erfolg als Bestätigung oder wenigstens zur Selbstbestätigung. Was er auch immer mit Enthusiasmus betreibt, es ist ihm nur scheinbar wichtig. Wirklich wichtig ist ihm die egozentrische Bestätigung. Es kommt ihm nicht darauf an, welchen Berg er unter Lebensgefahr besteigt, sondern nur, dass er es ist, der es als Erster geschafft hat. Wichtig ist ihm nicht, ob er Tennis oder Golf spielt, ob er Rad fährt oder schwimmt, Hauptsache ist, dass er der Beste ist. Er hält sich allein für zuständig. Er identifiziert sich mit irgendeiner großen oder kleinen, mit einer öffentlichen oder heimlichen Starrolle. Identifikation bedeutet Abhängigkeit.

Identifikationsansprüche sind immer egozentrisch motiviert, auch wenn sie als Verliebtheit in einen Partner oder als Enthusiasmus für eine Sache erscheinen.

Identifikation und Abhängigkeit schlagen um in die Isolation. Aus Verliebtheit wird Eifersucht. Der egozentrische Identifikationsanspruch, ob als Selbstaufopferung oder als rivalisierende Eroberungssucht, schlägt früher oder später um in die Isolation, die man vermeiden wollte. Wer seine Wünsche und Ideologien den anderen aufnötigen will, macht sie zu seinen Feinden. Solche Absicht führt zur Entfremdung, zur Trennung und Einsamkeit, aber auch zu Neid, Hass und Feindschaft.

Der Gegenpol zur Integration ist die *Separation* und *Differenzierung*. Sie ist die Unterscheidung zwischen mir und dem anderen.

Wegen des Unterschieds erkennen und anerkennen wir die Eigenart des anderen als Individuum. Deshalb unterscheiden wir auch uns selbst als selbständiges Individuum. Werden die Eigenart und das Andersartigsein aber übersteigert, gerät man in die Isolation. Wer sich in autoritärer Weise konstant direktiv (Grün) verhält und sich auf seinen eigenen Standpunkt fixiert, wird zum eigenwilligen Eigenbrötler. Er fühlt sich als Besserwisser und benimmt sich gegenüber anderen als Pedant. Er macht Ordnung um der Ordnung willen und lässt nur seine eigene gelten.

Die übersteigerte Ich-Haftigkeit ist hier offensichtlich. Aber derselbe Grund, nur geschickter verpackt, steckt in der Wichtigtuerei. Auch die Klugschwätzer und die Nörgler sind Wichtigtuer. Sie benutzen eine scheinbare Sachlichkeit, um sich persönlich großzutun. Sie spielen sich in allem als Experten auf, obwohl sie sachlich nicht zuständig sind. Diese hochgestelzte Selbstherrlichkeit zerstört die Beziehung zu den anderen Menschen. Auch sie führt in die Isolation.

Die Differenzierung kann aber auch zur übersteigerten Unabhängigkeit, zur Flucht vor Bindungen ausarten. Dann wird die Variabilität gesucht. Dieser gibt man sich rezeptiv (Gelb) hin. Man ist unersättlich und möchte immer neue, immer andere Reize erleben. Diese Bindungslosigkeit ist eine Flucht vor der Realität und führt ebenfalls zur Isoliertheit. Die Realitätsflucht beginnt mit dem Drang, sich durch Zerstreuungen von den Aufgaben oder Schwierigkeiten abzulenken. Dazu dient eine Vielzahl von Unterhaltungen, Zeitschriften, der maßlose Fernsehkonsum, die musikalische Dauerberieselung und der Drang, wegzugehen und umherzureisen. Die Flucht in Ablenkungen und Wunschvorstellungen, in einen idealisierenden Ästhetizismus, in religiöse oder politische Luftschlösser geschieht so häufig, dass viele Menschen sich wie Illussionisten und Phantasten verhalten. Dennoch ist ihre Haltung nicht normal.

Die Liebe

Liebe ist ein Wort mit besonders zahlreichen Bedeutungen. Der Sexbesessene hält seinen Feuereifer ebenso für Liebe wie der Briefmarkensammler, der Masochist erlebt seine Liebe in der beflissenen Hingabe ebenso wie der Missionar.

Um dies zu untersuchen, habe ich vier extrem verschiedenartige Farben wie zum Beispiel Orangerot und Dunkelblau Hunderten von Menschen vorgelegt. Die Frage lautete immer: »Welche von diesen Farben passt am besten zu einer erotischen Liebesbeziehung?« Die vier Farben ermöglichen 24 verschiedene Rangfolgen. Alle 24 Möglichkeiten wurden etwa gleich oft gewählt. Nicht einmal darin, was eine erotische Liebesbeziehung sei, stimmen die Meinungen überein. Im Gegenteil, die Ansichten und Erlebnisweisen sind stark verschieden und sogar gegensätzlich.

Liebe, wie sie in allen Künsten gestaltet und in Schnulzen besungen wird, hat die »körperliche, seelische und geistige« Vereinigung zum Ziel. In Büchern werden Sextechniken und Verführungsmethoden angeboten oder psychologische Empfehlungen zur Liebe gegeben, meist nur mit diesem einen Ziel.

Ist das die ganzheitliche Liebe, die Vereinigung in möglichst vielen Bereichen? Oder resultiert diese Art der Liebe oft nur aus Angst vor Einsamkeit, vor Zurückweisung, vor Liebesverlust und letztlich aus der allgemeinen Lebensunsicherheit und einer heimlichen Angst vor Verlorenheit? Ist die Liebe, die auf eine möglichst umfassende Vereinigung aus ist, einer jener zahllosen Fluchtwege, um die Unzufriedenheit, die Unerfülltheit und die geahnte Sinnlosigkeit des eigenen Lebens zu betäuben?

Die ganzheitliche Liebe in einem sinnerfüllten Leben ist viel mehr als die »körperliche, seelische und geistige« Vereinigung. Die Vereinigung ist nur die eine Seite einer erfüllenden, befriedigenden Liebe. Wenn die andere Seite fehlt, bleibt jede Art von Vereinigung eine Teil-Liebe, trotz aller anfänglich berauschenden Faszination. Auf Dauer befriedigt sie nicht. Statt glücklich macht sie, wie jede andere Teil-Liebe, in absehbarer Zeit unzufrieden und unglücklich. Denn: Nur die ganzheitliche Liebe ermöglicht die Dauer der begeisternden Erfüllung.

Um die ganzheitliche Liebe klarer zu sehen, möchte ich zunächst die Teil-Lieben beschreiben. Viele werden sie aus eigener Erfahrung kennen.

Die Teil-Liebe des Flirts

Wer flirtet, hat nicht die Absicht, eine Beziehung einzugehen, die als verständnis- und verantwortungsbereite Freundschaft oder Bindung aufgefasst werden soll. Wer flirtet, will den Reiz auskosten, dass er beim Partner erotisch ankommt. Falls es gelingt, fühlt man sich befreit und beschwingt, weil beim Flirt die Mauer der Gehemmtheit durchbrochen wird. Beim anderen anzukommen wird als Bestätigung für die eigene Attraktivität genossen. Diese Bestätigung ist jedoch auf die erotische Attraktivität beschränkt. Sich einzubilden, dass man beim Flirt als Persönlichkeit gewürdigt oder bestätigt werde, ist ein selbstgefälliges Wunschdenken, dem viele unterliegen.

Flirten kann schon beim bloßen Kokettieren halt machen oder man kann das ganze Register der sexuellen Kapazität gegenseitig checken. Aber unverbindlicher Flirt bleibt es allemal.

Die zweckhaft-konventionelle Teil-Liebe

Wenn der Bauernsohn die Tochter vom Nachbargut, wenn der Assistenzarzt die Krankenschwester, wenn der Millionär die verarmte, aber Hochwohlgeborene und auch, wenn der König die Prinzessin zum Weibe nimmt, dann ist es oft eine zweckgerichtete, konventionelle Liebe.

In solchen Beziehungen geht es nicht um den prickelnden

Reiz des Flirts oder erotischer Verschmelzung. Hier wird die Beziehung zum Zweck zuverlässiger und stabiler Lebensverhältnisse gestiftet. Zuverlässigkeit wird nicht nur von den materiellen Verhältnissen gefordert, sondern ebenso von der moralischen Einstellung. Darum zerbricht besonders bei der konventionell-traditionellen Teil-Liebe mit einem Ehebruch auch das vorbildhafte Image, das dem Königshaus oder Spitzenpolitiker anhaftet.

Stabilität und fruchtbare Dauerhaftigkeit ist die Absicht der zweckhaft-konventionellen Liebe. Damit soll dem Nachwuchs Sicherheit geboten werden und umgekehrt soll der Nachwuchs Sicherheit gegen Einsamkeit oder materielle Not im Alter bieten. Die zweckhaft-konventionelle Partnerbeziehung »bis dass der Tod euch scheidet« bekämpft die Angst vor Unsicherheiten. Es ist die Angst vor Liebesverlust und Einsamkeit, vor Hilflosigkeit, Krankheit und Armut oder als »geschieden« oder »immer noch Single« vor gesellschaftlicher Geringschätzung.

Die romantisch-sentimentale Teil-Liebe

Dass die romantisch-sentimentale Liebe nur eine Teil-Liebe sein soll, wird im Zustand des Schwärmens kaum verstanden. Verliebte können wie der Romantiker Novalis meinen, Liebe sei der »Endzweck der Weltgeschichte«. Weil die romantische Liebe einen Teil der ganzheitlichen Liebe erfüllt, hält sie der Schwärmer, der ja zu Übertreibungen neigt, für die Liebe schlechthin.

Während Streicheln, um den anderen zu erregen, einen sexuellen Zweck verfolgt und auf dieses begrenzte Ziel gerichtet ist, wird zärtlich-liebevolle Hingabe als grenzenlos und unendlich erlebt. In der zärtlichen Hingabe verschmelzen die Grenzen zwischen Ich und Du. Diese Grenzenlosigkeit und Unendlichkeit kann in der liebevollen Hingabe, in der zärtlichen Umarmung und beim einfühlsamen Streicheln empfunden werden. Wo immer die eigene Grenze gegenüber Fremdem aufgehoben wird, tritt Ruhe, Befriedigung und Zufriedenheit ein.

Die Sehnsucht nach Übereinstimmung, nach gemeinsamem Zufriedensein und erfülltem Glück, lässt sich nicht mit taktischen Mitteln befriedigen. Die täglichen Zettelchen »Ich liebe Dich« oder Lyrik aus zweiter Hand als gefühlstiefe Stimmungsmache sind genauso wie unpersönliche oder fahrplanmäßige Mitbringsel und all die aufwändigen oder harmlos scheinenden Verwöhnungspraktiken keine Liebesbeweise. Sie dienen eher dazu, den anderen zu manipulieren, um ihn für sich zu gewinnen oder einfach sich und die eigene Liebenswürdigkeit zu demonstrieren und sich selbstgefällig zu bewundern.

Wer verliebt ist, tut gut daran, sich zu fragen, ob er auch die Eigenständigkeit des anderen und seine Un-Abhängigkeit aufrichtig liebt oder ob er den anderen nur benützt, um das eigene Bedürfnis nach Verliebtheit und schwärmerischer Liebe zu befriedigen.

Selbstbefriedigung mit Hilfe eines Partners braucht nicht nur sexuell zu sein. Auch das Bedürfnis nach schwärmerisch erregender Verliebtheit ist eine Selbstbefriedigung. Die Partner sind deshalb austauschbar. Es gehört sogar zum »Schicksal« einer schwärmerisch-sentimentalen Liebe, dass die Partner ausgewechselt werden, denn sie werden rasch abgenützt. Die Trauer der Einsamkeit nährt die neue Hoffnung.

Einfühlsame Liebe hingegen geht empfindsam und verständnisbereit auf den anderen ein. Wird aber statt der Verständnisbereitschaft eine unterwürfige Anpassung zum Prinzip der Liebe gemacht, so dass Kritik und Eigenständigkeit unterdrückt werden, überbordet sie zur sentimentalen Anklammerung. Dadurch macht die sentimentale Teil-Liebe nicht nur unfrei, sondern führt in eine selbstzerstörerische Abhängigkeit und geistige Verkümmerung.

Die autoritär-dominierende Teil-Liebe

Der Patriarch dominiert seine Frau und die Familie. Aber er fühlt sich für sie verantwortlich. Darum muss es nach seinem

Kopf gehen. Auch der Macho dominiert seine Partnerin. Es muss ebenfalls nach seinem Kopf gehen, weil er zu keiner kommunikativen Verständigung fähig ist. Auch der eitle Gockel will dominieren, um ebenso wie der Macho seine Selbstunsicherheit zu vertuschen und mit autoritärem Gebaren zu maskieren.

Autoritäres Benehmen ist nicht nur eine Pose der Männer. Autoritär-dominierend verhält sich auch die übertrieben fürsorgliche Mutter oder Gattin, die den anderen mit Aufmerksamkeiten bedrängt und »es ja nur gut meint«.

Autoritär-dominierend sind auch Partner, die den anderen schamlos kontrollieren oder unter dem Vorwand von Interesse nur aushorchen wollen, wann und mit wem er wo war. Manche unterdrücken aber ihre Eifersucht, um sich nicht unsympathisch zu machen. Andere beschönigen die anmaßende Respektlosigkeit ihrer Eifersucht und wollen sich damit rechtfertigen, Eifersucht sei ein Zeichen der Liebe. Und damit haben sie auch Recht: Sie ist ein Zeichen der autoritär-dominierenden Teil-Liebe, die den anderen egoistisch besitzen und über ihn verfügen will.

Das Defizit der Teil-Liebe

Keine der Teil-Lieben führt zur Erfüllung, weder die autoritäre noch die romantische, weder die konservative noch der Flirt. Jede hat ihre eigene Leere, jede hat ihr Defizit. Die Unerfülltheit der Liebe wird als wesentliches Defizit und als Sinnlosigkeit des eigenen Lebens geahnt. Solche Sinnlosigkeit ist unerträglich.

Wenn aber der Weg zur ganzheitlichen Liebe nicht gefunden wird, dann wird ein Ersatz zur Not-Wendigkeit. Aber der Ersatz ersetzt das Defizit nicht. Er ist nicht mehr als eine Ausflucht. Der Ersatz ist ein Fluchtweg und immer ein Irrweg. Er vermag das Defizit nur zu betäuben, aber nicht aufzuheben. Fluchtwege erkennt man deshalb an ihrer Dranghaftigkeit und an der Sucht.

Der eine Fluchtweg ist der rezeptive. Er äußert sich als Konsumiersucht, als Drang, sich mit irgendetwas zu verwöhnen, mit Zigaretten, Pralinen, Kleidern, oder als Ess-, Trink-, Sex- oder Drogensucht.

Der direktive Fluchtweg äußert sich als Drang, irgendetwas oder irgendjemanden autoritär zu dominieren. Wer arbeitet oder absurde Spitzenleistungen vollbringen muss, nur um anderen überlegen zu sein, oder wem Sport nur Kampf gegen den Rivalen bedeutet, meint, indem er den anderen besiegt, habe er sein Defizit und seine geahnte Sinnlosigkeit gemeistert.

Der autoritäre Fluchtweg führt zum Machtanspruch und zum Missbrauch der Macht. Ebenso wie bei der Sucht wird auch hier deutlich, wie die geahnte Sinnlosigkeit mit einem Wahn-Sinn betäubt werden soll.

Die Geschichte und Gegenwart zeugen von diesem grauenvollen politischen und konfessionellen Wahnsinn.

Ein dritter Fluchtweg verbindet das direktive Dominieren mit dem rezeptiven Konsumieren: Das Imponiergehabe will mit Überlegenheit dominieren und das demonstrieren, was der andere nicht hat. Solcher Eitelkeit dient alles, was Beachtung finden könnte, vom maskulinen Schnurrbart bis zur Luxusvilla.

An diesen drei Irrwegen – am übertriebenen Konsumieren, Imponieren und Dominieren – erkennt man das Defizit einer sinnarmen Teil-Liebe.

Die ganzheitliche Liebe

Die ganzheitliche Liebe umfasst zwei Grundhaltungen, die sich zur Ganzheit ergänzen, obwohl sie scheinbar Gegensätze sind.

Die eine Haltung zielt auf die Vereinigung beider Partner, die andere auf die Eigenständigkeit von beiden.

Die Vereinigung einerseits und die Eigenständigkeit andererseits umfassen jede selbst wieder zwei scheinbar gegensätzliche Haltungen. Die ganzheitliche Liebe kann daher nur gelebt werden, wenn alle vier Bedingungen erfüllt sind.

Die Vereinigung in der ganzheitlichen Liebe

Zur Vereinigung führen zwei Wege: die Eroberung und die Hingabe. Die Eroberung will den anderen für sich gewinnen. »Man hat ihn zum Fressen gern.« Erobern ist das erregende, oft drängende Begehren. Dazu gehört neben vielen anderen Äußerungsformen auch die körperlich-sexuelle Aktivität.

Auch die Hingabe will den anderen für sich gewinnen. Sie ist also keineswegs »passiv«. Hingabe ist der andere Weg zur Vereinigung. Hingabe zur Vereinigung bedeutet: das Gleiche wollen. Gleiches wollen wird als Übereinstimmung erlebt oder als Verführtwerden ausgelegt oder als Anpassung gesehen. Auch die Hingabe will die »körperliche, seelische und geistige« Vereinigung. Die Hingabe ist aber nicht drängend und nicht erobernd, sondern im Gegenteil aufnehmend und verweilend. Hingabe ist die Voraussetzung für echte Zärtlichkeit. Wo Hingabe fehlt, ist Vereinigung nicht mehr als eine Teil-Liebe.

Die Eigenständigkeit in der ganzheitlichen Liebe

Auch zur Eigenständigkeit führen zwei Wege: die Selbstachtung und die innere Freiheit. Selbstachtung hat, wer sich seine Überzeugung eigenständig bildet. Die innere Freiheit hat, wer nach seiner Überzeugung lebt und für Veränderungen aufgeschlossen ist. Wer das versteht und selbst erreicht hat und einen anderen aufrichtig liebt, schätzt des anderen Eigenständigkeit und seine innere Freiheit, so zu leben, wie es seine Selbstachtung verlangt. Er liebt und achtet die Eigenart seiner Persönlichkeit, und er liebt und achtet dessen innere Freiheit, zu tun, was ihm wichtig erscheint.

Die Ergänzung zur Ganzheit der Liebe

Das sind die beiden Gegensätze, die sich in einer erfüllenden Liebe zur Ganzheit ergänzen: einerseits die erotische Liebe, welche die Übereinstimmung und Vereinigung will, und andererseits die respektierende Liebe, welche die Eigenständigkeit und Veränderung des anderen zu lieben vermag.

Liebe, die zu beidem bereit und fähig ist, wird zur warmherzigen, erfüllenden Liebe. Sie schafft Vertrauen; sie löst Energien aus; sie erzeugt Toleranz und Wohlwollen. Die ganzheitliche Liebe ist der Grund eines von Glück erfüllten Lebens.

IV. TEIL

Dieser IV. Teil ist für den philosophisch und psychologisch interessierten Leser geschrieben. Darin werden die logisch begründete Autoregulationspsychologie und die dadurch möglich gewordene Therapie-Strategie kurz zusammengefasst.

Die von der Naturwissenschaft unabhängigen, selbständigen Dimensionen der Psychologie werden erläutert und begrifflich definiert.

Mit der logisch exakten Begriffssprache der Autoregulationspsychologie ist die vieldeutige und oft irreführende Symbol-Terminologie der bisherigen Psychoanalyse überholt.

Was bedeutet »Körper, Seele, Geist«?

Um sich über die Bedeutung von Körper, Seele und Geist klar zu werden, muss man deren Begriffe definieren.

Der Körper

Was wir als »Körper« bezeichnen, kann als ein Energiefeld mit einer bestimmten Struktur verstanden werden. Je stärker ein Energiefeld strukturiert ist, desto dichter ist es und umso deutlicher kann es wahrgenommen werden. Die Dichte einer Struktur wird physikalisch als Aggregatzustand als gasförmig, flüssig oder fest unterschieden. Es bestehen jedoch noch andere Formen der Energiefelder, die zwar noch nicht gemessen werden können, jedoch z. B. als Telekinese und als Telepathie wahrgenommen werden. Von der schwachen bis zur starken Strukturiertheit gibt es zahllose Übergänge, z. B.

Strukturdichte	**Beispiel**
schwach	Telepathie
	Gase, Gerüche, Wärme
mittel	Flüssigkeiten
	Bindegewebe, Muskeln
stark	Knochen, Zähne

Die Psychosomatik des Körpers

Psychosomatische Zustände sind solche, die körperlich wahrgenommen werden und einen emotionalen Grund haben. Der entsprechende körperliche Zustand kann oft als funktionelle Erkrankung physiologisch gemessen werden. Die verursachenden Emotionen hingegen können mit der verbalen Sprache grundsätzlich nicht erfasst werden, sonst müsste man auch Emotionen, welche die Musik bewirkt, verbal, mit Worten beschreiben können. Die Emotionalität kann jedoch über die Sinnesempfindungen und am einfachsten mit Hilfe der Farbempfindungen erkannt und verstanden werden. Darum kann die Wechselwirkung zwischen dem Gehirn und dem neurovegetativen System mit Hilfe der Lüscher-Farb-Diagnostik beurteilt werden.

Das Gehirn kommuniziert mittels zahlreicher von Nervenendigungen (Synapsen) ausgehender Botenstoffe mit dem Immunsystem. In umgekehrter Richtung leitet das Immunsystem über spezifische Proteine Informationen zum Gehirn zurück. Durch belastende Umstände ausgelöster Stress stimuliert das System Hypothalamus, Hypophyse, Nebenniere, limbisches System sowie das sympathische Nervensystem und aktiviert den Organismus, um auf die Situation adäquat reagieren zu können. Durch die vermittelten Botenstoffe wird gleichzeitig das Immunsystem beeinflusst. Mit Hilfe von Immunzellen aus Knochenmark, Lymphknoten, Milz und Thymus werden eindringende Schadstoffe oder entartete körpereigene Zellen unschädlich gemacht. Die von den Immunzellen freigesetzten Proteine werden für die Kommunikation untereinander genutzt und zugleich als Information an das Gehirn weitergegeben. Diese werden entweder direkt über das Blutsystem oder über parasympathische Nervenbahnen des Vagus und viszerosensorische Afferenzen zum Endkern des Tractus solitarius geleitet.

Die psychovegetativen Zustände können mit den Dimensionen der Autoregulationspsychologie beurteilt und im Lüscher-Würfel anschaulich dargestellt werden. (siehe Seiten 262–265)

Die I. Dimension repräsentiert auf der rechten Würfelfläche den direktiven, den ergotropen Zustand, wogegen die linke Würfelfläche den rezeptiven, den trophotropen Zustand zeigt.

Die II. Dimension repräsentiert auf der vorderen Würfelfläche die Konstanz und den anabolen Zustand, wogegen die hintere Würfelfläche die Variabilität und den katabolen Zustand wiedergibt.

Die III. Dimension repräsentiert auf der diagonalen Würfelfläche zwischen 1 und 3 den integrativen Zustand des Sympathikus.

Dabei ist die Struktur +3 −1 sympathikoton, dagegen ist +1 −3 sympathikolytisch.

Die diagonale Würfelfläche zwischen 2 und 4 hingegen entspricht dem separativen Zustand des Vagus (des Parasympathikus).

Dabei ist die Struktur +2 −4 vagoton, dagegen ist +4 −2 vagolytisch.

Die IV. Dimension repräsentiert auf der Würfelfläche unten den Zustand der Blockierung und Frustration mit −−, dagegen zeigt die Würfelfläche oben mit ++ den Zustand der Übersteigerung und Kompensation.

Der Raum

Als »Raum« wird die Beziehung zwischen den als Körper wahrnehmbaren Energiefeldern benannt.

Die Zeit

Als physikalische »Zeit« bezeichnen wir die Veränderung der Körper und der räumlichen Beziehungen. Ohne Veränderung und ohne Bewegung gäbe es keine Zeit. Wir bestimmen sie z. B. an der Bewegung und Veränderung der Uhrzeiger bzw. der Himmelskörper. Die Vorstellungen »Raum und Zeit« sind somit nicht die eigentliche Wirklichkeit, sondern die Form, wie sie uns erscheint. Kant (1724–1804) sagt, Raum und Zeit sind »Formen der Anschauung« der Wirklichkeit.

Die Seele

Das Wort »Seele« wird hier nicht als religiöser, sondern als psychologischer Begriff gebraucht.

Ich verstehe die Psyche als Energiesystem, das sich autoregulativ steuert. So wie der Lenker eines Autos und das Fahrzeug verschieden sind, so müssen auch die steuernde Psyche und der materielle Körper unterschieden werden. Psychologische Begriffe, die Körperhaftes bezeichnen, sind darum nicht nur unpsychologisch, sondern widersinnig, zum Beispiel körperliche Bezeichnungen wie oral, anal, phallisch und räumliche Begriffe wie introvertiert und extravertiert, Tiefenpsychologie, Schichten der Persönlichkeit, aber auch zeitliche Ausdrücke wie Archetyp usw. Sie sind irreführend und machen die Psychologie verworren.

Psychologische Begriffe und Kategorien dürfen nicht physisch sein, sondern sie müssen definieren, wie die psychische Energie gesteuert wird.

Die Psyche von Mann und Frau

Der Wunsch, einen Partner der Liebe oder zur sexuellen Befriedigung zu haben, wird meist als dringendes Bedürfnis (++) empfunden. Gleichzeitig besteht die Angst (--), ob dieses Bedürfnis erfüllt werde. Daher sind dringende Wünsche und die Angst, ob sie erfüllt werden, als polare Gegensätze aneinander gebunden, wie die beiden Gegengewichte einer Waage. Diese »innere« Polarität von Anspruch und Angst, von Frustration und Kompensation wird nach »außen« projiziert auf diejenige Beziehung, die besonders stark mit Bedürfnissen, Sehnsüchten und Ängsten belastet ist: auf die Beziehung zwischen Mann und Frau. Dadurch entsteht die geradezu zwanghafte Fiktion, dass ein polarer Gegensatz bestehe zwischen der Psyche eines Mannes und der Psyche einer Frau.

Mann und Frau unterscheiden sich allerdings nicht nur anatomisch. Auch das Verhalten ist oft durch hormonelle und vor allem durch kulturelle Einflüsse verschiedenartig. Deshalb gibt es das »typisch männliche« und das »typisch weibliche« Verhalten tatsächlich, wobei jedes direktive Verhalten als männlich und jedes rezeptive Verhalten als weiblich taxiert wird.

Es muss jedoch unterschieden werden, was nur als Verhalten typisch männlich bzw. typisch weiblich auftritt und was das System Psyche ist. Die Psyche ist ein hoch differenziertes, emotionales Autoregulationssystem, das bei jedem Menschen, bei Mann und Frau genau gleich funktioniert. Wäre das nicht der Fall, könnte man die Emotionen des anderen, ob Mann oder Frau, ob Kind oder Erwachsener, ob vernünftig oder dumm, überhaupt nicht verstehen.

Nur wegen der Projektion der egozentrischen und moralisierenden Bewertungen auf das andere Geschlecht entsteht die allgemein verbreitete, jedoch zerstörerische Einbildung, die Psyche als Autoregulationssystem funktioniere bei Mann und Frau unterschiedlich. Weil das nicht zutrifft, gelten die psychologischen Kategorien für beide Geschlechter.

Durchschnitt und Normalität

Die konflikthafte Fehlsteuerung eines Menschen ist nicht an der Abweichung vom gewohnten Durchschnitt zu erkennen, sondern an der Abweichung von seiner Normalität. Normalität ist kein quantitativer Durchschnittswert, sondern die Fähigkeit, im mentalen und psychovegetativen Gleichgewicht zu leben. Sind diese Grundbedürfnisse jedoch blockiert oder übersteigert, dann ist die Normalität gestört.

Die Abweichung von der eigenen Normalität erscheint auf vielfache Weise. Man kann sie z. B. als Angst, Depression, Aggression beschreiben. Man kann dazu quantitative Messungen und Statistiken erstellen, doch ist all das keine psychologische Aussage. Psycho-logisch verstanden ist eine Beobachtung erst, wenn sie in das ganzheitliche, autoregulative System richtig eingeordnet ist. Dazu dienen die Kategorien der Autoregulationspsychologie. Sie ermöglichen ein klares und differenziertes Verständnis des Zustandes in den unterschiedlichen psychischen Bereichen. Jede Diagnostik sollte deshalb nicht nur die Symptome beschreiben, sondern die Ursache psycho-logisch verstehen, um die verursachende Fehlsteuerung zu therapieren.

Vegetieren und funktionieren sind die beiden hauptsächlichen Interessen vieler Menschen. Teils unbewusst, teils absichtlich steuern sie auf die Befriedigung dieser Bedürfnisse hin. Da sie der egozentrischen Befriedigung dienen, entstehen leicht und oft Konflikte mit den egozentrischen Ansprüchen der anderen. Zwar können sich egozentrische Ansprüche als gemeinsame Interessen ergänzen, z. B. als sexuelle, finanzielle, politische, konfessionelle und ideelle Absichten; aber bei allen entgegengesetzten Interessen entstehen Konflikte. Sie beginnen mit der Abneigung und eskalieren von der Feindschaft bis zur Vernichtung des anderen. Wenige sind sich bewusst, dass Konflikte nicht nur emotionalen Stress erzeugen, sondern immer auch und immer gleichzeitig ein Stress des Nerven- und Immunsystems sind.

Das dritte Interesse ist das Bedürfnis, dass das, was man tut, einen Sinn hat. Das Bestreben, sinn-voll zu handeln, erfordert eine Überzeugung, an der man sich orientieren kann und an die man glauben kann. Darum ist es ein notwendiges Bedürfnis, nicht nur zu vegetieren und zu funktionieren, sondern auch einen sinngebenden Glauben zu haben.

Um eine der Realität angemessene Überzeugung und damit einen vernünftigen Glauben zu haben, ist es nötig, über das, was geschieht, nachzudenken. Das Reflektieren, das Nachdenken und das echte Meditieren muss die Absicht verfolgen, die Realität so zu erkennen, zu verstehen und zu beurteilen, wie sie wirklich ist. Dient der Glaube jedoch nur dazu, sich mit beschönigenden Illusionen über die Realität hinwegzutäuschen und Ängste zu unterdrücken, dann betrügt man sich mit einem Aberglauben.

Das dritte Interesse erfordert ein redliches Nachdenken ohne egozentrische Absichten. Solches Reflektieren führt zu vernünftigen Einsichten und zu »geistiger Reife«. Darum ist Geist weder begabtes noch gelehriges Denken, sondern die Fähigkeit, harmonisch, das heißt angemessen mit der Realität umzugehen und Fehlsteuerungen zu vermeiden. Geistiges Verhalten äußert sich darum nicht nur als Verständnis und Anstand, sondern in allem harmonischen Tun.

Die drei Hauptinteressen sind:

1. vegetieren:	vitale Zweck-Interessen wie Essen, Schlafen, Sexualität;
2. funktionieren:	Profit-Zweck-Interessen wie Arbeiten und Bewerten;
3. reflektieren:	»geistige«, zweckfreie Interessen, d. h. aufmerksam erleben, verstehen und beurteilen, ohne zu bewerten.

Der Geist

Als Geist wird die Steuerung bezeichnet. Als geistvoll gilt die vernünftige Steuerung. Geistvoll und vernünftig ist, wer seine Energie so steuert, dass sie der gegebenen Realität gerecht wird. Geistlos hingegen ist die unvernünftige, die zweck- und sinnwidrige Steuerung. Solcher Un-Geist entsteht, wenn man egozentrisch denkt und wenn man der Realität zuwiderhandelt, statt ihr zu entsprechen. Bei geistvollem, vernünftigem Verhalten besteht Resonanz. Sie wird als Harmonie empfunden. Harmonie (Harmonia = Gefüge) besteht einerseits durch die vier normalen Selbstgefühle (als »innerer« Kreis), andererseits durch den harmonischen Umgang mit dem eigenen Körper (durch Bewegung, Erholung, Ernährung), mit den anderen Menschen und mit der Umwelt.

Harmonie erfordert, dass bei einer Erschütterung die »innere« Harmonie der vier normalen Selbstgefühle so rasch wie möglich wieder gefunden wird. Das ist nur möglich, wenn man lernt, »äußere«, negative Ereignisse nicht zu »inneren«, egozentrisch belastenden Erlebnissen werden zu lassen und nicht an ihnen haften zu bleiben.

Harmonie ist nie passiv. Sie entsteht durch das geistige Bemühen, sowohl logisch als auch praktisch und sowohl ethisch als auch sinnlich und ästhetisch so zu handeln, dass man sich zur Realität angemessen verhält und mit ihr bestmöglich übereinstimmt.

Zusammenfassung der Theorie der Autoregulationspsychologie

Die Naturwissenschaft definiert das *Objekt quantitativ* mit einem Zahlensystem. Die Autoregulationspsychologie definiert das *Subjekt qualitativ* mit einem Begriffssystem.

Die vier Dimensionen

Was die Psychologie schwierig erscheinen lässt, sind ihre symbolischen und irreführenden Begriffe. Es ist widersinnig, die Psyche mit materiellen Körperorganen zu definieren, z. B. oral, anal, phallisch, oder mit räumlichen Bezeichnungen wie introvertiert, extravertiert usw. Solche Benennungen sind vieldeutig und werden auch verschiedenartig verstanden, zum Beispiel neurotisch, Es, introvertiert usw.

Die Autoregulationspsychologie vermeidet solche Wörter. Sie erläutert und definiert die vier Dimensionen der Psychologie, mit psycho-logischen Kategorien.

I. Dimension: Die *Konstellation* der Beziehung

Alles, was in irgendeiner Beziehung zueinander steht, bildet eine Konstellation. In jeder Konstellation und Beziehung verhält sich das Subjekt auf zwei Arten: entweder mehr *direktiv* (ist bestimmend, ist anordnend) oder mehr *rezeptiv* (lässt sich bestimmen, ist annehmend).

Die Konstellation ist im Gegensatz zum materiellen Raum nicht dreidimensional. Die Psyche hat kein Oben und Unten, kein Innen und Außen, kein Vorne und Hinten. Die Psyche hat keine Länge, keine Breite und keine Tiefe. Begriffe wie Tiefenpsychologie, introvertiert, unterbewusst, Über-Ich, Schichten der Persönlichkeit usw. sind daher nicht psycho-logisch, sondern irreführend.

II. Dimension: Die Änderung der Konstellation, die *Sukzession*

Jede Konstellation ändert sich. Die Veränderung in einer Beziehung und alle Änderungen von Konstellationen bilden die Sukzession: die »Zeit«. Die Änderung der Konstellation und Beziehung heißt Wechsel oder Variabilität. Beziehungen können stark wechseln, also *variabel* sein, zum Beispiel beim Reisen, bei einmaligen Kontakten, bei öfterem Partnerwechsel usw. Beziehungen können aber auch relativ *konstant* sein, zum Beispiel zu sich selbst, zum eigenen Körper, zu den Angehörigen und allem, was als »mein«, als mein Eigentum betrachtet wird.

Im Gegensatz zur naturwissenschaftlichen Zeit ist die psychische Zeit immer nur Gegenwart. Vergangenheit und Zukunft sind Vorstellungen, die in der Gegenwart erlebt werden.

Auch jede Konflikthaltung geschieht in der Gegenwart. Ursache einer Konflikthaltung (zum Beispiel von Enttäuschung, von Ärger, von Hass) ist jeder selbst. Und jedes Gefühl findet stets in der Gegenwart statt. Die »Psychoanalyse« verlegt die Ursache in die Vergangenheit. Das ist einer der Gründe für ihre oft nutzlose Langwierigkeit.

Die Dimension der Konstellation kann als waagerechte Achse dargestellt werden. Deren linke Seite ist rezeptiv und die rechte Seite direktiv. Die Änderung der Konstellation, die »Zeit«, ist dann eine senkrechte Achse. Sie durchkreuzt die waagerechte (Grafik s. S. 244).

So entstehen vier Quadranten. Die beiden oberen sind variabel, die beiden unteren konstant. Die beiden links sind rezeptiv, die beiden rechts sind direktiv. (Das gilt auch bei Bildern.)

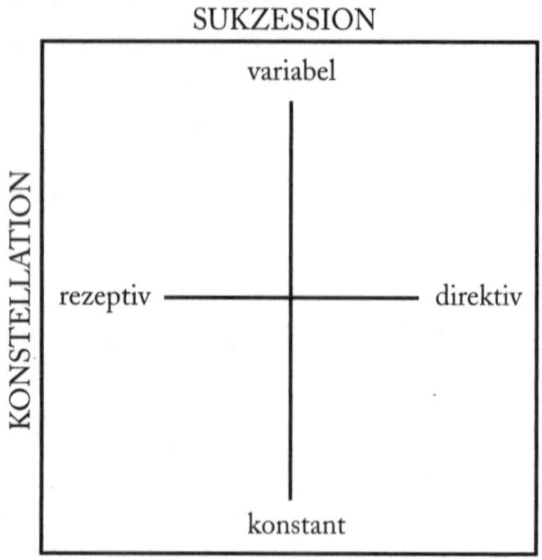

III. Dimension: Die *Kommunikation*, die emotionale Relation

So wie die Naturwissenschaft heute weiß, dass Raum und Zeit immer in einer Relation stehen, so bilden auch in der psychischen Wirklichkeit Konstellation und Sukzession stets eine Relation. Die Relation verbindet die sich diagonal gegenüberstehenden Quadranten.

Der Quadrant rechts oben repräsentiert ein Verhalten, das in jeder wechselnden, neuen Beziehung stets direktiv sein will. Diese auf Eroberung ausgerichtete Aktivität will sich das Objekt einverleiben. Das Ziel ist die *Integration durch Eroberung*, durch das »Nehmen«.

Der Quadrant links unten repräsentiert ein Verhalten, das in einer konstanten Beziehung stets rezeptiv bleibt. Zweck einer solch konstanten Zuwendung ist die *Integration durch Hingabe*, durch das »Geben«.

Diese beiden sich diagonal gegenüberstehenden Quadranten (rechts oben und links unten) verfolgen als gemeinsames Ziel die Einheit und Vereinheitlichung: die Integration.

Die beiden anderen sich diagonal gegenüberstehenden Quadranten bezwecken eine der Integration entgegengesetzte soziale Relation: die Differenzierung und Separierung.

Der Quadrant rechts unten repräsentiert das Besitzen. Man will konstant und direktiv über das Eigentum verfügen. Alles, was als Eigentum oder als eigentümlich gilt, unterscheidet sich von allem anderen. Das Sich-Unterscheiden ist eine Form der sozialen Relation: die Differenzierung.

Auch der diagonal gegenüberliegende Quadrant links oben repräsentiert eine Distanzierung und Differenzierung. Wer stets wechselnde, neue Situationen rezeptiv sucht, entzieht sich jeder Bindung, z. B. der Phantast und der Wahnsinnige.

IV. Dimension: Die Bewertung der Realität, die *Valuation*

Die Bewertung der Realität ist die beim Menschen besonders ausgeprägte Dimension. Die Bewertung ist zugleich die Voraussetzung und der Grund aller ethischen Werte und damit auch des Gewissens. Diese vierte, die ethische Dimension ist maßgebend für den Sinn und die Gestaltung des Lebens. Dies zu verkennen war der an Folgen schwerste Irrtum der »Psychoanalyse«.

Was ein Mensch für den Sinn seines Lebens hält, motiviert ihn für das, was er tut. Von der Bewertung hängt es ab, ob ihm Sexualität, Reichtum, Macht, Prestige in der Gesellschaft, ob ihm der Kampf gegen Andersdenkende oder ob ihm Toleranz, Liebe und ethische Verantwortung wichtig sind.

Die Bewertung kann *positiv* (+) oder *negativ* (–) sein. Bei Konflikten kann die Bewertung zu einem übersteigerten

Anspruch werden (++), der sich entweder als Illusion oder als Aggression äußert. Der übersteigerte Anspruch erzeugt nach dem Gesetz der funktionalen Abhängigkeit immer gleichzeitig eine entsprechende Frustration bzw. Angst (−−).

Bleibt die übersteigerte Bewertung (++ und −−) bestehen, dann ist sie eine *fixierte Konflikthaltung*. Sie ist unter dem populären Namen »Neurose« bekannt. Übersteigerte Ansprüche scheitern an der Realität.

Diese Zusammenhänge macht die grafische Darstellung auf den Seiten 202 und 203 anschaulich. Auf der linken Seite steht oben die ego-zentrische Selbstüberschätzung und unten die ego-zentrische Selbstunterschätzung. Beide sind die Ursache von konflikthaftem Verhalten. Sie verursachen auch die unzweckmäßigen Körperhaltungen, die zu körperlichen Beschwerden und schließlich zu Krankheitssymptomen führen können.

Die Selbstüberschätzung mit ihren übersteigerten Ansprüchen wird mit (++) markiert.

Die Selbstüberschätzung verursacht Konflikthaltungen. Sie verlaufen in der grafischen Darstellung als Diagonale von links oben nach rechts unten. Die gegenläufige Diagonale von links unten (−−) nach rechts oben (++) zeigt die umgekehrte Konflikthaltung: Wer, statt die reale Leistung und die wirkliche Situation zu beurteilen, sich ego-zentrisch unterschätzt und sich als unfähig, als ungenügend, als Versager einschätzt, hat das dringende Bedürfnis, diesem beklemmenden Gefühl der Minderwertigkeit zu entfliehen. Solch einem Drang bieten sich zahllose Fluchtwege an. Fluchtwege sind Kompensationen, um das Defizit zu unterdrücken und vorläufig nicht darunter zu leiden. Die eine Wegrichtung heißt »Imponieren«, die andere heißt »Konsumieren«. Dazu dienen Geld, Macht, Liebeshunger, gesellschaftliche, politische, religiöse Ideologien und die zahllosen Wahngebilde der kleinen und großen »Projektionen«. Sie verschlingen nicht nur Zeit, sondern ein gigantisches Maß an Energien.

Von der Diagnose-Struktur zur Therapie-Struktur

Das ganzheitliche, vierdimensionale System der Autoregulationspsychologie dient – neben anderen Möglichkeiten der Anwendung – zur qualitativ exakt messenden Diagnostik mit den speziellen Lüscher-Test-Farben. Die Diagnose-Struktur beschreibt die Grundstruktur und das Verhalten in den verschiedenen emotionalen Persönlichkeitsbereichen.

Einseitig verlagerte, fixierte Strukturen sind Konflikthaltungen (Neurosen). Sie belasten zugleich die entsprechenden physiologischen Funktionssysteme, zum Beispiel das Nerven- und Immunsystem oder durch schädliche Körperhaltungen die Gelenk- und Muskelsysteme sowie Herz, Kreislauf, Lunge, Magen, Gallenblase, Dickdarm, Dünndarm, Urogenitalsystem und Haut.

Weil die Autoregulationspsychologie ein vierdimensionales, ganzheitliches System ist, kann aus der Diagnose-Struktur die Therapie-Strategie psycho-logisch abgeleitet werden. Die Therapie besteht in der Auflösung der fixierten Konflikthaltung. Sie erfolgt durch die Gegenregulation in allen vier Dimensionen. Eine eindimensionale Umkehrung, zum Beispiel vom Sünder zum Asketen, ist noch keine Therapie. Echte Therapie entsteht in der augenblickshaften »Erleuchtung«, im Aha-Erlebnis, wie man zur Realität stehen soll.

In einem solchen Aha-Erlebnis findet eine ganzheitliche und darum gleichzeitige Gegenregulation in allen vier Dimensionen statt.

Jede der vier Dimensionen (I, II, III, IV) hat ein spezielles Therapie-Ziel.

I. Dimension: Therapie-Ziel: harmonisch
Ein übersteigert direktives, also autoritäres Verhalten wird durch mehr rezeptive Aufgeschlossenheit harmonisiert.
Im umgekehrten Fall wird rezeptive Beeinflussbarkeit durch ein autonom-direktives Verhaltenstraining zur Harmonie geführt.

II. Dimension: Therapie-Ziel: rhythmisch
Eine übersteigert konstante, also fixierte Haltung wird durch eine variablere Einstellung in einen rhythmischen Ausgleich gebracht.
Im umgekehrten Fall muss ein übersteigert variables, also hektisches Verhalten durch Disziplin zu mehr Konstanz und damit in einen normalen Rhythmus kommen.

III. Dimension: Therapie-Ziel: sozial
Eine zu starke Integration, also eine kritiklose oder drängende Identifikation, muss durch eine stärkere Differenzierung, durch mehr Eigenständigkeit und Unabhängigkeit zu einer normalen sozialen Relation werden.
Und umgekehrt: Eine übersteigerte Differenzierung muss aus ihrer Distanzierung und Isoliertheit den Weg zu mehr integrativer Zuwendung und damit zu einer normalen sozialen Relation finden.

IV. Dimension: Therapie-Ziel: realitäts-adäquat
Bei übersteigert positiven oder unangemessen negativen Bewertungen müssen die egozentrischen Taxierungen überwunden werden. Man muss sich um eine der Realität adäquate Beurteilung bemühen.

Die vierdimensionale Gegenregulation ergibt die Therapie-Struktur und damit die geeignete Therapie-Strategie. Sie wird beim Farbtest aus der Ziffernfolge der Diagnose-Struktur (1, 2, 3, 4) abgeleitet. Man tauscht das erste Ziffernpaar gegen das

zweite aus. Aus »1, 2,   3, 4« wird die
Therapie-Strategie   »3, 4,   1, 2«.

Der Zweck der Therapie, der Erziehung und der täglichen Kultivierung des Lebens ist die psychische und körperliche Harmonisierung.

Sie besteht in der Überwindung der Ego-Zentrizität: in der Beseitigung der übersteigerten und falschen Ansprüche. Sie verursachen Depressionen und Ängste sowie Illusionen und Aggressionen. Die Überwindung der Ego-Zentrizität und jede realitätsgerechte, harmonische Gestaltung (logisch, ethisch, ästhetisch, praktisch) dienen dem Verständnis und der Bewältigung der Realität, dem Gleichgewicht und dem freudvollen Erleben.

Die Realität als »das Maß aller Dinge«

Die Realität gilt unbedingt und ohne Kompromisse. Sie gilt sowohl als physische und psychische als auch als gesellschafts-ideologische Wirklichkeit. Wer der physischen Realität zuwiderhandelt, richtet sich selbst zugrunde. Wer von einer gesellschaftlichen, politischen oder konfessionellen Institution abhängig ist und den Allüren ihrer Diktatur zuwiderhandelt, kann von dieser zugrunde gerichtet werden.

Weil sich alles in der Realität bewähren muss, verursacht jede realitätswidrige, ego-zentrische Haltung ein bestimmtes konflikthaftes Verhalten gegenüber den anderen und den Aufgaben. Daraus entstehen das Enttäuschtsein, das Verärgertsein, das Beleidigtsein, das Unzufriedensein und ebenso der Misserfolg.

Wer einen übersteigerten Anspruch an die Realität stellt (zum Beispiel: Du musst mich lieben; ich will bewundert werden usw.), findet es unerträglich und frustrierend, oft sogar deprimierend und ängstigend, dass es in Wirklichkeit nicht so ist.

Frustrierende Haltungen entsprechen dem psychoanalytischen Begriff des »Es«. Frustrierende Haltungen sind keineswegs auf die Sexualität beschränkt. Wenn die »Psychoanalyse« das »Es« aber auf sexuell frustrierende Haltungen reduziert, ist das die gleiche Beschränktheit, als wenn man unter Sport nichts anderes als Boxen verstünde.

Tabelle zur Strukturellen Autoregulationspsychologie

Dimension	Kategorie	Normalität	Abnormität
Konstellation	direktiv rezeptiv	harmonisch	autoritär suggestibel
Sukzession	konstant variabel	rhythmisch	fixiert unstet
Kommuni- kation	integrierend separierend	kommuni- kativ	abhängig isoliert
Valuation	positiv negativ	adäquat	überwertend unterwertend

I. Dimension: die Konstellation

Die Konstellation definiert die Position des Subjekts gegenüber dem Objekt mit den beiden Polen:

direktiv: bestimmend, anordnend
rezeptiv: sich bestimmen lassend, annehmend.

Das Anordnen (das, was ich organisiere, gestalte) ist direktiv (z. B. den Tisch decken). Akzeptiere ich die Anordnung, bin ich rezeptiv.

Die ausgeglichene, wechselseitige Beziehung zwischen direktiv und rezeptiv oder von führen und sich führen lassen heißt:
harmonisch
(z. B. empfinde ich ein Bild als harmonisch, wenn ich die Anordnung von Formen und Farben akzeptiere).

Die Übersteigerung von direktiv heißt:
autoritär
(z. B. eine schulmeisterliche oder sadistische Haltung).

Die Übersteigerung von rezeptiv heißt:
suggestibel, beeinflussbar
(z. B. vertrauensselige Leichtgläubigkeit oder masochistische Abhängigkeit).

Es gibt für rezeptiv und direktiv mehrere Begriffe, die eine gleiche oder ähnliche Symbol-Bedeutung haben:

rezeptiv	**direktiv**
lässt sich bestimmen	will selbst bestimmen
weiblich	männlich
tolerant	dogmatisch
demokratisch	faschistisch
unbegrenzt	begrenzend
romantisch	klassisch

Als direktiv oder als rezeptiv können konkrete Körper erlebt werden (z. B. der Ausdruck einer Handbewegung oder die akustischen Reize einer Melodie) oder bildhafte oder abstrakte Vorstellungen (z. B. der Kreis als Symbol der Einheit; Organigramme).

Werden die beiden Dimensionen kreuzweise angeordnet, entstehen vier Quadranten. Ich nenne sie die *vier Grund-Strukturen* (die vier »Archetypen«): 1, 2, 3, 4.

Ich habe den vier Grundstrukturen außerdem vier ganz bestimmte Farbtöne zugeordnet. Sie repräsentieren diese vier Grundstrukturen durch vier objektiv wahrnehmbare Farbempfindungen.

Die vier Grundstrukturen

Jede der vier Grundstrukturen (1, 2, 3, 4) kann unter verschiedenen Gesichtspunkten beschrieben werden:

	als Testfarbe	z. B. Lüscher-Blau 1
a)	als physiologischer Zustand	z. B. Ruhe
b)	als Selbstgefühl	z. B. Zufriedenheit
c)	als Verhaltensweise	z. B. Übereinstimmung
d)	als Zweck	z. B. Befriedigung

Struktur	*Farbe*	*physiologisch*	*Selbstgefühl*	*Zweck*
1	Lüscher-Blau	Ruhe	zufrieden	Befriedigung
2	Lüscher-Grün	Kontraktion	ernst	Sicherheit
3	Lüscher-Rot	Erregung	lebhaft	Eroberung
4	Lüscher-Gelb	Lösung	heiter	Freiheit

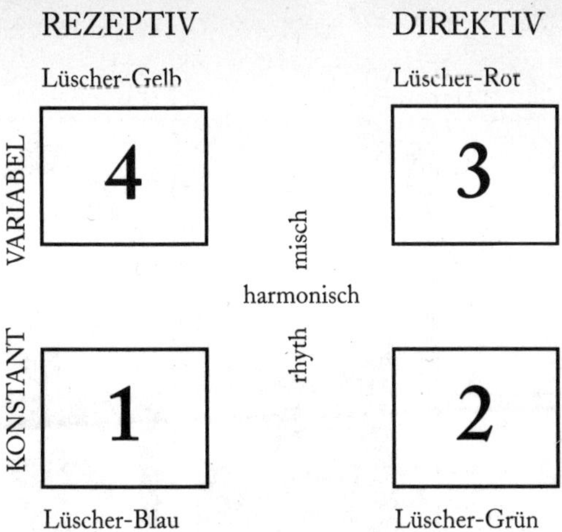

Grundbegriffe der vier Grundstrukturen

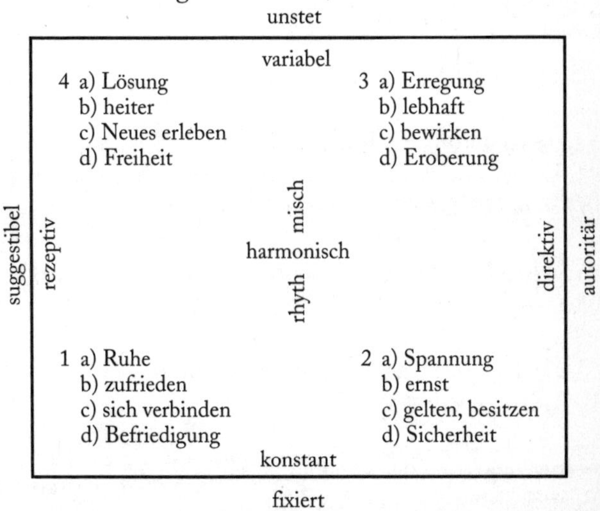

Grundformen der vier Grundstrukturen

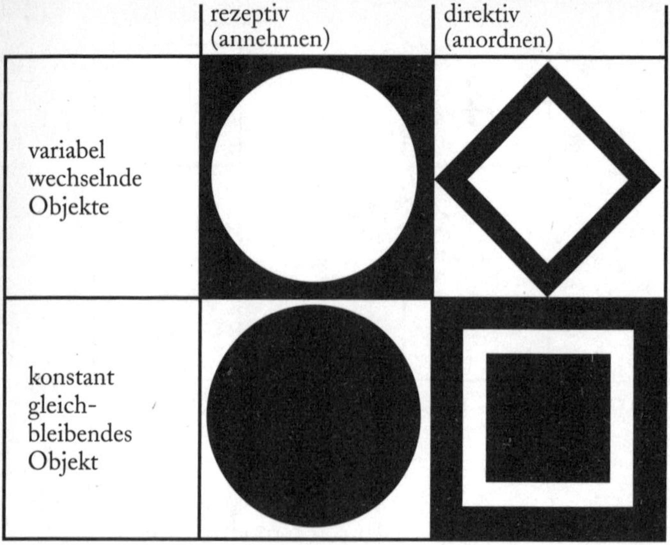

II. Dimension: die Sukzession

Die stete Änderung der Konstellation heißt Sukzession.

Als Dimension der Veränderung verstehe ich die beiden Pole: *konstant und variabel.*

Der regelmäßige Wechsel zwischen konstant und variabel heißt: *rhythmisch.*

Die Übersteigerung der Konstanz heißt: *fixiert* (z. B. Abhängigkeit oder Trotz).

Die Übersteigerung der Variabilität heißt: *unstet* (z. B. erlebnishungrig oder zerfahren).

Es gibt mehrere Begriffe, die eine gleiche oder ähnliche Symbolbedeutung haben:

variabel	**konstant**
Chaos	Ordnung
Improvisation	Regel
Moderne	Tradition
Künftiges	Vergangenes
Begegnungen	Verwandte
Flirt	Treue
Wolken	Fels

III. Dimension: die emotionale Kommunikation

Die vier Strukturen (1, 2, 3, 4) können in die vier Quadranten eines Quadrates gegliedert werden (siehe S. 253). Dabei ist

I. Dimension	links	1 und 4	rezeptiv
	rechts	2 und 3	direktiv
II. Dimension	unten	1 und 2	konstant
	oben	4 und 3	variabel
III. Dimension	diagonal	1 und 3	integrativ
	diagonal	4 und 2	separativ

Die Kommunikation, besonders bei emotionalen Beziehungen, kann nach zwei Grundhaltungen unterschieden werden, einerseits nach dem Bedürfnis nach Übereinstimmung, nach Verbundenheit und Integration oder andererseits nach dem Bedürfnis nach einer Unterscheidung, nach Differenzierung, nach Separation. Das Bedürfnis, sich anderen gegenüber zu differenzieren, äußert sich z. B. im Anspruch, besser, überlegen und wertvoller zu sein, was zu den zahllosen Formen der Feindschaft führt.

Die Integration
Die Struktur 1 bedeutet: *sich integrieren*, sich einordnen.
Die Struktur 3 bedeutet: *das andere integrieren*, erobern.

Auf entgegengesetzten Wegen bezwecken beide (1 und 3) die Integration.

Die Übersteigerung der Integration bedeutet: *Abhängigkeit.*

Die Separation (Differenzierung)
Die Struktur 2 bedeutet: *sich separieren*, sich behaupten.
Die Struktur 4 bedeutet: *das andere separieren*, sich befreien.

Auf entgegengesetzten Wegen bezwecken beide eine individuelle Differenzierung (Distanzierung).

Die Übersteigerung der Separation bedeutet: *Isolation*.

Die ausgeglichene, wechselseitige Relation zwischen Integration (Bindung) und Separation (Eigenständigkeit) bedeutet: *emotionale Kommunikation*.

IV. Dimension: die Valuation, die subjektive Bewertung

Die subjektive Einschätzung eines Wertes heißt: *Bewertung*. Eine Bewertung ist entweder positiv oder negativ.

Der Mensch weiß, wie sehr er der Veränderung (Variabilität) ausgeliefert ist. Darum sucht er konstante Sicherheiten. Er meint, mit Bewertungen (positiv oder negativ bzw. sympathisch oder unsympathisch etc.) diejenige Lebenseinstellung zu finden, die für ihn wertvoll sei. Andererseits vermeidet oder lehnt er jene Einstellung ab, die er für nachteilig hält. Die für Menschen typische Neigung, alles zu taxieren, was sie interessiert (als positiv oder negativ bzw. sympathisch oder unsympathisch), ergibt die vierte Dimension: die Bewertung. Sie ist immer eine persönliche Bewertung oder eine gruppenweise persönliche Bewertung (z. B. des Geldes oder moralistischer Ansichten).

Es gibt mehrere Begriffe für die Bewertung:

für positiv	*für negativ*
Zuwendung	Abwendung
sympathisch	unsympathisch
schön	hässlich
nützlich	schädlich
Himmel	Hölle

Der reife Mensch orientiert sich an der Realität. Er beurteilt sie, ohne sie ego-zentrisch zu bewerten. Der reife Mensch nimmt von Situation zu Situation diejenige Strukturhaltung ein, die der Realität bestmöglich angemessen ist: 1 oder 2 oder 3 oder 4.

Der unreife Mensch ignoriert, missversteht oder missachtet die Realität. Statt dass er vergleicht und beurteilt, bewertet er eine Situation nach egozentrischen Gesichtspunkten (z. B.: »Dass man mich vergessen hat, ist eine Gemeinheit«). Dadurch verursacht er Missbehagen und Konflikte.

Der unreif Gebliebene hat sich, meist in der frühen Kindheit (z. B. im Umgang mit der Mutter), eine bestimmte Taktik angewöhnt. Mit dieser Struktur reagiert er weiterhin (z. B. mit Trotz oder Schmeichelei oder mit Wehleidigkeit oder Aggression). Diese egozentrischen, realitätsfremden Haltungen erzeugen Konflikte mit sich selbst und mit anderen (»Neurosen«). Dadurch verliert er das Gleichgewicht, den Ausgleich zwischen direktiver und rezeptiver Einstellung (dann ist seine Harmonie gestört) oder zwischen Konstanz und Variabilität (dann ist sein Rhythmus gestört) oder zwischen Integration und Differenzierung (dann ist die Kommunikation gestört).

Ich bin der Meinung, dass solch einseitige Haltungen (also: Bedürfnisfixierungen, Abhängigkeiten, politische, religiöse, soziale oder körperbezogene Ideologien, neurotische Haltungen usw.) deshalb eingenommen werden, weil man sich einbildet, auf diesen Irrwegen das Heil (Harmonie, Rhythmus, Kommunikation) zu finden.

Die »Psyche« ist ein System, das sich selbst reguliert. Sie versucht, die Überbewertung einer Struktur (++) durch die Unterbewertung einer anderen Struktur (--) auszugleichen. Ebenso versucht sie, eine unterbewertete (--) durch eine überbewertete (++) Struktur auszugleichen.

Für diese gesetzmäßige Abhängigkeit zwischen Überbewertung (++) und Unterbewertung (--) (was mit dem Bild der beiden Waagschalen anschaulich wird) habe ich den mathematischen Begriff »Funktion« für die regulative Abhängigkeit gewählt.

Die Methode heißt deshalb *Autoregulation*

Durch die Überbewertung (++) einer der vier Strukturen ist (nach dem Gesetz der funktionalen Abhängigkeit) eine der drei anderen Strukturen unterbewertet (--).
Ist hingegen eine Struktur --, dann ist eine der drei anderen Strukturen ++.

Diese funktionale Ergänzung durch das Gegensätzliche ist im Autoregulationssystem der »Psyche« begründet. Das labile Gleichgewicht zwischen den beiden Ich-Polen (++ und --) erzeugt eine ego-zentrische Befangenheit im egozentrischen Teufelskreis. Sie mindert oder verhindert den Bezug zur Realität und damit das harmonische Gleichgewicht zwischen Subjekt und Objekt (Mitmensch, Umwelt).

Bei der egozentrischen Ich-Polarisierung (++ und --) wird oft diejenige Seite, die verleugnet wird und unbewusst bleibt (--), durch ein Objekt der Umwelt (durch einen Partner oder eine

Tätigkeit) ergänzt (»Projektion«). Solche Objekte dienen zur Kompensation. Kompensationen sind konfliktverursachende Abhängigkeiten (neurotische Bindungen oder Ideologien).

Überbewertung und Unterbewertung äußern sich als gegenseitige Abhängigkeit, z. B. zwischen Illusion und Angst oder zwischen »Himmel« und »Hölle«. Angst erzeugt illusionäre Wünsche, und illusionäre Wünsche erzeugen Angst, die nichts mit der Furcht vor einer realen Gefahr zu tun hat. Warum entwickeln wir Angst? Worin besteht der Profit? Der Profit besteht darin, dass wir an einer Illusion, an einer zweifelhaften Hoffnung festhalten können, z. B. dass nichts Unangenehmes passiere oder dass es den wirklichen Tod nicht gebe.

Jede der vier Strukturen (1, 2, 3, 4) befindet sich in einem bestimmten Zustand, je nach seiner aktuellen Bewertung.

Die Bewertung wird mit einem Vorzeichen markiert, und zwar hat:

die Zuwendung (Sympathie)	+
die Abwendung (Gleichgültigkeit)	–
der Überanspruch (Kompensation, Illusion)	++
die Gegenwendung (Angst, Blockierung)	––
die Ausgeglichenheit	=

Die IV. Dimension mit diesen fünf Stufen der Bewertung wird dem Quadrat von (1, 2, 3, 4) als senkrechte Dimension beigefügt. So entsteht aus der Fläche des Quadrates die Form eines Würfels. (An Stelle der eigentlichen Form einer Kugel ist der Würfel mit seinen acht Eckpunkten übersichtlicher.)

Der Lüscher-Würfel der Autoregulationspsychologie

Mit der Darstellung der vier Strukturen-Dimensionen in einem Würfel entsteht ein Modell, das in gleicher Weise dem Verständnis von psychischen und von physiologischen Zusammenhängen dient. Darum erklärt der Lüscher-Würfel auch Begriffe der Zeit, der Ideologien, der Traumsymbole und ebenso Körperbewegungen, psychovegetative Zustände, die Anwendung von Psychopharmaka und homöopathischen Mitteln. Die waagrechte Mittelfläche des Würfels entspricht dem neutralen ausgeglichenen Zustand (=).

Positive Bewertungen (+1, +2, +3, +4) werden in den vier oberen Ecken des Würfels markiert (Vorzeichen und Ziffer werden umringt).

Negative Bewertungen (–1, –2, –3, –4) werden in den vier unteren Ecken des Würfels markiert (Vorzeichen und Ziffer werden umringt).

»Neurotische« Überbewertungen überhöhen den Würfel. Sie werden durch die Verdoppelung des + gekennzeichnet (++1, ++2, ++3, ++4).

»Neurotische« Unterbewertungen (Verleugnungen, Verdrängungen, Depressionen, Ängste) werden durch Verdoppelung des – gekennzeichnet (––1, ––2, ––3, ––4).

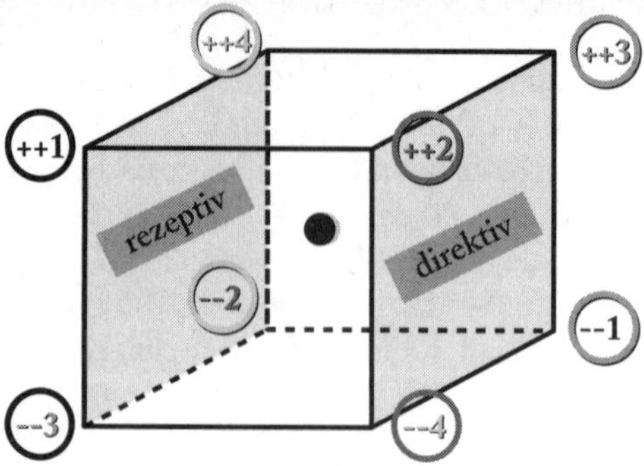

Die **linke Seite** des Würfels entspricht dem **rezeptiven** Verhalten. Verhält sich jemand übersteigert rezeptiv, dann ist er **suggestibel**.

Die **rechte Seite** des Würfels entspricht dem **direktiven** Verhalten.
Verhält sich jemand übersteigert direktiv, dann ist er **autoritär**.

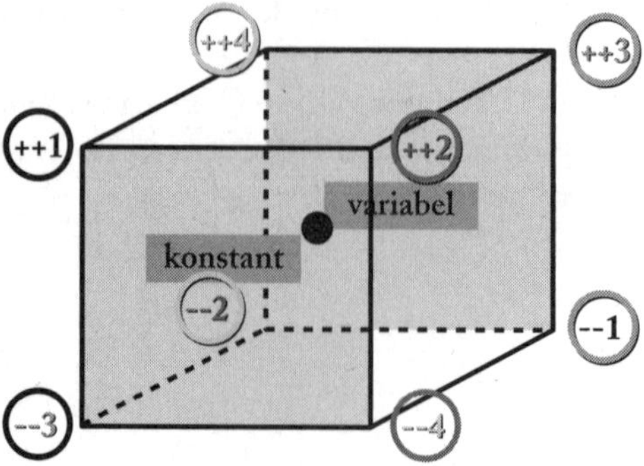

Die **Rückseite** des Würfels zeigt ein **veränderlich variables** Verhalten.
Ändert sich das Verhalten häufig oder ständig, dann ist man **unstet**.

Die **Vorderseite** des Würfels zeigt ein **konstantes** Verhalten. Verhält sich jemand übersteigert konstant, dann ist er **fixiert**.

Die Bedeutung der horizontalen Flächen des Lüscher-Würfels

Die Mittelfläche des Würfels entspricht der Normalität.
Der Drehpunkt der psycho-vegetativen Autoregulation steht im Zentrum des Würfels.

Der Drehpunkt in der Mitte des Würfels entspricht dem Ge-Wissen, dem Wissen darum, was der Realität adäquat ist und ihr als angemessen entspricht.

Die obere Seite zeigt die Ziffern der pathologisch bevorzugten Farben (++).

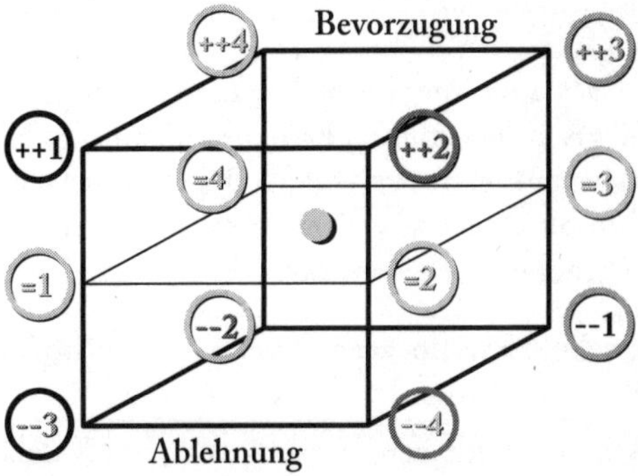

Die Unterseite des Würfels zeigt die Ziffern der pathologisch abgelehnten Farben und damit die psycho-vegetative Frustration und den Mangelzustand (−−).

Die Physiologie des Lüscher-Würfels

Die Lüscher-Test-Farben entsprechen den vier psycho-vegetativen Grundstrukturen:

Lüscher-Farbe	Farbe normal bevorzugt: +	Farbe normal abgelehnt: –
1 Dunkelblau	+1 sedierend, beruhigend	–1 ruhelos, antreibend
3 Orangerot	+3 stimulierend, anregend	–3 ruhend, regenerierend
2 Mittelblaugrün	+2 kontrahierend, anspannend	–2 entspannend, lösend
4 Hellgelb	+4 dilatierend, öffnend	–4 rhythmisch, regulierend

Stress und Stoffwechsel im Lüscher-Würfel

Die pathologisch abgelehnten Farben (– –) sind ein Hinweis auf eine genau bestimmbare Art von psycho-vegetativem Stress. Er kann sich im Stoffwechsel als anaboler oder kataboler Mangelzustand folgendermaßen auswirken:

Pathologische Farbwahl	Psycho-vegetativer Zustand	Stoffwechsel
– –1 Lüscher-Blau	fühlt sich vernachlässigt, ist daher entfremdet, unzufrieden, ruhelos; Angst vor Abhängigkeit	Katabol durch Mangel
– –2 Lüscher-Grün	ist kontraktiv überspannt, unter Druck, fühlt sich verhindert, benötigt Bestätigung	Katabol durch Mangel

Pathologische Farbwahl	Psycho-vegetativer Zustand	Stoffwechsel
−−3 Lüscher-Rot	ist überfordert, überreizt, Ärger, Unlust, erschöpft, dadurch geschwächtes Selbstvertrauen	Anabol durch Mangel
−−4 Lüscher-Gelb	ist ängstlich, hat Angst vor Verlust des Partners, der Gesundheit usw., ist aus Unsicherheit besorgt, ist beflissen	Anabol durch Mangel

Die vegetative Tonuslage und die homöopathischen Miasmen im Lüscher-Würfel

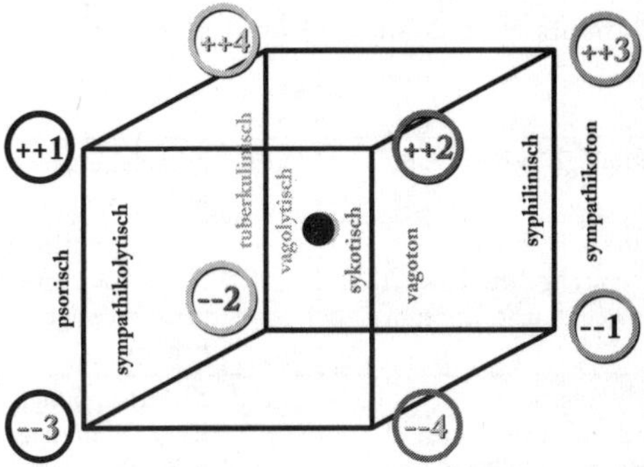

Die Farbwahl von ++ kombiniert mit -- zeigt das Miasma und das geeignete homöopathische Mittel oder das benötigte Psychopharmakon, zum Beispiel:

Pathologische Farbwahl	Miasma	Homöopathie	Psychopharmakon
++ 1 mit -- 3	psorisch	Calcaria carbon.	Antidepressivum
++ 2 mit -- 4	sykotisch	Natrium muriaticum	Anxiolyticum
++ 3 mit -- 1	syphilinisch	Mercurius solubilis	Antimaniacum
++ 4 mit -- 2	tuberkulinisch	Lycopodium	Antipsychoticum

Die Psychopathologie im Lüscher-Würfel

Die pathologisch bevorzugte Farbe ++ zeigt das kompensatorisch auffällige Verhalten. Die pathologisch abgelehnte Farbe -- zeigt die unterdrückte Eigenschaft. Sie verursacht das kompensatorische Verhalten. Beide zusammen zeigen den psychischen und mentalen Zustand, -- kombiniert mit ++ zu erkennen:

Farbe	pathologisch bevorzugt	Farbe	pathologisch abgelehnt bedeutet:
++ 1	Selbstverwöhnung (sich nachgeben: Essen, Drogen, Sucht, Konsum)	-- 1	Selbstunzufriedenheit, Angst vor Leere (fühlt sich vernachlässigt, will es anders haben)
++ 2	Selbstzwang (Selbstüberschätzung, Arroganz, Wichtigtuer)	-- 2	Selbstbefreiung, Angst vor Enge (fühlt sich verhindert, will sich befreien und will bestätigt werden)
++ 3	Selbstbewunderung (imponieren, Angeber)	-- 3	Selbstbedauern (Ich bin hilflos und traurig, ich leide, also hilf mir.)
++ 4	Selbstflucht (Illusionist, Phantast)	-- 4	Selbstunsicherheit (Angst vor Weite, vor Verlust: Beziehung, Gesundheit, Besitz, Ansehen)

Diese schädlichen Selbst-Gefühle als Ursache zu erkennen ist das Hauptziel der Psychodiagnostik. Das pathologische Selbst-Gefühl zu normalisieren ist die zentrale Aufgabe der psychosomatischen Therapie.

Die vier senkrechten Kanten des Würfels entsprechen dominanten Kategorien, z. B. den vier Elementen:
Feuer (3), Wasser (1), Erde (2), Luft (4) sowie:
cholerisch (3), phlegmatisch (1), melancholisch (2), sanguinisch (4)

Farbwahl	psychisch	Psychopharmaka	Homöopathie	Miasma
+ + 3 — — 1	Aggression	Antimaniaka	Heparsulf.	syphilinisch
+ + 1 — — 3	Depression	Antidepressiva	Calcaria carbo.	psorisch
+ + 2 — — 4	Obsession	Anxiolytica	Natrium mur.	sykotisch
+ + 4 — — 2	Schizoid	Antipsychotika	Lycopodium	tuberkulinisch

Die Aggression (+ +3 – –1)

Wer unzufrieden ist und sich der Bindung entfremdet (– –1), fühlt sich frustriert. Wegen dieses Defizits wird das Bedürfnis, zu erobern und zu erleben, dranghaft übersteigert (+ +3). Man wird »ein ungeduldig Begehrender«. Das Verhalten ist »hysterisch«, provokativ oder aggressiv. Es äußert sich als Beschuldigung oder Spott oder Demütigung oder Gewalt oder Destruktion.

Die Regression (+ +1 – –3)

Überreizung und Überforderung bis zur Erschöpfung (– –3) erzeugen ein übersteigertes, depressives Bedürfnis nach spannungsloser Ruhe (+ +1), so dass daraus »ein erschöpfter Resignierter« wird.

So entsteht ein regressives und depressives Sich-gehen-Lassen, das weichliche Sichnachgeben und Sichverwöhnen. Es äußert sich in Selbstbetäubungspraktiken (Rauchen, Alkohol, Essen usw.) und auch als Selbstmitleid.

Der Zwang (+ +2 – –4)

Die Angst vor Verlorenheit erzeugt Unsicherheit (– –4). Das hat einen übersteigerten Anspruch auf Sicherheit, Geltung und Beharrung (+ +2) zur Folge. Man wird »ein unsicherer Respektforderer«. Die defensive Haltung äußert sich als Perfektionismus oder als zwanghafte Pedanterie, als Rechthaberei oder als Arroganz. Die Defensive kann sich bis zum Trotz steigern.

Die Flucht (+ +4 – –2)

Wer seiner Eigenwilligkeit nachgibt, erlebt die Realität als Widerstand. Er empfindet sie als unerträglichen Zwang und weicht ihr aus (– –2).

Er flüchtet in illusionäre Fiktionen (+ +4) und ist »ein ausbrechender Illusionist«. Diese »schizoide« Haltung äußert sich als »Aussteigen«, als Zersplitterung, als paranoide Phantasterei, in Ausflüchten und in beschönigenden oder hochstaplerischen Lügen.

Die zeitliche Bedeutung der acht Würfelecken

Die psychische Gegenwart wird in verschiedenartigen Zeitvorstellungen erlebt. Sie lassen sich durch die acht Würfelecken und deren 24 Verbindungslinien definieren.

Wer seine Situation als unbefriedigende Zeit erlebt, ist in einem Konfliktzustand. Er fühlt sich z. B. »dauernd (+1) in Eile (–1)« oder es ist ihm »jetzt (+3) langweilig (–3)« oder er findet wie jener Weltstar, dem das Leben verleidet war: »Die Zukunft (+4) ist für mich schon Vergangenheit (–4).«

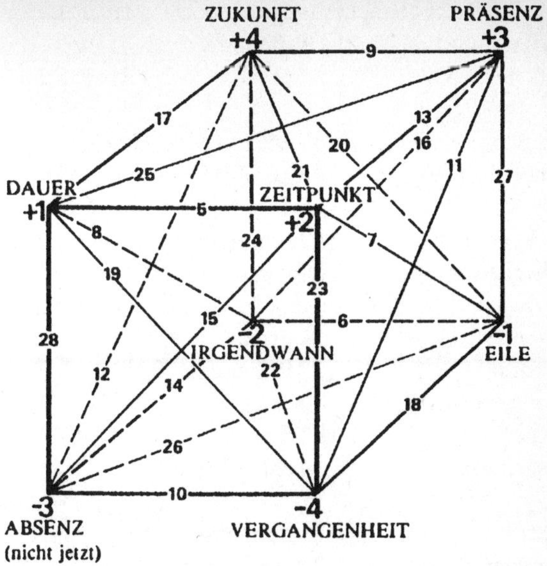

Gegensätze (z. B. +1 und –1) liegen sich raumdiagonal gegenüber.

L.-Blau +1 DAUER –1 EILE
L.-Grün +2 ZEITPUNKT –2 IRGENDWANN
L.-Rot +3 PRÄSENZ –3 ABSENZ (nicht jetzt)
L.-Gelb +4 ZUKUNFT –4 VERGANGENHEIT

Gegensätze (z. B. 17 und 18) stehen sich raumdiagonal gegenüber.

5 jederzeit	17 ewig
6 plötzlich	18 kürzlich
7 im Augenblick	19 schon immer
8 verweilen	20 voreilig
9 Beginn	21 genau dann
10 verpasst	22 früher einmal
11 seither	23 damals
12 erwarten	24 bald einmal
13 jetzt	25 immerzu
14 abwarten	26 zur Unzeit
15 dann nicht	27 sofort
16 demnächst	28 nie

Besonders aufschlussreich sind Zeitkonflikte zwischen den sich räumlich gegenüberliegenden Würfellinien. Dazu ein Beispiel. Ein 70-jähriger kultivierter Mann ist im Erholungsurlaub. Er leidet unter Ehekonflikten, die »jederzeit« (Würfellinie 5) auftreten. Er lehnt im Farbtest Blau ab: –1 (entfremdet, unzufrieden, unruhig, einsam) und zugleich Grün ab: –2 (fühlt sich eingeengt und behindert). Die Kombination –1 mit –2 bedeutet: »Will aus der Behinderung ausbrechen«. Die entsprechende Zeit-Gestalt –1 mit –2 (Würfellinie 6) bedeutet »plötzlich«. Am Tag vor der Rückkehr nach Hause springt er überraschend, »plötzlich«, aus dem Fenster.

Alle Linien, die sich im Zeitwürfel spiegelbildlich gegenüberliegen, beschreiben funktionale Gegensätze. Zwischen ihnen spielen sich die Problemsituationen ab.

Bei dem 70-jährigen Mann war der »jederzeit« (siehe Linie 5) auftretende Ehekonflikt der Grund für den überraschenden, »plötzlichen« (siehe Linie 6) Selbstmord.

Der funktionale Vergleich der Linie 7 »Augenblick« mit der Linie 8 »verweilen« erinnert an Goethes Faust (I. Teil). Faust macht es davon abhängig, ob er mit Mephisto einen Pakt schließt:

»Werd ich zum *Augenblicke* sagen:
Verweile doch! Du bist so schön!
Dann magst Du mich in Fesseln schlagen,
Dann will ich gern zugrunde gehn!«

Die Linie 7 (+2 –1) bedeutet zeitlich: »der Augenblick«. Die funktionale Haltung (+2 –1) charakterisiert Faust als »trotzigen Einzelgänger«:

»Und so ist mir das Dasein eine Last,
der Tod erwünscht, das Leben mir verhasst.«

Die Linie 8 (+1 –2) bedeutet zeitlich: »verweilen«. Als funktionale Haltung charakterisiert sie den »gefälligen Nutz-Genießer«. Faust hat in dem Pakt mit dem Teufel vereinbart, wenn er zum geistlosen Spießer und gefälligen Nutz-Genießer wird:

»Dann magst Du mich in Fesseln schlagen,
Dann will ich gern zugrunde gehn!«

Als Therapie für die beiden Haltungen, (+2 –1) »ein trotziger Einzelgänger« und (+1 –2) »ein gefälliger Nutz-Genießer«, verordnet sich Faust genau das, was die Therapie-Tabelle +2 –1 empfiehlt: »Vielseitige offene Beziehungen«. Faust entscheidet:

»Des Denkens Faden ist zerrissen,
Mir ekelt lange vor allem Wissen.
Lass in den Tiefen der Sinnlichkeit
Uns glühende Leidenschaften stillen!
Stürzen wir uns in das Rauschen der Zeit,
Ins Rollen der Begebenheit.«

Es lohnt sich, aufmerksam zu sein, ob jemand dieselben Zeit-Wörter des Öfteren verwendet. Sie verraten seine Einstellung und Motivation. Sagt jemand häufig »schnell« oder »sofort«, »Ich gehe schnell hinaus«, »Ich komme sofort wieder«, dann offenbaren diese Wörter die Haltung »Eile« oder »Präsenz«. Die Verbindungslinie 27 (+3 zu −1) bedeutet im Zeitwürfel »sofort« und psychologisch »ein ungeduldig Begehrender«.

Sagt ein Bekannter: »Wir müssen uns unbedingt irgendwann einmal sehen«, dann ahnt ein Hellhöriger, dass dieses »irgendwann« in »Zukunft« nicht ernst gemeint ist. Es entspricht im Zeitwürfel der Linie 24, also +4 −2. Das bedeutet psychologisch »ein ausbrechender Illusionist«.

Pedanten hingegen machen präzise Zeitangaben, auch dann, wenn sie völlig nutzlos sind: »Damals, im Herbst 1958, oder war es 1959, als wir in der Toskana waren ...« »Damals« (Linie 23, +2 −4) weist auf einen »Zeitpunkt« in der »Vergangenheit«. Solche genaue, aber nutzlose Zeitangaben macht »ein unsicherer Respektforderer«. Auf diese Weise versuchen auch die phantasiereichen Boulevardzeitungen, sich glaubwürdig zu machen: »Einer jungen Frau (26) wurde die Handtasche entwendet.«

Aufschlussreich ist es, von denselben Verbindungslinien die Bedeutungen in den verschiedenen Bereichen zu vergleichen, zum Beispiel Linie 27, +3 −1:

psychosomatisch: neigt zu Bluthochdruck
psychologisch: »ein ungeduldig Begehrender«
zeitlich: »sofort«
ideologisch: »Provokateur«

Die ideologische Bedeutung der acht Würfelecken

In ideologische Haltungen wächst man oft unbewusst hinein. Dann bleibt man darin fixiert und opfert sein Leben solchen Vor-Urteilen.

Die acht Würfelecken und deren 24 Verbindungslinien erklären die Motivationen der ideologischen Haltungen.

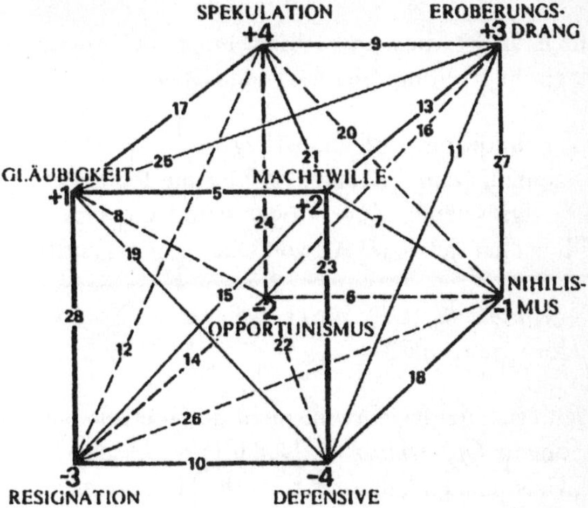

	+	Überanspruch	−	Abwehrhaltung
L.-Blau	+1	GLÄUBIGKEIT friedliebend	−1	NIHILISMUS Entfremdung Unzufriedenheit
L.-Grün	+2	MACHTWILLE Geltungs- und Kompetenzanspruch	−2	OPPORTUNISMUS wendig ausweichend
L.-Rot	+3	EROBERUNGS- DRANG Erfolgsdrang	−3	RESIGNATION Misserfolg Schwäche
L.-Gelb	+4	SPEKULATION Erwartungen Hoffnungen	−4	DEFENSIVE Besorgtheit Ängste

Zunächst möchte ich die + - und die – -Bedeutungen der acht Ecken erläutern. Dann können die Verbindungslinien zwischen den Ecken definiert werden.

+1 Die Ecke +1 (die dem L.-Blau entspricht) bedeutet als ideologische Haltung: friedliebende *Gläubigkeit*.

–1 Die raumdiagonal gegenüberliegende Ecke –1 bedeutet das Gegenteil: *Nihilismus*. Dem Nihilismus fehlt der Glaube an eine verbindende Zugehörigkeit und Geborgenheit. Der Nihilist hat sich jeder Art von Überzeugung entfremdet.

+2 Der *Machtwille* (L.-Grün) äußert sich als Kompetenz- und Geltungsanspruch.

–2 Wenn sich der Machtwille nicht durchsetzen kann, schlägt er um in *Opportunismus*. Der Opportunismus ist wendig und ausweichend, um sich trotz der Hindernisse die Vorteile zu wahren.

+3 Der *Eroberungsdrang* (L.-Rot) unternimmt alles, um Erfolg zu erleben.

–3 Wenn der Eroberungsdrang zu keinem Erfolg führt, stellt sich das Gefühl des Misserfolges ein. Es wird als Schwäche empfunden und kann in der *Resignation* enden.

+4 Wünsche, Hoffnungen und Erwartungen, die zu einer Weltanschauung gemacht werden, sind ideologische *Spekulationen* (L.-Gelb).

–4 Spekulationen, die enttäuscht worden sind, führen zu einer Haltung, die sich durch die *Defensive* gegen weitere Täuschungen schützen will. Die skeptische Vorsicht äußert sich als Besorgtheit.

Die emotionale Haltung eines Menschen bestimmt oft auch seine weltanschauliche, seine politische und religiöse Einstellung. Weil die ideologische Überzeugung oft emotional begründet ist, wird sie so intolerant vertreten und führt zu namenlosem Unheil. Wenn wir ideologische Haltungen im Würfel darstellen, dann wird verständlich, warum sich gegensätzliche Haltungen so feindlich verhalten.

Zum Beispiel können wir annehmen, die Verbindungslinie zwischen der Ecke +3 »Eroberungsdrang« und +2 »Machtwille« (Linie 13) entspreche der ideologischen Haltung des »Faschismus« oder der politischen Haltung der »Falken« (gegenüber den »Tauben«).

Verbinden wir die im Würfel gegenüberliegenden Ecken +1 »Gläubigkeit« und +4 »Spekulation« (Linie 17), so können wir darin die Haltung des Ur-Kommunismus und der pazifistischen Heilslehren sowie der »Tauben« sehen.

Weitere Gegensätze vermitteln die beiden anderen oberen Kanten des Würfels: +4 »Spekulation« und +3 »Eroberungsdrang« (Linie 9) weisen auf eine *progressive* Haltung hin.

Die gegenüberliegende Kante +1 »Gläubigkeit« verbunden mit +2 »Machtwille« (Linie 5) beschreibt die *konservativen* Menschen.

Einen anderen Gegensatz bilden die beiden diagonalen Verbindungen: +1 »Gläubigkeit« und +3 »Eroberungsdrang« (Linie 25). Sie lassen den *missionarischen* Praktiker erkennen.

Die Diagonale +2 »Machtwille« mit +4 »Spekulation« (Linie 21) beschreibt den *dogmatischen* Theoretiker.

Nicht nur der Vergleich zwischen den gegenüberliegenden Verbindungslinien in der oberen Fläche ist aufschlussreich, sondern auch die Beziehung der oben liegenden Kante (Linie 5) zu der darunter liegenden (Linie 10). Wir sahen, dass +1 »Gläubigkeit« mit +2 »Machtwille« (Linie 5) eine *konservative* Haltung ergibt. Die Haltung bei der darunter liegenden Kante –3 »Misserfolg« verbunden mit –4 skeptische »Defensive« (Linie 10) ist reaktionär.

Tabelle der ideologischen Haltungen

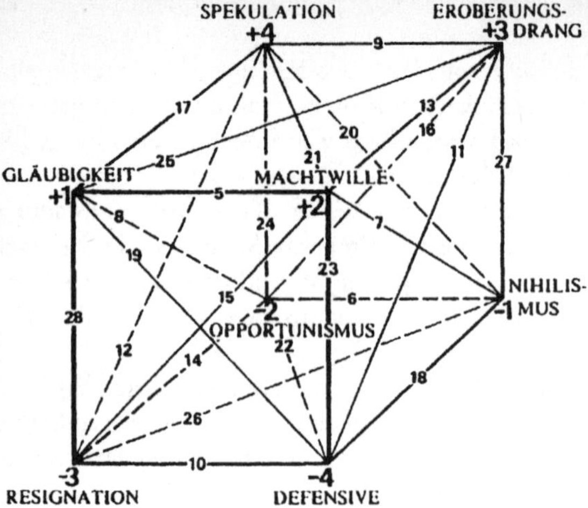

Gegensätze stehen sich horizontal (z. B. 13 und 17) oder diagonal (z. B. 11 und 12) gegenüber.

13 Faschismus	18 Sado-Zynismus
17 Ur-Kommunismus	14 masoch. Unterwerfung
9 progressiv	6 anarchistisch
5 konservativ	10 reaktionär
21 dogmatisch	22 listig
25 missionarisch	26 pessimistisch
27 Provokateur	23 Drahtzieher, Eminenz
28 Fatalist	24 Verführer, Erlöser
11 Fanatiker	7 rechthaberisch
12 Märtyrer	8 abergläubisch
19 Frömmigkeit	16 Propagandist
20 Evolutionismus	15 Warner

Das Therapie-Ziel und die Ermittlung der Therapie-Strategie

Die Psychotherapie bemüht sich, die »neurotischen« Haltungen zu beseitigen. Das erreicht sie, wenn die Selbstbewertungen und damit ihre egozentrischen Ich-Polarisierungen aufhören.

Es ist das Ziel der Psychotherapie, der Pädagogik und ethischen Kultivierung, dass der Mensch anstelle seiner Egozentrizität eine adäquate Beziehung zur Umwelt (eine harmonische, rhythmische und kommunikative Beziehung) findet. Darin besteht das Heil und die Heilung.

Die Diagnose-Struktur

Die Diagnose-Struktur entsteht durch die Bewertung der vier Grundstrukturen (1, 2, 3, 4). Eine normale Diagnose-Struktur kann z.B. lauten: +3, +1, =4, –2. Exakt gemessene Diagnose-Strukturen können mit der »Lüscher-Farb-Diagnostik« bestimmt werden. (Color-Test Verlag, P.F. 3965, CH–6002 Luzern)

Bei konflikthaften (»neurotischen«) Diagnose-Strukturen ist wenigstens eine Struktur überbewertet (++) und eine andere unterbewertet (––): ++3, +1, =4, ––2.

Aus einer konflikthaften Diagnose-Struktur kann die zweckmäßige Therapie-Struktur abgeleitet werden. Sie zeigt, wie die normalisierende Therapie-Strategie sein soll.

Die Therapie-Struktur

Es gibt folgende einfache Regel, um die Therapie-Struktur zu finden:

Die beiden letzten Ziffern der Diagnose-Struktur werden vor die beiden ersten gestellt, z. B.

Diagnose-Struktur:	1 2	3 4
Therapie-Struktur:	3 4	1 2

Schlusswort

Die Autoregulations-Psychologie ist ein logisches qualitatives System.

Es besteht aus den vier Dimensionen:

I.	Konstellation	(Einstellung):	rezeptiv und direktiv
II.	Sukzession	(Änderung):	konstant und variabel
III.	Kommunikation	(Beziehung):	integrativ und separativ
IV.	Valutation	(Bewertung):	positiv + und negativ –

Der Lüscher-Würfel (eigentlich eine Kugel) ist das Modell der Autoregulationspsychologie. Das Zentrum des Würfels ist der Drehpunkt. Er ist der Drehpunkt des regulativen Ausgleichs und dadurch das unbewusste Wissen vor der Gesetzmäßigkeit des harmonischen Ausgleichs. Er ist somit die Ursache des Ge-Wissens. Es gilt bei allem Tun. Das regulative Gewissen steuert die Ethik des Tuns, die Logik des Denkens, das ästhetische Empfinden und das praktische Wirken.

Darum ist das Streben nach Harmonie der Sinn allen Tuns.

Diesen Sinn zu vermitteln ist Kultur. Die philosophisch fundierte Psychologie dient dieser Aufgabe.

Register